中小企业建厂一本通

顾鹏飞 张晓青◎著

中国建设科技出版社有限责任公司
China Construction Science and Technology Press Co., Ltd.
北 京

图书在版编目（CIP）数据

中小企业建厂一本通 / 顾鹏飞，张晓青著. -- 北京：中国建设科技出版社有限责任公司，2025.8. -- ISBN 978-7-5160-4486-5

Ⅰ.F407.4

中国国家版本馆CIP数据核字第2025WY5598号

中小企业建厂一本通
ZHONGXIAO QIYE JIANCHANG YIBENTONG
顾鹏飞　张晓青　著

出版发行：中国建设科技出版社有限责任公司
地　　址：北京市西城区白纸坊东街2号院6号楼
邮　　编：100054
经　　销：全国各地新华书店
印　　刷：北京联兴盛业印刷股份有限公司
开　　本：710mm×1000mm　1/16
印　　张：22.5
字　　数：360千字
版　　次：2025年8月第1版
印　　次：2025年8月第1次
定　　价：128.00元

本社网址：www.jskjcbs.com，微信公众号：zgjskjcbs
请选用正版图书，采购、销售盗版图书属违法行为
版权专有，盗版必究。 本社法律顾问：北京天驰君泰律师事务所，张杰律师
举报信箱：zhangjie@tiantailaw.com　举报电话：(010)63567684
本书如有印装质量问题，由我社事业发展中心负责调换，联系电话：(010)63567692

前言

在企业蓬勃发展的过程中，建厂无疑是关键且充满挑战的一环，对中小企业来说尤其是个挑战：人员缺乏不具备建厂需要的全部技能、资金紧张用不起专业的咨询公司、不熟悉相关流程政策多走弯路。作为工厂厂长，我们由衷地理解建厂厂长们面临的这些挑战与压力，因为我们也曾面对过同样的挑战与压力，在亲身经历多次建厂实践后，我们更加深知这一过程对于建厂厂长们来说，蕴含着多少迷茫与艰辛。于是，我们秉持着助力同行、传递经验的初心，撰写了这本《中小企业建厂一本通》。

我们将建厂分为租赁建厂和新建建厂两种形式。建厂流程上，我们按照时间顺序将建厂分为 6 个阶段，将重点放在工厂厂长可能较少接触的策划决策以及设计审批环节，这些环节的工作内容包括立项可研、政府准入、厂房选址、厂房设计、预算规划以及相关的政府审批流程等，我们试图用通俗易懂的语言，详细阐述从筹备到验收的完整步骤，为建厂厂长们勾勒出一条清晰可见的建厂路径。

建厂技术上，我们摒弃了晦涩难懂的专业术语，避免深入厂房设计的专业知识，而专注技术覆盖面，使用真实的图片和案例等辅助读者理解，让建厂厂长能和设计院等专业机构在覆盖建厂全部要素的基础上做到平等对接。

同时，针对建厂政策这一关键因素，我们详细列举和解读了当前与中小企业建厂相关的全国性的主要政策和法规，让建厂厂长们能够精准把握各种政策在各个环节的使用，避免因政策理解偏差而带来的相关合规风险。

我们深知，本书无法涵盖建厂过程中的所有细节，但我们衷心希望能够成为一盏指路明灯，照亮建厂厂长们的建厂之路。在写作过程中，我们参考了一些书籍、论文以及网络上专家们的文章，在此对这些作者们表示衷心的感谢，在内容修改过程中，我们也得到了多位行业专业人士、政府官员的热心指导，再次表示感激。

本书中提到的"建厂"意为"工厂建设"。

对本书中的不足之处，请读者们赐教！

顾鹏飞

2025 年 6 月 18 日

目录

第一篇 概述篇

第一章 中小企业与工厂建设 ·· 2
- 第一节 中小企业特点与工厂建设 ···························· 2
- 第二节 建厂项目的分类与特点 ······························· 6

第二章 工厂厂长与建厂 ·· 12
- 第一节 建厂的基本流程 ·· 12
- 第二节 建厂的干系人 ·· 14
- 第三节 建厂需要的技能 ·· 19
- 第四节 帮助建厂的其他资源 ··································· 24

第二篇 策划决策篇

第三章 项目可行性研究与准入 ································· 30
- 第一节 项目可行性研究与综合评价 ························ 30
- 第二节 项目可行性研究 ·· 36
- 第三节 项目评价 ·· 52
- 第四节 建厂项目预算 ·· 59

第四章 认识厂房 ·· 72
- 第一节 厂房是建厂的核心 ···································· 72
- 第二节 各种不同的厂房 ·· 74
- 第三节 厂房的基础技术 ·· 97

第四节 输出厂房需求信息表 ………………………… 102

第五章 寻找厂房 ……………………………………… 104
第一节 政府或机构推荐寻找厂房 …………………… 104
第二节 通过产业园区寻找厂房 ……………………… 106
第三节 中介帮助寻找厂房 …………………………… 108
第四节 网站帮助寻找厂房 …………………………… 110
第五节 用其他方法寻找厂房 ………………………… 114

第六章 租赁厂房 ……………………………………… 115
第一节 现场如何看厂房 ……………………………… 115
第二节 厂房的调查和确认 …………………………… 121
第三节 如何签订租赁合同 …………………………… 126

第三篇 设计审批篇

第七章 工厂设计 ……………………………………… 136
第一节 工厂设计的内容 ……………………………… 136
第二节 工厂设计的步骤 ……………………………… 139
第三节 工厂主要要素的设计 ………………………… 148
第四节 提高设计的辅助办法 ………………………… 169

第八章 建厂项目采购 ………………………………… 172
第一节 建厂项目的采购 ……………………………… 172
第二节 建厂项目招标 ………………………………… 178
第三节 建厂项目监理 ………………………………… 187

第九章 "三同时"流程 ……………………………… 193
第一节 "三同时"制度概述 ………………………… 193
第二节 "三同时"流程与实践 ……………………… 197
第三节 其他许可内容 ………………………………… 212

第四篇 建设准备篇

第十章 建厂施工许可 ·················· 218
- 第一节 施工许可证 ·················· 218
- 第二节 施工许可证申领和使用 ·················· 222

第十一章 建厂人员规划与招聘 ·················· 224
- 第一节 建厂人员规划招聘策略 ·················· 224
- 第二节 建厂人员规划招聘实践 ·················· 229

第十二章 建厂施工计划 ·················· 233
- 第一节 建厂施工计划 ·················· 233
- 第二节 建厂施工计划控制 ·················· 237
- 第三节 现场施工准备 ·················· 240

第五篇 现场施工篇

第十三章 建厂施工管理 ·················· 246
- 第一节 建厂施工的内容 ·················· 246
- 第二节 建厂施工的组织 ·················· 253

第十四章 厂房建设施工管理 ·················· 256
- 第一节 施工现场安全管理 ·················· 256
- 第二节 施工现场质量管理 ·················· 271
- 第三节 施工现场成本管理 ·················· 281

第十五章 生产线施工管理 ·················· 282
- 第一节 生产设备搬运 ·················· 283
- 第二节 生产设备落位和安装 ·················· 288
- 第三节 生产设备调试 ·················· 291
- 第四节 生产其他施工 ·················· 293

第六篇 工厂验收交付篇

第十六章 内部验收 ········· 297
- 第一节 工厂验收 ········· 297
- 第二节 工程结算验收 ········· 303
- 第三节 工厂保修确认 ········· 305

第十七章 外部验收 ········· 308
- 第一节 竣工验收程序 ········· 308
- 第二节 专项验收流程 ········· 311

第十八章 工厂交付 ········· 315
- 第一节 工厂交付 ········· 315
- 第二节 建厂项目复盘 ········· 320

第七篇 自建建厂篇

第十九章 自建建厂 ········· 324
- 第一节 自建建厂和租赁建厂再认识 ········· 324
- 第二节 自建建厂的流程 ········· 330

附录一：工厂建设常用法律规定（全国） ········· 341

附录二：工厂建设常用平台（全国性平台） ········· 346

参考文献 ········· 348

第一篇 概述篇

第一章
中小企业与工厂建设

第一节 中小企业特点与工厂建设

近年来，伴随着国内新能源汽车、半导体、光伏、医疗器械、储能等行业的蓬勃兴起，相关配套的中小企业如雨后春笋一般涌现在全国各地。与 2012 年开始的上一轮以信息化普及为主要方式的众筹、众创不同，这一拨创业企业们更加注重其产品的产业化。以往靠炫酷 PPT 或 APP 就能走遍天下的机会已经不复存在了，国家也更加重视中小企业的产业化，在各种政策引导下，各地的招商部门也尤其重视中小企业的产品化实现和产业化落地。

我们设想一个中小企业的成长过程，该公司创始人大概率来自两个领域：一可能是懂技术的研发人才；二可能是带着客户资源的销售人才。他们通过招聘人员建立最原始的创业团队，他们在办公室和实验室对产品的想法进行细化和具体化，形成初步的产品概念。在产品研发阶段需要的是懂技术的研发工程师或者类似软件的工具，而一旦产品设计基本定型，就会进入样品生产阶段。样品生产会使用到材料、工具、工装和设备，这些都需要放置和组织在一个固定的场地里，而我国的相关法律又不允许在办公环境下做批量生产，此时就需要一个生产负责人来负责产品生产工作。中小企业建设自己的工厂就会成为其生产负责人的首要任务。

我们再来分析这位生产负责人可能具备的背景。这个负责人大概率会来自生产类似产品的公司，可以是个管理人员，也可能是个懂技术的人员，因为这个人的工作重点是产品的工业化生产以及量产后的工厂的稳定运营。然而，问题在于，一个之前从事生产运营的人大概率是不具备建厂工作的技能的，有下面三个原因：

第一，分工导致工作内容各异。建设一个工厂和运营一个工厂属于两种完全不同的工作，无论是工作内容、需要的知识结构以及打交道的对象，都完全不相同。建厂是个临时但复杂的工作，理解厂房设计、装修装饰、政府审批流程以及施工现场管理的人才能胜任这个工作。和产品制造一样，建厂过程中也有各种标准需要我们遵循，工厂建设完成后交接给工厂厂长，建厂工作就结束了。而长期运营的工厂厂长则需要熟悉产品工艺、设备、物流计划、产品质量控制以及工厂现场管理。从内容上和目标上看，这两样的工作仅有极小部分交叉，这也是为何那些成熟的公司负责这两件事的人是来自完全不同的两个团队的主要原因。

第二，建厂工作是个临时的一次性项目，工厂厂长实践的机会太少。一个工厂建设只有一次，但是工厂建成后的运营却可以持续好多年，所谓铁打的工厂，流水的厂长。所以，工厂厂长遇上从零开始的全流程建厂的机会不会很多，可能平时遇上比较多的是工厂重新布局、生产线或者车间移建或扩建，这些常见的实践无论是内容还是深度，与真正从零开始建厂都存在较大的差异。

第三，时间的限制导致鲜有人能精通建厂各方面的工作。很少有人能将建厂的各个环节都打通，因为任何人的时间都有限，时间是对每个人最公平的一种资源，投入每件事情里的时间长短决定了这个人在这个领域是否擅长，所以在一个领域擅长基本就无法顾及多个其他的领域。按照十万小时理论，我们想成为一个领域的专家，至少需要5年的刻苦努力，这意味着能把建厂几个主要领域"吃通摸透"基本需要十几年的时间，何况工厂建设的大多数知识还在持续更新，很多实践者中途改行难以坚持到最后。

分析完中小企业工厂厂长，我们再来看看中小企业本身有什么样的特点，中小企业这些特点又对中小企业的建厂厂长提出了怎样的具体要求：

第一，从零开始，循序渐进。中小企业的万事都是从零开始的，在企业初创的阶段，第一间办公室的租赁，第一个办事流程的建立，第一个客户的拜访接触，哪怕有一套成熟的流程可供借鉴，这些流程的落地同样需要从零开始。除了万事从零开始，后续企业的发展还要遵循循序渐进的原则，公司发展的快慢会因为产品不一样，人员能力不一样而有所差异，但是循序渐进的原则却是一直在背后发挥规律的作用，这就要求中小企业建厂厂长不仅要务实，还需要具有一定的前瞻性，务实要求建厂厂长知识面广，能脚踏实地，产出落地靠谱，有前瞻性要求能随着业务而提前规划工厂的内容，并在技术和理念上保持一定的先进性。

第二，合规要求高。大多数中小企业在创业初期都会觉得自己是"天选"的上市公司，尽管深知"百战九九亡"的规律，但是每个人都在幻想自己是那个唯一能成功的人。因为有了这样的期待，所以大多数中小企业从成立第一天开始就有很强的合规意识。中小企业有两个合规问题高发区域：税务和工厂。工厂的问题是因为工厂从建设初期开始就有一整套的流程要求，一堆的强制标准需要遵循，一系列的流程手续需要走，需要取得一堆的审核报告书、报备通知单，而中小企业的建厂厂长对于这些流程一般都比较陌生，建厂后稳定运营又对环保、消防、安全、职业卫生等有要求。所以，避免合规问题除了较高的合规成本，还需要中小企业建厂厂长能非常熟悉相关的标准、流程和法规要求，这些往往会是最大的挑战。比如，遗漏《排污许可证》的申请不仅会面临大金额的罚款，还会导致企业留下不良的行政处罚记录，这些问题长期存在可能会影响企业上市，短期存在会直接影响中小企业的融资。

第三，企业资源制约因素多。中小企业在发展初期、没有引入融资之前，所有维持公司运营的钱大都来自创始人自己的钱包，等企业稳定运营，有了"造血功能"之后，激烈的市场竞争又导致利润微薄，还要长期面临应收账款这样的问题。所有的这些问题导致中小企业的资源十分紧张，企业恨不得"一分钱当十块钱用"。每一笔钱用在固定资产投资、维持公司运营的费用、人员的招聘基本都是在最极限的模式下的。很多中小企业最初的运营团队只有工厂厂长和一个生产工艺技术人员，工厂所有的事情，无论对内对外，大事小事都是这两个人搞定。如果一个中小企业能招聘到一个满足所有建厂要求的人数最少的初始团队，可能需要10~15个人。所以，无论是人力资源还是资金资源，对中小企业建厂来说都是巨大的制约因素。

　　生产或技术出身的中小企业的厂长作为公司的核心成员之一，一般会是公司工厂建设的主要负责人，本书后面的内容将中小企业需要承担建厂任务的工厂厂长称为"建厂厂长"。这个建厂厂长需要在人员、资金等资源配备极端紧张的情况下独自承担工厂建设的任务，要保证建厂进度能配合公司的业务发展，建厂质量能满足企业产品产业化的要求，在整个过程中还需要做到零违规，这些便是建厂厂长面临的情况和要求。

第二节 建厂项目的分类与特点

中小企业的工厂建设和其他类型公司的工厂建设一样，都属于标准的建设项目，既适用建设项目通用的分类标准，也具有建设项目的一般特点。

1. 建厂项目的分类

建厂项目可以从项目建设性质、厂房获取方式、项目建设模式、项目规模或投资额等维度来分类。

（一）按照建设性质分

建厂项目按照建设性质可以分为新建项目、扩建项目、改建项目、迁建项目等。

（1）新建项目。是指从零开始、从无到有建设的工厂项目，中小企业里初创公司的建厂项目属于这种类型。

（2）扩建项目。是指基于原有的工厂进行的功能增加、产能扩大、产品品类拓展的工厂建设项目，在公司原有生产工厂进行的扩建也是中小企业常见的建设类型，一般工厂扩建前后生产的产品基本类似。

（3）改建项目。和扩建项目一样是基于原有工厂的，不同的是建设内容一般伴随工艺技术改造、生产设备升级、合规整改等，现在市面上较多的有工厂自动化改造项目。

（4）迁建项目。是由于公司注册地变化或政府产业布局等将现有工厂完全搬迁到另一个新地点的工厂建设项目。迁建项目涉及新地点厂房建设、现有设备搬迁安装、人员转移等工作。

不同性质的建设项目的工作量不一样、政策流程不一样、工作内容覆盖面也不一样，在实际操作中显然需要区别对待。中小企业的建厂项目性质比较复杂，一些项目可能含有多个建设性质，比如，中小企业并购某个工厂后利用工厂搬迁的同时做技术和设备的改造升级。

（二）按照厂房获取方式分

这种分类方式并不是严格意义上来自教科书的分类方式，而是基于中小企业建厂的实际在实践中总结出的特殊分类方法。厂房的获取方式是指中小企业获得厂房的方式，一般有两种方法。

(1) 新建。新建是指中小企业通过拿地、设计和建设等过程从零开始建设自有厂房的方式，这种建厂方式具有项目投资大、建设周期长、初期厂房利用率不高、建设政策流程烦琐、涉及学科工种多、厂房设计要求高等特点。新建工厂的另一种方式是通过购买现成的厂房再装修的形式建设工厂，这种方式既获得了厂房的产权，又避免了拿地、设计和建造的烦琐过程，更像建厂工作内容和下面租建的方式。

(2) 租建。租建是指中小企业通过租赁市场上已有的厂房，在租赁厂房的基础上做改造装修就可以满足生产条件的方式，这种建设方法具有项目投入小、厂房利用率高、操作灵活性强的特点。

大多数中小企业在起步阶段会选择租建的方式。主要原因是租建厂房可以减轻建厂资金的压力以及租建方式操作的实用性和灵活性。新建工厂需要很大的资金投入，企业拿地门槛高、投资强度有强制要求，而中小企业的现金流一般都比较紧张，在工厂建设上投入较大资本，可能会影响公司其他模块的顺利运行，新建工厂这样的资金投入是中小企业无法负担的。即使有些"不差钱"的中小企业也不会贸然轻易建设新工厂，由于规模的限制，中小型企业工厂需要的面积不会太大，新建的工厂由于拿地政策的要求一般面积比较大，利用率并不高，租金不高还要承担管理责任。一个比较好的选择是在企业发展到一定阶段时才会考虑新建工厂，比如发展到一定的规模或 IPO 之后等。

本书的内容是基于租建工厂的项目展开的，在本书的最后一个章节会简单介绍新建建厂的相关内容，尤其关注两种建厂模式的差异。

（三）按照项目建设模式分

工程建设项目可供选择的建设模式很多，比如：EPC 模式、BOT 即建造-运营-移交模式、BT即建设-移交模式。作为非公共项目的中小企业工厂建设常见的模式有传统的平行承包模式和EPC总承包模式。

传统的平行承包模式是指按常见的采购流程分别筛选和确定工厂设计、厂房建造、厂房装修和设备制作调试等各种供应商，供应商需要按照中小企业的详细要求进行设计、报价并最终获得订单，然后施工并交付。这种建厂模式下需要涉及很多个供应商，比如：设计院、建造方、装修供应商、监理公司、设备供应商和各种服务咨询公司等。中小企业的建厂厂长就是建厂项目的项目经理，项目经理需要沟通的人多且复杂、项目管理尤其是任务分解难度大，项目工期长，但是这种方式的好处是进度、成本、风险和质量能做到清晰可控，前提是有一个能力非常全面和强大的建厂厂长。

EPC总承包模式是指工程总承包企业受中小企业委托，依据合同约定对建厂项目的设计、采购、施工、调试、试运行实行全过程或若干阶段的承包模式。中小企业的工厂建设要求需要清晰和明确，通过招标选择一个总承包公司作为该项目唯一的供应商，由总承包公司独立协调设计、建造、采购、验收、试运行等。这种模式下中小企业不需要有专人在项目里承担协调职责，更不用在施工现场协调，可以直接等总承包方验收交付后工厂就可以顺利运营。所以，EPC总承包模式有时候也被称为"交钥匙"项目。EPC总承包模式适合建厂要求清楚、设备尤其是生产设备大多是标准设备的情况，项目建设周期由于招标次数只有一次而变短。一个统筹能力强的总承包公司可以保证项目总造价可控，项目周期最短。

中小企业建厂一般会选择传统的平行承包模式或者厂房与生产设备分别寻找总包的模式。不采用一家总承包模式是因为中小企业的产品设计特点决定的，中小企业尤其是初创公司的产品设计不确定性强，成熟度低，产品设计潜在变化多，在项目初期无法有标准的规格输出。只有那些标准的建设项目才适合使用EPC总承包模式，比如，建设一个标准的压铸工厂。选择采用平行承包还是分类总包是由建厂内容以及建厂团队的成熟度决定的。

(四)按照项目规模或投资额分类

这种分类是在填写各种政府表格时经常遇到的选择题。政策上，按照项目的规模或者项目投资总额可以将建厂项目分为大型项目、中型项目和小型项目。

建设项目投资总额是指为完成工程项目建设并达到使用要求或生产条件，在建设期内预计或实际投入的全部费用的总和。一般工厂这样的建设项目总投资包括工程造价（或固定资产投资）和流动资金（或流动资产投资）2个部分。

按照有关的政策，项目投资额在5000万元（含）以上的为大中型项目，其他项目为小型项目，各地政府可能会有些不同的定义，填写表格时需要和政府相关人员确认。不同的选择意味着政府统计口径和管理方式的不同。

2. 建厂项目的特点

(一)项目涉及面广

我们可以从两个层次来叙述建厂项目的涉及面，一是建厂涉及的部门或者伙伴；二是建厂需要涉及的工种或技能。

建厂涉及的部门或伙伴。整个中小企业内部的每一个部门基本都会参与建厂的工作，比如：融资部门、工艺部门、设备部门、财务部门、采购部门、法务部门和项目部门等；一个建厂项目从开始到结束需要和各种不同的外部团队或伙伴打交道。这些外部团队包括政府部门及设计院这样的第三方伙伴。当然，对于新建工厂的项目，涉及的部门会更多，比如，规划局、气象部门等。第三方伙伴又包括审图中心、施工设备租赁方、施工原材料提供方、机电安装方、生产设备供应商、各类检测部门、相关咨询公司等。

建厂还需要遵守一定的政策流程，这些政策流程大多数来自政府部门的强制要求，这些政策流程的表现是各种"红头文件"及办事流程图，除了关注国家层面的各种政策流程，每个地区又有不同的现实情况，所以我们还需要关注各级地方政府的政策流程。这些政策流程也会经常更新，有可能看到此段的读者发现本书提及的有些政策流程就已经发生了变化，这也是正常的，但较大的变化不会太多，本书附录选录了建厂需要涉及的全国性的政策流程。

除了和内外部不同人打交道，建厂需要涉及的工种或者技能也比较多。一个建厂项目不是单一技能或者一个工种就能全部覆盖的，除了负责工厂运营的设备、工艺、厂务，还需要了解如下外部工种：结构、建筑、给排水、暖通、强电、弱电、消防、监控、机电安装等，每一个工种又可以细化为不同的技能要求，比如弱电又包括了接地、防雷、建筑照明和应急照明等不同的细分工种。每一个工种都有该领域特定的标准要求，建厂过程中需要按照一定的标准来设计、施工和验收。

（二）内外协作配合复杂

建厂项目就是一个典型的多干系人项目，项目的成败依赖所有参与该项目的每一个人的紧密配合。参与建厂项目的单位包括之前内容涉及的支持部门和各个第三方在整个建设过程中需要密切配合。

工作内容上的配合。多个参与方处在建厂流程的不同阶段，有些参与方的输出是另一方的输入，比如，甲方的生产线详细技术要求输出是厂房设计方以及生产线设备供应商的直接输入，又如，没有工艺开发部门对产品工艺的详细定义，"三同时"咨询公司就无法独立完成环境评价文件的编制。

时间上的配合。所有的建厂参与方都需要在时间上互相配合，以保证建厂项目准时完成。所有的参与方中，时间掌控最困难的是政府部门，一些政府部门的审批时间不可控，一些评审会议由于各种情况不一定能按时召开，比如，决定项目准入与否的综合评价会议经常会因为过会项目数量不足而延迟举行，这样就会影响后面各种设计文件在审批窗口的递交。验收的时候，这样的现象也很多。在规划项目计划时，建厂厂长一定要注意这样的现象，在时间上准备好余量用来应对这种问题。

（三）工作量大，现场复杂

基于建设项目以上的两个特点，我们就能想象到建厂项目工作量大、沟通复杂的情况，尤其是在项目施工阶段，工地里外全是各个工种的人，每个人都希望自己的工作尽快完成，没有充足的计划和适当的调度根本无法驾驭这样的场面。虽然国家对有些标准化的施工建立了标准的程序，但是还不能避免现场某个环节的一些临时变化带来的各种问题，现场施工实际需要解决的问题也是一样。所以，在建设前要充分做好项目建设的计划，为各种突发的状况做好各种预案就显得尤为重要。

第二章
工厂厂长与建厂

从本章开始,本书中的建厂项目特指租赁厂房的建设项目,采用的建厂模式是分类总包的模式:工厂建设和生产线设备分别总包。

第一节 建厂的基本流程

建厂的基本流程是指工厂建设全过程中必须遵守的有时间、空间、顺序等约束的一系列工作或活动。这些工作或活动是建厂过程中各个环节、各个步骤客观存在的,时间和顺序不可以随意调整,这些工作或活动之间的顺序是各种政策法规、作业程序或者实际的客观规律决定的。

这些工作和活动的归纳如图2-1所示。

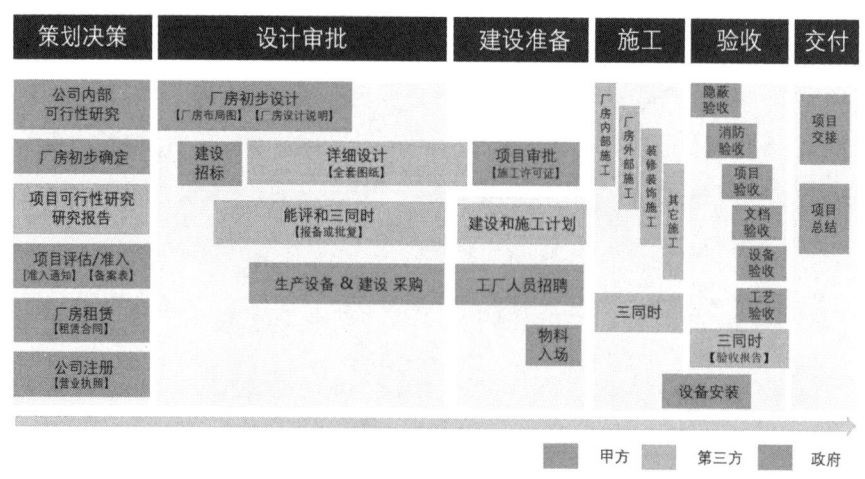

图2-1 建厂的基本流程

注释:
① 上图建厂活动及活动的顺序会因各地政府政策或行业的差异而有细微差异;
② 工作或活动的责任人会因为公司资源配置及建厂方式的差异而不同。

建设工厂一般是中小企业由初创发展到一定阶段的必然结果。中小企业发展到了一定的阶段时，其产品研发成熟，需要向客户或者市场提交样品作为展示或者销售使用，也有可能需要小批量地出货交付客户。建设工厂也是中小企业发展战略的一个步骤，提前规划工厂满足后续交付要求。工厂建设完成的标志是工厂能顺利运营并能稳定交付产品，建厂项目完成不仅是指工厂厂房装修完成以及工厂设备投入使用，还包括工厂运营人员到位且培训完成、厂房的各种验收流程完成且归档、政府的各种手续完成和相关方的交接全部完成。

为了便于建厂项目分阶段管理，我们将建厂项目的所有工作和活动依照时间顺序归纳总结为6个阶段，一个建厂项目从计划建设到建成投产，一般要经过以下6个阶段：

（1）策划决策阶段；

（2）设计审批阶段；

（3）建设准备阶段；

（4）现场施工阶段；

（5）项目验收阶段；

（6）项目交付阶段。

本书将围绕工厂建设以上的6个阶段展开，重点会关注每个阶段的核心任务。

第二节 建厂的干系人

作为中小企业建厂项目的直接负责人,建厂厂长是公司关于建厂工作内外部交流的窗口,甚至可能是唯一的窗口。所以,建厂厂长需要和不同的干系人打交道,这些干系人可以简单分为公司内部干系人和公司外部干系人,而且这些干系人在沟通工作中有显著的差异。

由于是中小企业,公司内部干系人员数量不多,但是角色设置却可能和成熟大公司基本一致。中小企业资源有限,正常情况下都是一人身兼多职,甚至好多个职位可能是被同一人兼任的。公司内部沟通相对而言比较简单,但也存在决策质量不高的问题。这些职位中,最重要的且建厂厂长最难管理的是公司的管理层,他们决定了项目的定位,为项目提供资源,也是项目遇到问题升级的对象。在中小企业,管理层一般是公司的创始人或创始人团队,大概率是做市场或者技术出身的,他们对建厂的具体事务并不是非常了解,有些甚至完全不懂,但他们和地方政府负责招商的人关系很好。他们对工厂会有初步的规划和设想,但对建厂流程细节、技术细节、时间周期、预算费用和建厂可能遇到的问题可能完全不了解。在这样的情况下,建厂厂长和公司管理层关系的处理就比较"敏感"了,主要做到以下3点可以有助于双方的磨合:

第一,清晰了解对方的做事风格,尤其是对下属的管理风格。这些风格无非是"松"和"紧"的差异,对下属掌控"紧"的管理层,建厂厂长需要常汇报,让其随时充分了解建厂项目的实际状况,必要的时候可以主动邀请其到现场指导。对下属掌控"松"的管理层,适度的汇报则更好,在关键节点的汇报会更加合适,过于频繁的汇报可能会适得其反。

第二,建立定期沟通机制。对任何中小企业来讲,建一个工厂是一个不小的投资,所以定期的沟通机制有利于双方保持对公司重大事件的关注度。操作上,我们不拘泥于沟通的形式,除了定期面对面的会议,一个月一次的共同午餐也可以达到同样的目的，沟通的内容不仅是关于建厂的信息，还可以是工厂后续运营的其他内容。

第三，遇到问题及时找管理层。建厂工作千头万绪，经常会发生变化，也经常会遇到难题。这个时候，在自己不能解决或决策的情况下需要及时找管理层，寻求他们的建议或者申请更多的资源，会有利于问题的解决。解决重大问题后，也可以将问题解决的结果和过程汇报给管理层。

公司不可能把每一个角色都配置到位，毕竟人员工资是一笔很大的支出。可能建厂初期配合建厂的会有一名采购工程师，一名设备工程师，其中一人可能兼着工艺的职责，IT、厂务以及安全人员不一定会配置。中小企业只有在量产前的3个月左右才配置除了核心团队成员的资源。在这个阶段，为了克服资源配置的紧张情况，建厂厂长需要发挥自己的特长并能"身先士卒"，从零开始做一些事务性的工作。这些也是一些从分工比较细的大企业出来的建厂厂长非常不能适应的地方。每个建厂厂长的背景不一样，肯定会存在不同的技能短板甚至知识盲区，这个时候主动寻找外部资源就显得无比重要。

而外部干系人恰恰相反，他们角色众多、分工细致且明确，沟通简单又复杂。简单是因为每个人的分工细，沟通的话题范围确定，而复杂是因为不像公司内部的干系人有同事关系，和外部干系人的沟通不可控，管理难度较大。按照沟通对象的性质我们可以将外部干系人分成3类：政府机关干系人、工厂建设方与建厂服务方。

政府机关干系人主要出现在建厂项目的初期和后期的验收过程中，他们是建厂相关政策和流程的制定者、执行者、解释者、监督者和验收者。政府部门繁多，和他们沟通可以总结成一句话：按照政策办。如果是租赁建厂，和建厂厂长日常打交道比较频繁的政府部门是住建部门，他们是大多数设计文件提交审核的部门；招商部门也是经常能和固定人员直接打交道的部门，也是服务意识最强的部门；安监部门是施工过程中经常到现场检查的政府部门代表。

和政府部门打交道除了面对面沟通，还有2种常见的制度：办事窗口制度和办公会议制度。一个租赁建厂项目，基本上会和多个不同的政府部门打交道，很多地方政府推出了办事窗口制度，在指定的窗口提交按照要求准备的文件后，这个文件会在政府内部按照一定的流程流转，而不需要申请者每个部门都跑，这种方式大大节约了申请者的时间，也提高了办事效率。等审批全部完成后，申请者得到的是盖满公章的文件，审批过程就算结束了。政府会在网站上公示办事流程、咨询电话和标准的处理周期，这些方便建厂厂长了解进度。政府办事的另一种制度是办公会议制度，这些会议体现了政府的集体决策机制，也方便了企业，政府会召开一些专项会议，政府相关的部门都会派人出席，而且大多数情况下需要在会议上做出当场决策，决策的依据将作为后续事务办理的重要依据。

工厂建设方主要包括工厂设计单位、施工单位、监理单位以及生产线设备供应商等。如果是买地建厂的情况，则还会涉及勘察设计单位和检测单位等。工厂建设方实际上都是中小企业的供应商，这些供应商要具备一定的资质，大多数是通过招投标确认的。他们的工作是依据作为甲方的中小企业对工厂的具体要求、按照政府规定的流程以及行业的各种设计、施工规范完成的。生产线设备供应商是负责生产线设施和设备的设计、制作、安装、调试，工厂厂长可能对这些供应商以及他们的工作内容比较熟悉，生产线设备和其他设备一样必须在厂房装修完成验收后才能入场安装。无论是设计还是现场施工都需要指定专职的现场项目经理，各个供应商的项目经理是与甲方的建厂厂长直接对接的现场负责人。

建厂服务方是指那些辅助工厂建设的个人或单位，他们不仅是在建厂阶段与建厂厂长频繁打交道，有些个人或单位，在工厂投入使用后还要继续打交道，简单可以分为3类：房东和物业、厂房服务、咨询公司。

房东和物业是建厂厂长每天都要打交道的干系人，房东、物业和中小企业之间的关系受租赁合同的约束，建厂厂长从协商租赁开始就需要和房东、物业维持较好的关系。这种良好关系获益更多的还是租赁单位，尤其是各种资源配置紧张的中小企业，比如，公司常年通过物业的电工维修厂内的设施设备，这样既能保证工厂设施的维护维修还帮助公司节约了可观的人头费用。

厂房服务是指那些围绕厂房做相关维保、检测等服务的专业运营服务公司。维保内容包括电梯维保、消防维保、特种设备维保、防雷检测、空气检测等，这些维保要求大多数是政策强制要求的。运营服务公司是指为工厂运营配套的服务公司，一般包括保险、危废处理、固废处理、生活垃圾处理、卫生保洁等。以上部分是工厂运营必备的，客户审核、政府检查经常需要出具正式服务合同。还有一些**咨询公司**，即在建厂过程中提供各种专业咨询服务的，他们也是供应商，经常涉及的有可研咨询公司、"三同时"咨询公司、能评公司以及其他咨询公司。

表2-1是我们总结出来的建厂项目可能涉及的各种干系人，可能由于各地政策的差异或者项目的特殊性，涉及的干系人可能会有细微的差异，有些地区"特事特办、一事一议"的政策也会带来比较大的差异，需要在使用中加以辨别区分。

这些干系人的角色定义可能出现在法律法规里、政府文件里、培训教材里、合同条款里以及现场"约定俗成"的沟通里，在不同的语境背景下，同一方可能会有不一样的称谓，为了阅读的便利，特约定如下：

建设单位：中小企业，有些场合也称为业主、甲方、建设方、投资方、发包方。

设计单位：有设计资质的设计方，有些场合又被称为设计院、方案方。

施工单位：在建厂现场的施工方，有些场合又被称为乙方，而总承包方、施工分包方、施工劳务分包方等是它们的不同层次结构。

监理单位：有资质的监理方，一般是有资质的独立第三方。

供应商：为建设项目提供除设计、施工和监理服务外的材料、设备、服务等提供方。

表 2-1 中小企业租房建厂项目主要干系人

分类		干系人	干系人角色作用	备注
内部		管理层	项目期待 / 资源提供 / 问题升级对象 / 最终验收	公司创始人等
		生产	生产设计验收 / 现场操作	
		工艺	工艺设计验收 / 布局设计 / 工艺验收	
		设备	设备设计 / 设备安装 / 设备验收	
		物流	仓库物流设计验收	
		厂务	厂房设计参与和验收 / 设施维护	
		法务	合同审核 / 法律咨询	
		IT	信息化系统设计支持	
		财务	政府对接 / 落户政策 / 补助确认	
		采购	项目预算控制 / 项目付款	
		融资	厂房设备和装修招投标 / 采购订单 / 供应商管理	
外部	政府机关	招商	招商政策 / 招商项目推进 / 全流程服务	企业主要接口
		发改委	立项审批 / 可研批复 / 节能批复	
		住房和城乡建设局	勘察核准 / 档案验收 / 起重机械登记 / 临建管理 / 消防验收（特殊工程和其他工程）/ 施工许可 / 绿化审批	
		市场监督管理局	特种设备使用登记 / 公司设立注册 / 计量核准	
		经信局 / 科委	项目申报 / 补助申报 / 行业准入初审 / 投资备案	
		应急管理局	消防监督 / 消防管理 / 安全生产许可证核发 / 安全"三同时"审查	
		税务局	税务开户 / 出口退税	
		供电公司	用电审批 / 电力扩容	
		卫生健康局	职业卫生监督 / "三同时"审批	
		生态环境局	环保监控 / "三同时"审批 / 排污证办理 / 辐射管理	
		综合执法局	建筑生活垃圾处置 / 建筑外公司 Logo 悬挂许可	
		气象局	防雷设计 / 验收	
		网格员	定期现场检查 / 企业标准化 / 安全检查参与者	
		民政局 / 公安局	工厂门牌 / 安全检查参与者 / 易制毒化学品管理	
		统计局	经济数据统计	
	其他	档案馆	建设工程档案存档	住房和城乡建设局
		银行	公司开户 / 贷款办理	
		设计单位	施工图纸设计	需要资质
		建筑单位	建造、施工单位	
		监理单位	工程建设监理	
		设备供应商	生产线设备（设计、制作、安装）/ 施工设备租赁	
	服务方	房东	厂房产权人	
		中介	寻找厂房	
		物业	园区或厂房物业管理	
		保险公司	厂房保险 / 装修保险	
		消防维保	消防设施维保	需要资质
		电梯维保	电梯点检维保	
		固废处理	固废收集、运输和处置	
		危废处理	危废收集、运输和处置	
		环卫	生活垃圾清运	
		"三同时"公司	"三同时"咨询服务公司（安全 / 环保 / 职业卫生）	
		可行性研究咨询公司	项目可行性研究咨询服务公司	项目准入
		咨询公司	其他咨询公司	项目咨询

注：以上干系人如果没有特殊说明以县市级单位为准。

第三节 建厂需要的技能

如果没有专业的建厂咨询公司来协调服务中小企业的建厂项目，中小企业的建厂厂长就是公司建厂项目的总协调者，建厂厂长需要对项目的最终结果负责。虽然在建厂过程中我们会得到来自政府招商部门、设计院、监理公司、施工方以及生产线供应商等专业资源的协助，但是建厂厂长还是需要具备一定的专业技能，因为建厂厂长需要在建厂过程中提出要求和做出决策，这些要求和决策主要在下列情况。

工厂设计阶段。工厂设计阶段的主要工作是由设计院完成的，但设计院设计的主要输入都来自建厂厂长输出的标准和相关的法规要求。如果建厂厂长不具备专业技能，设计出来的工厂运营效果会很糟，即使勉强运营，效率也会很差。比如，如果不了解物流设计要遵守"一笔画"的原则，这样整个工厂现场会显得混乱，客户参观后的印象也会很差。基本的厂房设计知识也是一样，比如，布局时如果没有最大防火分区的概念，工厂布局基本上需要被设计院多次修改。

设备、建造、装修招标阶段。如果一个建厂厂长不熟悉厂房设计和施工的基本知识，那么在招标阶段，他和相关供应商的沟通会很被动，无法给供应商提出具体和有价值的要求，也无法判断供应商设计方案的优劣，从而做出理性的决定。不了解细节的建厂厂长做出来的标书一定会缺少实际有价值的要求，这样无形中就会给潜在的供应商较大的发挥空间，这样招标的结果肯定会导致设计差异大、价格混乱相差大，投标价格虚高和虚低都有可能出现，整个招标过程会一片混乱。

项目验收阶段。如果一个建厂厂长不具备任何的厂房设计技能，那么验收实际上是没有意义的。供应商的一些违规行为甚至非法行为是无法被发现的，例如，使用的材料以次充好、偷工减料、未按图施工等。这些可能会导致政府验收无法通过，或者在后续使用中出现大量问题，带来无穷烦恼。

工厂的建设实际上就是一个临时的项目工作,项目管理需要的相关技能在工厂建设项目中同样需要,我们应该注意的是建厂项目成功的关键因素是项目经理的管理和协调能力。除了项目协调,我们再细分建厂需要的其他技能,我们可以发现还需要三类技能:政策流程、厂务设计和工厂运营。这三类技能构成一个三角形,和项目协调一起成为建厂需要的核心技能。这些技能的关系如图2-2所示。

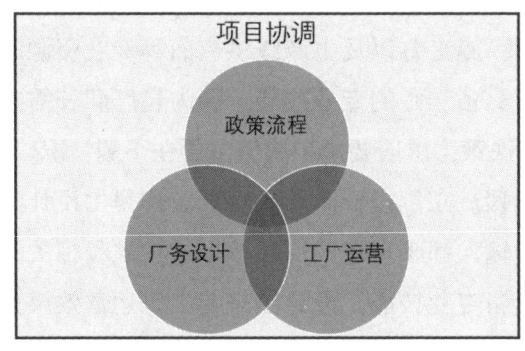

图2-2 技能关系示意

工厂运营一般是建厂厂长比较熟悉的领域,绝大多数中小企业在选择建厂厂长时一般会选择来自生产类似产品的成熟工厂的运营人员。工厂运营需要的知识和技能包括工厂设备管理、现场安全管理、产能规划、库存控制、成本管控、质量管理、工厂布局设计、物流规划、产品物料和工艺等。其中工厂布局设计决定了厂房设计,物流规划决定了仓库的设计和设施,产品物料和工艺决定了建厂过程中"三同时"的工作量等。

厂务设计是指和工厂建筑以及厂务设施有关的一系列工作。这些工作包括工厂厂房选择、建筑装修设计、厂房动力装置选型、车间装修设计、辅助设施选型等,这些任务主要由设计院、施工单位配合完成的,建厂厂长在这个模块里需要把自己工厂的厂务实际的需求清楚地传递给设计院和施工方,并能参与施工管理,以及领导最后的验收工作。

政策流程是指和政府法律法规、办事流程相关的工作。建厂项目的某个时间点需要按照要求走不同的流程,并取得政府相关部门的批准或者成功报备相关工作。同一件事,由于条件和参数的不一样而会选择不同的办事流程。每种办事流程对应的政府负责部门是不一样的，政策流程可能是建厂团队面对的最难的事情，主要原因如下：

其一，整个建厂过程涉及的流程繁多且复杂。从项目可行性研究到项目验收，建厂工作涉及的政府部门数量多，操作的流程更复杂，有些还涉及地方政府的流程，甚至有地方政府流程表述和中央政府流程表述冲突的情况。很少有人从头到尾走过建厂的全部流程，甚至政府的人也不熟悉建厂的全部流程。除了流程繁多且复杂，部分流程还存在多个部门管辖，甚至有标准不一致的问题。

其二，普通人很难理解流程的内容。这些流程大多数都是以法律法规、规章制度的形式出现的。政府文件的行文风格偏书面化和行政化，更重要的是这些法律法规实际上是给从事具体工作的专业人士阅读的，建厂团队这些非专业人士直接阅读这些文件很难得到对事务办理有具体的帮助。

其三，政策法规在不停地变化，需要定期更新。由于各种情况，政策流程还有一个特点是在不断地变化，除了国务院各部委的组织架构或职能分工变化导致的文件重大变化，每年都有一些法律法规被废止，而新的法律法规和老文件的差异又比较大，这样熟悉旧政策法规的人需要重新学习和适应新的政策法规，所以熟悉政策流程的人需要经常关注政策法规的变化，更新自己的知识技能。

这些核心技能存在如下的关系。

（1）所有的技能都是基于项目协调才能发挥作用的。建厂项目里的任何干系人都需要清晰了解建厂项目的目标，并为该目标的实现和其他干系人互相配合。建厂项目最终的效率和质量和整个项目的管理切实相关，除了建厂总的项目经理，每个细分工作或不同的供应商还会有细分的项目经理，任何一个环节的结果也和该环节的管理有很大的关系，比如，厂房设计的任务就和设计院项目经理的项目管理有直接关系。

（2）三类技能缺一不可，但对每个技能的具体要求和项目性质有关。成功建设一个工厂离不开这三类技能，但对技能要求的深度又和建厂项目的具体情况有关。这些情况包括项目难度、项目规模、项目性质等。一个需要全部重新设计施工的租赁厂房项目肯定对厂务设计的技能要求比较高；一个涉及消防等级变更且需要大量前置审批的厂房项目对政策流程的理解要求就会很高。

（3）每个技能之间存在重叠。这些技能间的重叠是团队成员的经验或技能的多样性导致的，一个工厂生产技术人员在工作过程中或多或少会涉及厂务相关的知识，一个厂务人员可能也需要自己去政府窗口处理各种流程审批。技能之间重叠的区域就是团队成员技能互相备份的区域，这些重叠的区域还可以用来做工作的互检。重叠区域越多越利于建厂团队的沟通，毕竟这意味着跨技能还能有共同的认知和语言。

评估上述三个维度的知识和技能需要基于包括建厂厂长在内的中小企业建厂团队的所有成员，基于团队成员的评估能直观地得出整个团队的技能水平以及相应的差距。我们设计了下一页的表格帮助建厂团队评估其建厂的技能水平，分为3步：

第一步：依据项目的具体情况，判断每个技能的具体要求。对任何建厂项目工厂运营和项目管理的要求都强制为100分，政策流程以及厂务设计的要求可以参考项目的具体情况定义，最高要求为100分。在打分过程中，我们常发现中小企业对政策流程的估计会偏低，建议不要刻意将政策流程的分数降低，除非有第三方的帮助，比如，政府招商部门或者第三方咨询公司的全流程咨询。

第二步：评估团队成员的技能水平。按照表2-2的评分标准评估团队每个成员的每个技能水平的实际情况，将实际得分填入实际栏里，同时做好备注拥有该技能的人名以及其他信息。评估时可以和团队成员讨论商量以得到客观和公正的评估结果。

第三步：将实际得分加总，对照要求找差距。如果某个人的技能水平的总得分低于60分，意味着该技能水平需要通过其他方式加强，不然会影响建厂项目的结果。最后再通过相关技能要求的情况判断差异的重要程度。

表2-2 中小企业团队建厂经验/技能水平检查

分类	项目管理 100			工厂运营 100			政策流程（按项目情况决定）			厂务设计（按项目情况决定）		
总分	评估要求	总分	实际	评估要求	总分	实际	评估要求	总分	实际	评估要求	总分	实际
证书资质	PMP证书	15		电工证（低压）	5		建造师证书	10		建造师证书（一级/二级）	10	
	IPMP证书	10		消防工程师证书	10					监理工程师证书	10	
				安全工程师证书	5					电工操作证（低压/高压）	5	
										消防工程师证书	5	
工作经验	负责过工厂架线项目	5		5年以上技术类设备等经验	5		有公司注册经验	5		有厂房选址经验	5	
	负责过类似扩厂项目	10		10年以上技术类设备等经验	10		有项目报备经验	10		有厂务实践经验	5	
	负责过类似建厂项目	30		20年以上技术类设备等经验	15		有招投标经验	5		有单独负责过工厂装修	5	
				5年以上工厂运营经验	5					有担当负责过工厂设计	5	
				10年以上工厂运营经验	10							
				20年以上工厂运营经验	15							
技能水平	项目WBS创建	10		布局设计	10		可行性研究流程	10		CAD	10	
	项目预算和预算控制	10		物流设计	5		项目准入流程	10		能做图纸审查	10	
	任务管理	5		参观设计	10		熟悉"三同时"流程	10		熟悉常用材料	5	
	采购管理（招标）	5		人机工程	10		采购招标＆验收流程	10		熟悉常用工艺	5	
	沟通冲突管理	5		安全管理	10		其他法律法规	10		熟悉常用验收	10	
	项目汇报（PPT/口头）	5		设备管理	5					实现常用设备	10	
结果		100			100			100			100	

检查表使用解释：

(1) 经验类自评同一个颜色选项只能选择一个，全部满足选择得分更高的选项；

(2) 技能水平自评需结合个人实际情况自评分数；

(3) 如果某表技能水平低于60分，表明无法胜任该表技能，需要引起团队重视。

第二章 工厂厂长与建厂

第四节 帮助建厂的其他资源

大多数中小企业建厂团队的经验和技能水平距离能独立建厂的要求存在较大差距，尤其是政策流程和厂务设计2个板块。对于大多数建厂厂长来说，建厂工作是以一次性项目的形式呈现的，整个租厂房建厂的项目建设周期可能只有不到半年的时间，建厂厂长不可能在短期内学习熟悉所有的建厂要素：繁杂的政府流程、不同的干系人、各种交叉的技能，哪怕这个建厂厂长拥有一级建造师这样的证书。所以如果能够找到额外的资源，对建厂厂长会是个非常好的事情，这些额外的资源能帮助中小企业建厂团队弥补其知识和技能盲区，在建厂早期规划时能提供有效的建议，在建厂过程中遇到问题时能提供有效的帮助。下面这几种主要的资源可以帮助到建厂团队：

招商人员是建厂厂长在项目早期接触比较多的，他们是政府招商部门的办事人员或者工业园区招商的服务人员。他们除了熟悉当地招商的政策，还熟悉企业在当地落户的全部流程，其实他们是驱动中小企业在当地落户的具体角色，他们会协调企业从准入到验收投产的整个过程。同时，他们也拥有一些当地的资源，比如可行性研究咨询机构、土地测绘公司、"三同时"咨询公司等，尤其是那些需要资质的服务单位。大多数地方的招商部门里有专门的招商服务人员，中小企业有任何问题都可以找他们帮忙，他们会在政府部门内部协调解决中小企业的任何问题。但是招商人员能提供的帮助主要是偏向政策和流程上面的，在工厂运营和厂务设计上的帮助非常有限。

厂房中介和招商人员类似，他们对政策和流程了解也比较多，有些厂房中介还会提供工商注册以及项目准入的增值服务。他们对厂房了解的比较多，为了满足潜在客户的需求，他们一般对厂房建设也比较熟悉，无论是各种厂房的优劣还是装修施工方案等，他们都能提供有效的帮助。

因为熟悉这些,会使他们在开发客户取得业务订单过程中占据有利的位置。所以,在寻找厂房的阶段,建厂厂长可以利用中介陪看厂房的机会多提问、多记录和多学习。但是在和厂房中介的接触中,一定要保留地获取其提供的信息,他们提供相当的信息和建议是为了他们自身获取订单的,缺少公正性和客观性。

设计施工项目经理是对工厂设计和施工比较熟悉的人。依据不同的资质情况,他们可以是不同的人,也可能是一个人,他们一般拥有建筑师或建造师等证书,他们对厂房设计和施工相关的法规要求和相关规范比较熟悉。他们和建厂厂长接触开始于项目的早期,理论上来说,建厂厂长最能从他们身上学到关于工厂或厂房的知识,无论是设计还是建造。在投标阶段,他们会想尽一切办法展示他们以及他们所代表的公司的专业性,但如果等到公司招投标结束选定供应商之后,选定的供应商和建厂厂长的关系就会变得"微妙"起来,他们在和建厂厂长沟通中会变得有选择、有目的,这对于建厂厂长来说,从他们那里得到的信息就会失去客观性。一个比较好的学习时机是工厂设计施工招投标阶段。原因如下。

其一,在投标阶段,潜在供应商的地位决定了设计和施工的项目经理愿意不加保留地展示自己和公司的能力,这样建厂厂长得到的知识和信息会比较"干净",这个阶段最有利于建厂团队的学习,大量的提问都能得到专业解答。

其二,多个供应商参与可以带来互相确认的好处。在招标阶段,多个潜在供应商会多轮勘察现场为设计和后续报价做准备,在勘察现场的时候,建厂厂长每次都会陪同参与,这样的现场交流在解答建厂厂长问题的同时会带来很多新的想法。在建厂厂长陪同下一个潜在供应商勘察现场的时候就可以将从上一家得到的方案拿出来讨论,这样多次充分的讨论之后,建厂厂长对这个问题的答案会更加客观全面,对工厂厂务设计相关技术的理解也比较深入。

外部专家也能很有效地帮助建厂厂长。尤其是那些大公司的相关专家,他们分工精细,涉猎面不广但是专业精深是这些专家共同的特点。

所以，建厂厂长遇到具体的问题后，外部专家会给出非常专业的答复。但这些专家的缺点是由于时间的限制，他们介入程度有限，他们对问题的背景了解得比较少，所以专家给的答复或者意见只是一般情况下的，不一定能直接解决现场的实际问题，所以他们提供的帮助一般都是零散且不系统的。一旦能突破介入时间的限制，他们就能有效地解决具体的技术问题，几个常见的外部专家可能是厂务专家和安全专家，他们能够有效地弥补建厂厂长的知识和经验盲点。

专业第三方咨询公司是指那些专门为建厂提供整体咨询服务的公司。这些公司提供的服务可以是全流程的，从公司内部的可行性研究直到项目归档交接，也可以是单阶段单流程的，比如只负责施工现场的协调。市场上常见的单项咨询类别见表2-3。

表2-3 单向咨询类别

咨询服务	是否需要资质	备注
投资	否	
环境影响评估	是	一般"三同时"供应商可以当该角色
安全	是	一般"三同时"供应商可以当该角色
职业卫生	是	一般"三同时"供应商可以当该角色
造价	是	
招投标代理	否	
律师	是	背调和纠纷处理

而能提供全流程咨询的咨询公司的专家一般是具备丰富建厂经验的工厂技术或者厂务技术的专家，这些专家有可能是一个人，也有可能是多人组成的团队。无论如何构成，这样的专家或专家团队基本已经有了建厂需要的三个重要技能。他们的价值所在就是跨学科和差异化——既懂生产运营又懂厂务设计，还熟悉所有建厂的流程，在厂务里面是最懂生产运营的，也是生产运营人员里最懂厂务的。不同于上面免费帮助到建厂的角色，咨询公司是收费提供服务的，但是对于那些资源紧张的中小

企业来说，聘用咨询公司可以保证建厂项目的进度和质量，同时不需要立刻找到一个能建厂但相对成本高的建厂厂长，后续的建厂厂长只需要专注于建厂后的生产运营。这些咨询公司可以提供"交钥匙式"的咨询服务，专业咨询公司可以给不同类型的中小企业带来如下不同的收益：

对于经验技能较强的建厂团队来说，咨询公司专家可以提供技术方案的确认评审服务。在这种服务中，咨询公司充当的是咨询师的角色，服务收费不会太高，但这样的"四眼"原则在降低项目失败的概率、降低建厂成本的同时能保证一些亮点设计的实现。

对于经验技能水平比较差的建厂团队来说，咨询公司可以提供全流程的服务，可以充当建厂项目经理的角色。这样中小企业在建厂阶段就不需要考虑厂务工程师的招聘，在工厂建设的后半期再招聘一个经验一般的、只关注工厂运营的建厂厂长就可以了，在一定程度上节约了整个建厂和运营成本。中小企业需要做的就是任命一个内部的对接人，这种服务收费较高，但是相比于内部人员的节省、后续人员的安排以及可能的失败成本还是非常有性价比的。还有一些进度要求高的建厂项目，这样的情况下咨询公司无疑是最好的选择。

第二篇 策划决策篇

第三章
项目可行性研究与准入

建设工厂是不折不扣的投资活动,意味着重大的资金投入,尤其对中小企业来说更需要慎重。投资是"在一定的时期内期望在未来能产生收益而将当前收入变化为资产的过程",无论中小企业工厂建设资金来自哪里,都不会改变投资的两个基本特征:时间和风险。这就决定了建厂这样的行为是需要经过深思熟虑的,无论是公司的内部还是外部。政府都需要遵守一定的策划决策流程才能做最终科学的决定,而本章介绍的项目可行性研究和项目准入就是两个成熟的决策工具。

第一节 项目可行性研究与综合评价

重大资金投入的建厂决议肯定不是一两个人就能随意决定的,即使可以做出决定,后面也需要有人脚踏实地地建成这个工厂,而且后面所有的活动都需要基于当时决议的细节内容,比如:何时建厂?建什么样的厂?预算多少?在哪里建厂?这些问题都需要在决策阶段就得确定下来,而不是在建厂过程中边施工边摸索,更重要的是,建厂不是单纯的企业行为,整个过程中会涉及政府多个审批、注册、报备、检查、验收等各种行政行为,政府也制定了成熟的法律法规来指导和规范,在这个过程中,哪怕是企业内部的决策,政府也建议了标准的输出格式和内容。

对于不同的投资项目,政府有不同的管理方式方法,这是政府基本的行政许可制度。对投资项目决策的行政许可制度是基于《国务院关于投资体制改革的决定》(国发〔2004〕20号),这个文件虽然已经过去了二十多年,但至今为止还是我国投资项目管理体制最顶层的设计。各地政府在实际操作上会有各种差异，但是基本的指导原则就是源于该文件。而在中小企业的实际操作中，也确实会有很大的差异。

同一个活动的定义不同。比如，同样是项目评估工作流程，每个地方政府名称定义会不同，安徽来安定义为项目准入（来招委办〔2022〕14号），而浙江平湖则称为项目综合评价（平工评〔2022〕2号）。这些文件都是公开的，都公示在政府网站，任何人都可以随意查看，但是实际上这些文件都是关于投资项目评估工作的规定。

基本流程也有执行差异。比如，同样一个项目可行性研究流程，浙江平湖需要提供一个长达80页的标准报告，而在苏北南通某区只需要填写一个3页的表格，这样简单的操作甚至会让苏北南通某区当地中小企业的建厂厂长感觉不到可行性研究以及综合评价的存在。

具体指标要求的差异。比如，广东清远清城区要求的工业项目的投资强度不低于300万元/亩（清城府办发〔2023〕1号），而同样的指标在浙江平湖则为130万元/亩（平工评〔2022〕2号）。

除了我们国家地域辽阔的原因，产生如上这些差异的原因实际上都和当地经济发展实际情况有关，其基本上遵循这样的规律：越是经济发达的地区，指标要求越高，相关的流程要求也越高。这样就会产生一些现象，比如：地区准入门槛的差异常常会导致一个因为环保被某地拒绝落户的项目换一个城市则可能变成当地政府的重要投资项目。

除了不同城市之间流程的差异，同一个城市处理不同的投资项目也有不一样的流程，这些差异主要体现在分级管理上。按照项目行业、投资性质、用地（租赁）面积、投资额等将投资项目分成不同类型的项目，这些不同类型的项目再由不同级别的政府部门审批，最低级别的审批可能工厂所在街道就可以完成，大多数审批是由县市级政府完成的，有些则需要所在地市政府的审批、特大的投资项目甚至需要国家发展改革委等部门的审批。

2004年7月由国务院发布的《国务院关于投资体制改革的决定》（国发〔2004〕20号）（以下简称《决定》）把投资项目分为政府投资项目

和企业投资项目两大类，中小企业里获得一定比例政府投资的项目会当成政府投资项目管理，其余的都是企业投资项目。只有国务院才能修改的《政府核准的投资项目目录（2016年本）》（以下简称《目录》）严格限定实行政府核准制的项目范围，在此《目录》以外的项目一律不能实行审批制，而区别不同的项目性质采用核准制或备案制。原则上，政府只对特殊的项目，比如：企业重大投资项目或者一些限制类的项目使用核准制度，剩下的一律采用备案制。以上是文件的基本规定，但是在实际操作上各地政策又有很大的不同，因为《决定》赋予各地政府根据当地情况制定适合当地政策的权利。中小企业的建厂厂长大概率不可能自己去研究当地的相关政策，要记得寻求政府人员的帮助。向当地招商服务人员请教相关办事流程可以得到满意且权威的答复，如果没有这样的资源，到当地政府办事窗口当面咨询或者拨打当地12345热线也可以得到权威答复。但无论如何不能忽略项目可行性研究和项目评估这样重要的步骤，而先直接注册公司。

　　三种不同的审核制度从审核内容、审核力度和对中小企业的具体要求上也有明显差异。审批制的审查最为详细、要求准备的文件最多、审查的进度也最慢。备案制则最为简单。所有这些审核制度需要准备的文档里有两个最基本的文档：《项目建议（申请）书》是企业内部决策的产出，生成这个文档不需要强制使用第三方中介，中小企业按照自己公司的模板或者政府的标准模板就可以直接输出，当然中小企业也可以使用其他类型的文档，毕竟这只是一个内部决策产出。一般情况下，《项目建议（申请）书》是在项目决策前对项目的轮廓性设想，有些地区《项目建议（申请）书》报经投资主管部门批准后，才可以进行可行性研究工作，而有些地区有些公司就直接使用后一个步骤的《项目可行性研究报告》作为内部决策依据。而正常情况下《项目可行性研究报告》是在《项目建议（申请）书》通过政府审核后，中小企业需要委托有资质的第三方工程咨询机构编制的专业报告，后续的项目评估等活动都是基于这份文件的。

　　由于篇幅限制，本书只介绍审批制的流程，在实际操作中，大多数地方政府对于大多数企业投资的工业项目基本也采用审批制或类似审批制的流程，且审批制是最复杂的准入流程之一，了解了审批制再去处理核准制以及备案制流程基本上没有什么问题。审批制的项目策划决策流程基本见表 3-1。

表 3-1 审批制项目策划决策流程

	项目可行性研究		项目评估（准入）
	内部策划决策	可行性研究报告	
责任主体	中小企业	中小企业/第三方机构	政府或其委托单位
产出文件	《项目建议（申请）书》	《项目可行性研究报告》	行政许可和审查意见
目的	建厂项目内部立项通过	向政府提交《可行性研究报告》	项目获得政府批准，进入具体实施阶段

审批制可以分成两个部分：项目可行性研究和项目评估。项目可行性研究开始于中小企业的内部建厂策划，公司有了一系列建厂的决策后，经过决议内部立项通过，就可以接触有落户意向城市的地方政府，向政府递交《项目建议（申请）书》。或者地方政府通过招商等行为主动接触有落户意向的中小企业，结果是一样的。在双方就投资达成一致意见后，中小企业需寻找市场上有资质的第三方可行性研究机构开始撰写《项目可行性研究报告》。进入到项目评估环节，当地政府会按照一定的流程和要求审查企业提供的《项目可行性研究报告》，作为项目最终获得批准的依据，政府最终会发布批准的相关文件，这些文件是企业进行后面流程（比如注册、厂房设计图纸审查等流程）的唯一依据，这个时候项目也到了具体实施的阶段。以上就是整个审核制度下企业准入的全流程。

企业内部策划决策纯粹是企业自己的事情，没有统一的流程，也没有规定的表格供使用，到最后其实只是需要一个结论作为记录。而项目可行性研究则是需要按照一个规定的格式输出规定的内容。建设项目的可行性研究指在任何投资决策前，对拟建项目有关的社会、经济和技术等各方面情况进行深入细致的调查研究，对各种技术方案和建设方案进行认真细致的技术经济分析和比较论证，尤其是对项目建成后的经济效益进行科学的预测和评价。实际上，项目可行性研究关注的是建设项目的技术先进性、实用性、经济合理性和有效性，最终决定的是项目是否值得投资以及如何投资。而项目评估是在项目可行性研究的基础上，根据国家或者地方各级部门颁布的政策、法律法规、方法与参数，从项目的经济和社会的影响角度出发，由有关部门对拟建项目的必要性、建设条件、生产条件、产品市场需求、工程技术、财务效益、经济效益和社会效益等全面进行分析论证，并就该项目是否可行提出专业的判断。

好多人觉得项目可行性研究和项目评估是一回事。确实，两者都是在项目初期为项目立项做的科学论证工作，都是项目前期不可缺少的重要准备工作，也都是关系具体项目能否成功的重要环节。它们也都是对项目进行经济性分析的工具，它们遵循的基本原理和使用的研究方法也基本一致。但是作为2个单独的工具或者流程，它们还是存在显著的差异，这些差异表现如下。

执行的责任主体不同。项目可行性研究通常是由中小企业委托有资质的第三方工程咨询公司负责整理撰写，中小企业需要提供相关的数据作为输入，第三方工程咨询公司负责按照标准的文件格式整理、填写、计算和汇总，最终形成结论和建议。而项目评估则是由项目决策机构（主要是政府，如果企业使用贷款还有可能加上银行）亲自或者授权专业的咨询机构进行的，政府需要组织相关的部门对企业提供的可行性报告进行评估。

对象和目的不同。项目可行性研究是在投资决策前对建设项目从技术、经济和社会等各方面进行全面的技术经济分析认证，研究的对象是企业提供的数据和信息，为项目投资决策提供科学依据，可行性研究的结论决定的是项目值不值得（可不可以）投；而项目评估的对象只是中小企业提供的项目可行性研究报告，项目评估对项目可行性报告进行全面的审核和再评价，判断可行性报告的可靠性、真实性和客观性。项目评估的结论是最终政府审批决策的主要依据，具有一定的权威性和法律性，这个结论直接决定了该项目能否在当地落户。

研究侧重点不一样。撰写项目可行性报告的出发点是中小企业本身，报告侧重于产品市场预测，对项目建设的必要性、建设条件、技术可行性、金额财务收益进行研究，强调的是投资的微观效益。而项目评估会站在当地政府的立场上，依照政府的长期规划和政策对可行性报告的内容和质量进行核实和判断。结合当地的相关规划和政策综合考察项目的整体效益，除了经济效益还需要考虑社会效益，项目评估侧重于项目投资的宏观效益。这也可以解释一些确实比较好的项目不能在一些城市落户的原因。

内容格式不一样。项目可行性研究报告有规定的格式，有固定的内容要求，项目评估也可以参考《国家发展改革委关于发布项目申请报告通用文本》（发改投资〔2007〕1169号）。不同地区的项目可行性研究报告格式和内容大同小异，而社会评估则差异很大，有独立的报告，或者一张评分表。两者的差异点参见表3-2。

表3-2 项目可行性研究与项目评估两者差异

	项目可行性研究	项目评估
执行责任单位	中小企业／第三方机构	政府或其委托单位
研究对象	中小企业提供的数据和信息	项目可行性报告
研究目的	为投资提供决策依据	为政府最终审批提供依据
研究侧重点	企业本身的微观经济效益	政府的宏观效益（经济＋社会）
内容格式	有统一的格式和内容要求	国家发展改革委建议的通用文本
法律效力	遵循企业内部管理规定	受国家相关法律和规定制约

以上就是中小企业项目可行性研究和项目评估的概述内容，从下面开始，我们将分别详细说明这两个流程。

第二节 项目可行性研究

严格意义上的项目可行性研究包括投资机会研究、初步可行性研究和详细可行性研究3个阶段，这3个阶段逐步递进。但在中小企业建设工厂这个比较细化和明确的项目任务上，这样的3个阶段却不能完全适用。我们继续按照之前的思路重点讲项目可行性研究的内外2个阶段：企业内部的策划决策以及外部可行性报告撰写。

1. 企业内部的策划决策

中小企业不会是个别人头脑一热做出建设工厂的决定的，除了有客户要求的交付时间点，我们还必须充分考虑如下一些重要的因素，而且在下面每一个因素里，建厂厂长的作用也是不一样的。

产品的成熟度。只有一个具有相当成熟度的产品才会避免后续可能变更改版带来的影响并锁定产品制造大体的制造工艺流程，只有这样才能确定工厂的大概需求，这样在建厂时来自产品生产制造最重要的需求才是具体且锁定范围的。在产品成熟度不够的情况下做出的建厂决定可能会带来设计、施工的重工还会带来厂房面积和设施上的浪费，建厂厂长需要密切关注制造工艺的情况，和产品研发部门一起确定该输入。

融资的情况。企业融资状况会在两个方面影响建厂，一方面是建厂预算，大多数中小企业会使用融资来全部或部分支付建厂这样的大额投资；另一方面，有些政府参与的融资会附带企业落户的具体要求，这样就限定了工厂的地理位置范围。建厂厂长需要详细提供建厂的预算和费用，工厂厂房寻找的范围和后续政策流程的大体情况也因为落地点确认而基本确定。

建厂资金的状况。中小企业需要筹措建厂所需的资金，无论是使用公司现有现金流、银行贷款还是其他融资。建厂厂长需要在项目开始之前通过内部渠道掌握资金到位的情况。

建厂周期。厂房建设周期决定了厂房建设的开始时间，建厂厂长需要理清楚政府审核手续周期、所有核心设备、设施的交付周期，这样就可以提前确定各个重要里程碑并规划建厂开始时间，并避免时间上的等待浪费。

公司的长远规划。这些规划包括客户情况和数量、生产产品种类和出货产量预计等，有些要求高的客户决定了工厂厂房建设的起点，出货产量计划决定了生产线的数量和投资时间点。同时，有些建厂项目可能需要多期逐步投资，建厂厂长需要确认每期的地点、规模，这些可能都会有变化。

除此之外，还有其他因素也会限制工厂建设。这些因素包括竞争对手的项目节奏、客户期望和要求、落户地区的配套情况等。

由于需要统一协调多方面的输入，内部可行性研究策划决策的责任人一般是公司最高管理者，建厂厂长在这个阶段是主要的支持角色，建厂厂长在这个阶段的主要工作总结起来大约有如下三个。

确定产品制造流程。中小企业产品的制造流程是工厂厂房、设施、设备需求的核心输入，如果产品研发还处于早期阶段，这些基本都没有完全确定下来，工厂建设的需求基本也无法确定。如果由于各种情况，无法在短期内确认这些信息，建厂厂长必须非常清楚存在哪些重要的变化可能，在做设计方案时，一定要考虑这些备选方案，如果变化点一旦确认，建厂厂长一定要及时调整。

工厂粗略布局。工厂布局是基于制造流程的直接输出，项目初期可能无法准确地画出完整的布局图，但是一些粗略的信息应该是可以确定的，比如：生产线的尺寸（长宽高）、需要的能源配置、仓库面积、附属设施的配置等，这些将成为后续精确筛选厂房的重要依据。由于在项目初期可能无法获得全面的信息，所以，使用这个阶段的数据都需要留一定的余量。市场上生产同样产品的生产线可以作为参考。

整理预估财务数据。建厂的主要投资是在工厂端的厂房装修改造、设备、人员和流动资金。建厂厂长需要计算这些费用，预估出一个合理的投资金额，这个投资金额需要基于时间线，也可能考虑分批分阶段。这个财务数据对于建厂特别重要，财务部门需要按照这个财务数据计算回报率这样的指标作为决策的重要依据，融资部门也需要这些去计划融资细节。

在中小企业内部决策过程中，建厂厂长需要时刻监控各种条件的变化，往往其中一个条件的变化可能会带来多个数据的变化，多轮多次不同条件的各种数据的模拟计算工作在这个阶段很常见。建厂厂长还要关注关于建厂的内部决策过程以及结论，一旦决策结论形成就需要获得并保存决策相关的数据，这些数据会作为后续行动的依据和项目复盘的基础，然后建厂工作就会进入外部可行性报告撰写的阶段。

2. 外部可行性报告撰写

中小企业这个时候需要自行或者委托具备相关资质的工程咨询公司开始撰写项目的可行性研究报告。有些中小企业会纠结在是自行撰写还是委托外部工程咨询公司完成这项工作，委托外部工程咨询公司意味着需要支付服务费用，自行撰写能保证公司的业务数据不外泄还能锻炼建厂团队，看上去自行撰写是很好的选择。但是，实际上对于中小企业来讲，无论从效率、质量还是成本上委托外部第三方都是一个更好的选择。

如果决定找外部可行性研究服务公司，可行性研究报告服务的流程基本如下：确定可行性研究咨询服务公司、中小企业按要求提交可行性研究数据、咨询公司完成初稿、双方修改和定稿、提交政府主管部门、准备项目评估。

和可行性研究工程咨询公司签订服务合同之后，我们一定要记得签保密协议，毕竟企业后续会提供一些关于产品、市场、销售和经营的数据，这些数据有些还是比较敏感的。可行性研究工程咨询公司会提供一个他们需要的信息和数据的清单，中小企业提供的这些数据和信息基本上是可行性研究报告的数据基础。企业内部建厂决策报告、企业融资或者路演的材料、公司介绍、公司网站上的内容等材料都是常见的能有效地帮助咨询公司认识中小企业的信息。对于一些需要汇总处理的数据，可行性研究工程咨询公司也会提供相关的模板以方便中小企业整理。这个过程里肯定会有些数据，中小企业和可行性研究工程咨询公司需要一起澄清确认，建厂厂长需要找到合适的公司内部对接人。

材料齐全后，可行性研究工程咨询公司大约需要 2 周就可以做出可研报告的初稿，建厂厂长需要组织公司内部相关部门仔细审阅初稿，有问题的修改，有疑问的澄清。报告基本确认后，可以在公司内部征询相关部门的意见，比如，财务部门、企业宣传部门、融资部门、产品研发部门等。等全部确认后就可以提交给政府相关部门审查，最后再结合政府部门的反馈做修改形成最终的版本。

最终确认版本的可行性研究报告需要打印装订盖章后提交给政府招商部门，同时需要装订多份在政府部门内部分发以供检查。同时，如果确认需要出席政府下一步项目评审会议的，可行性研究工程咨询公司需和中小企业一起完成项目介绍PPT。

可行性研究工程咨询公司对项目进行可行性分析，必须在国家或地方政府有关的规划、政策、法规的指导下完成，同时，还要基于中小企业提供的相应各种技术资料。可行性分析工作的主要依据如下。

(1) 国家有关的发展规划、计划文件，包括对该行业的鼓励、特许、限制、禁止等规定；

(2) 地方政府有关发展规划、计划文件，包括对该行业的鼓励、特许、限制、禁止等规定；

(3) 国家或者地方项目主管部门之前对项目建设要求请示或者申请的批复；

(4) 中小企业委托进行详细可行性分析的合同或协议；

(5) 企业的初步选址报告或依据；

(6) 拟建地区的环境现状资料，以及自然、社会、经济方面的有关资料；

（7）中小企业主要工艺和装置的技术资料；

（8）中小企业与有关方面取得的协议，如投资、原料供应、建设用地、租赁合同、运输等方面的初步协议；

（9）国家和地区关于工业建设的法令、法规。如"三废"排放标准、土地法规、劳保条例等；

（10）国家有关经济法规、规定，如《中华人民共和国外商投资法》、相关税收、贷款等规定，国家关于建设方面的标准、规范、资料，市场行情调查报告等。

3. 工业项目可行性研究报告大纲和解释

可行性研究报告都是按照原国家发展计划委员会（现国家发展和改革委员会）审定发行的《投资项目可行性研究指南》来准备报告结构和内容的，国家相关部门也会定期发布《企业投资项目可行性研究报告编写参考大纲》，截至目前，该大纲最新的版本是2023年的。本书按照该大纲中的一般工业投资项目可行性分析报告为例，说明了报告编制的具体要求。我们在大纲的每一节都做了注释：中小企业里哪些部门可以提供该节要求的信息以及在准备该材料时需要注意的相关事项，供中小企业建厂厂长参考。

企业投资项目可行性研究报告编写参考大纲(2023年版)

一、概述

（一）项目概况

项目全称及简称。概述项目建设目标和任务、建设地点、建设内容和规模（含主要产出）、建设工期、投资规模和资金来源、建设模式、主要技术经济指标等。

（二）企业概况

简述企业基本信息、发展现状、财务状况、类似项目情况、企业信用和总体能力，有关政府批复和金融机构支持等情况。分析企业综合能力与拟建项目的匹配性。属于国有控股企业的，应说明其上级控股单位的主责主业，以及拟建项目与其主责主业的符合性。

（三）编制依据

概述国家和地方有关支持性规划、产业政策和行业准入条件、企业战略、标准规范、专题研究成果，以及其他依据。

（四）主要结论和建议

简述项目可行性研究的主要结论和建议。

【注释】这些作为综述性和结论性的描述在可行性研究报告撰写初期不需要中小企业填写和提供任何材料，等可行性研究咨询公司完成报告的下面的内容后就可以分析生成了。但是成稿后中小企业还是要重点检查这段的内容，尤其是结论和建议是否和公司日常的宣传以及长期的目标一致。该段内容是政府各个部门除了其负责的专业内容外重点关注的，也是给读者建立关于中小企业第一印象的章节。

二、项目建设背景、需求分析及产出方案

（一）规划政策符合性

简述项目建设背景和前期工作进展情况，论述拟建项目与经济社会发展规划、产业政策、行业和市场准入标准的符合性。

【注释】这些材料可以找公司的市场部门提供，没有市场部门的中小企业可以找产品部门、融资部门或销售部门。

（二）企业发展战略需求分析

对于关系企业长远发展的重大项目，论述企业发展战略对拟建项目的需求程度和拟建项目对促进企业发展战略实现的重要性和紧迫性。

【注释】这些材料可以找公司的市场部门提供，没有市场部门的中小企业可以找产品部门、融资部门或销售部门，可行性研究公司也可以提供一些输入材料。

（三）项目市场需求分析

结合企业自身情况和行业发展前景，分析拟建项目所在行业的业态、目标市场环境和容量、产业链供应链、产品或服务价格，评价市场饱和程度、

项目产品或服务的竞争力，预测产品或服务的市场拥有量，提出市场营销策略等建议。

【注释】这些材料可以找公司的市场部门、采购部门提供，没有市场部门的中小企业可以找产品部门、研发部门、采购部门、融资部门或销售部门。

（四）项目建设内容、规模和产出方案

阐述拟建项目总体目标及分阶段目标，提出拟建项目建设内容和规模，明确项目产品方案或服务方案及其质量要求，并评价项目建设内容、规模以及产品方案的合理性。

【注释】这些材料需要建厂厂长自己整合公司内部的各种信息提供。可以获得信息的部门包括产品研发部门、产品部门和市场部门等。

（五）项目商业模式

根据项目主要商业计划，分析拟建项目收入来源和结构，判断项目是否具有充分的商业可行性和金融机构等相关方的可接受性。结合项目所在地政府或相关单位可以提供的条件，提出商业模式及其创新需求，研究项目综合开发等模式创新路径及可行性。

【注释】这些材料可以找公司的融资部门、市场部门和财务部门提供，没有市场部门的中小企业可以找产品部门和销售部门，可行性研究公司也可以提供一些输入。

三、项目选址与要素保障

（一）项目选址或选线

通过多方案比较，选择项目最佳或合理的场址或线路方案，明确拟建项目场址或线路的土地权属、供地方式、土地利用状况、矿产压覆、占用耕地和永久基本农田、涉及生态保护红线、地质灾害危险性评估等情况。备选场址方案或线路方案比选要综合考虑规划、技术、经济、社会等条件。

【注释】这些材料需要建厂厂长自己整合内外部其他信息提供。可以获得信息的部门包括厂务部门、房东和工厂落地地点的招商服务部门等。有些信息可以从房东当时拿地的信息里获得，如果有同一房东其他类似公司的可行性研究报告也可以供参考。

（二）项目建设条件

分析拟建项目所在区域的自然环境、交通运输、公用工程等建设条件。其中，自然环境条件包括地形地貌、气象、水文、泥沙、地质、地震、防洪等；交通运输条件包括铁路、公路、港口、机场、管道等；公用工程条件包括周边市政道路、水、电、气、热、消防和通信等。阐述施工条件、生活配套设施和公共服务依托条件等。改扩建工程要分析现有设施条件的容量和能力，提出设施改扩建和利用方案。

【注释】这些材料需要建厂厂长自己整合内外部其他信息提供。可以获得信息的部门包括厂务部门、物流部门、房东和工厂落地地点的招商服务部门等。有些信息可以从房东当时拿地的信息里获得，如果有同一房东其他类似公司的可行性研究报告也可以供参考。

（三）要素保障分析

土地要素保障。分析拟建项目相关的国土空间规划、土地利用年度计划、建设用地控制指标等土地要素保障条件，开展节约集约用地论证分析，评价用地规模和功能分区的合理性、节地水平的先进性。说明拟建项目的用地总体情况，包括地上（下）物情况等；涉及耕地、园地、林地、草地等农用地转为建设用地的，说明农用地转用指标的落实、转用审批手续办理安排及耕地占补平衡的落实情况；涉及占用永久基本农田的，说明永久基本农田占用补划情况；如果项目涉及用海用岛，应明确用海用岛的方式、具体位置和规模等内容。

【注释】租厂房建厂应该不涉及该点，只有买地建厂的才需要。这些材料需要建厂厂长自己整合内外部其他信息提供。可以获得信息的部门主要是工厂落地地点的招商服务部门（包括住建和规划部门等）。

资源环境要素保障。分析拟建项目水资源、能源、大气环境、生态等承载能力及其保障条件，以及取水总量、能耗、碳排放强度和污染减排指标控制要求等，说明是否存在环境敏感区和环境制约因素。对于涉及用海的项目，应分析利用港口岸线资源、航道资源的基本情况及其保障条件；对于需围填海的项目，应分析围填海基本情况及其保障条件。

【注释】这些材料需要建厂厂长自己整合内外部其他信息提供。可以获得信息的部门包括厂务部门、EHS部门、工艺部门、设备部门、房东和工厂落地地点的招商服务部门等。有些信息可以从房东当时拿地的信息里获得，如果有同一房东其他类似公司的可行性研究报告也可以供参考。

四、项目建设方案

（一）技术方案

通过技术比较提出项目生产方法、生产工艺技术和流程、配套工程（辅助生产和公用工程等）、技术来源及其实现路径，论证项目技术的适用性、成熟性、可靠性和先进性。对于专利或关键核心技术，需要分析其获取方式、知识产权保护、技术标准和自主可控性等。简述推荐技术路线的理由，提出相应的技术指标。

【注释】这些材料主要的提供部门是生产工艺部门、研发工艺部门、厂务部门和设备部门。有些信息的提供可能需要从设备、材料的供应商处获得。

（二）设备方案

通过设备比选提出拟建项目主要设备（含软件）的规格、数量和性能参数等内容，论述设备（含软件）与技术的匹配性和可靠性、设备和软件对工程方案的设计技术需求，提出关键设备和软件推荐方案及自主知识产权情况。必要时，对关键设备进行单台技术经济论证。利用和改造原有设备的，提出改造方案及其效果。涉及超限设备的，研究提出相应的运输方案，特殊设备提出安装要求。

【注释】这些材料主要的提供部门是生产工艺部门、厂务部门和设备部门。有些信息的提供可能需要从设备的供应商处获得。

（三）工程方案

通过方案比选提出工程建设标准、工程总体布置、主要建（构）筑物和系统设计方案、外部运输方案、公用工程方案及其他配套设施方案，明确工程安全质量和安全保障措施，对重大问题制定应对方案。涉及分期建设的项目，需要阐述分期建设方案；涉及重大技术问题的还应阐述需要开展的专题论证工作。

【注释】这些材料主要的提供部门是生产工艺部门、研发工艺部门、厂务部门和设备部门。有些信息的提供可能需要从设备、材料的供应商以及设计院、建造方处获得。

（四）资源开发方案

对于资源开发类项目，应依据资源开发规划、资源储量、资源品质、赋存条件、开发价值等，研究制定资源开发和综合利用方案，评价资源利用效率。

【注释】如涉及这些材料主要的提供部门是生产工艺部门、厂务部门。有些信息的提供可能需要从设备、材料的供应商处获得。

（五）用地用海征收补偿（安置）方案

涉及土地征收或用海海域征收的项目，应根据有关法律法规政策规定，确定征收补偿（安置）方案包括征收范围、土地现状、征收目的、补偿方式和标准、安置对象、安置方式、社会保障等内容。用海用岛涉及利益相关者的，应根据有关法律法规政策规定等确定利益相关者协调方案。

【注释】租厂房建厂应该不涉及该点，只有买地建厂的才需要。这些材料需要建厂厂长自己整合内外部其他信息提供。可以获得信息的部门主要是工厂落地地点的招商服务部门（通过住建和规划部门等），有社稳研究经验的可行性研究公司也可以提供部分信息。

（六）数字化方案

对于具备条件的项目，研究提出拟建项目数字化应用方案，包括技术、设备、工程、建设管理和运维、网络与数据安全保障等方面，提出以数字化交付为目的，实现设计－施工－运维全过程数字化应用方案。

【注释】这些材料主要的提供部门是公司的信息化部门和设备部门。有些信息的提供可能需要从设备的供应商以及设计院获得。

（七）建设管理方案

提出项目建设组织模式、控制性工期和分期实施方案，确定项目建设是否满足投资管理合规性和施工安全管理要求。如果涉及招标，明确招标范围、招标组织形式和招标方式等。

【注释】这些材料需要建厂厂长自己整合内外部其他信息提供。可以获得信息的部门包括融资部门、工艺部门、设备部门、采购部门。

五、项目运营方案

（一）生产经营方案

对于产品生产类企业投资项目，提出拟建项目的产品质量安全保障方案、原材料供应保障方案、燃料动力供应保障方案以及维护维修方案，评价生产经营的有效性和可持续性。

对于运营服务类企业投资项目，明确拟建项目运营服务内容、标准、流程、计量、运营维护与修理，以及运营服务效率要求等，研究提出运营服务方案。

【注释】这些材料需要建厂厂长自己整合内外部其他信息提供。可以获得信息的部门包括生产部门、质量部门、工艺部门、设备部门和厂务部门。

（二）安全保障方案

分析项目运营管理中存在的危险因素及其危害程度，明确安全生产责任制，设置安全管理机构，建立安全管理体系，提出安全防范措施，制定项目安全应急管理预案。

【注释】这些材料主要的提供部门是公司的EHS部门、工艺部门和设备部门。如果不存在EHS部门，则外部的"三同时"咨询公司可以提供相关的信息。

（三）运营管理方案

简述拟建项目的运营机构设置方案，明确项目运营模式和治理结构要求，简述项目绩效考核方案、奖惩机制等。

【注释】这些材料需要建厂厂长自己整合内外部其他信息提供。可以获得信息的部门包括生产部门、质量部门、项目管理部门、工艺部门和设备部门。

六、项目投融资与财务方案

（一）投资估算

说明投资估算编制范围、编制依据，估算项目建设投资、流动资金、建设期融资费用，明确建设期内分年度资金使用计划。

【注释】这些材料主要的提供部门是公司的财务部门。有些数据的输入是工厂厂长提供的建厂预算信息。

（二）盈利能力分析

根据项目性质，选择适合的评价方法，估算项目营业收入和补贴性收入及各种成本费用，并按相关行业要求提供量价协议、框架协议等支撑材料，分析项目的现金流入和流出情况，构建项目利润表和现金流量表，计算财务内部收益率、财务净现值等指标，评价项目的财务盈利能力，并开展盈亏平衡分析和敏感性分析，根据需要分析拟建项目对企业整体财务状况的影响。

【注释】这些材料主要的提供部门是公司的财务部门。

（三）融资方案

结合企业自身及其股东的出资能力，分析项目资本金和债务资金的来源及结构、融资成本以及资金到位情况，评价项目的可融资性。

结合企业和项目经济、社会、环境等评价结果，研究项目获得绿色金融、绿色债券支持的可能性。对于具备条件的基础设施项目，研究提出项目建成后通过基础设施领域不动产投资信托基金(REITs)等模式盘活存量资产、实现投资回收的可能性。企业拟申请政府投资补助或贴息的应根据相关要求研究提出拟申报投资补助或贴息的资金额度及可行性。

【注释】这些材料主要的提供部门是公司的财务和融资部门。

（四）债务清偿能力分析

按照负债融资的期限、金额、还本付息方式等条件，分析计算偿债备付率、利息备付率等债务清偿能力评价指标，判断项目偿还债务本金及支付利息的能力。必要时，开展项目资产负债分析，计算资产负债率等指标，评价项目资金结构的合理性。

【*注释*】这些材料主要的提供部门是公司的财务部门。

（五）财务可持续性分析

根据投资项目财务计划现金流量表，统筹考虑企业整体财务状况、总体信用及综合融资能力等因素，分析投资项目对企业的整体财务状况影响，包括对企业的现金流、利润、营业收入、资产、负债等主要指标的影响，判断拟建项目是否有足够的净现金流量，确保维持正常运营及保障资金链安全。

【*注释*】这些材料主要的提供部门是公司的财务和融资部门。

七、项目影响效果分析

（一）经济影响分析

对于具有明显经济外部效应的企业投资项目，论证项目费用效益或效果，以及重大项目可能对宏观经济、产业经济、区域经济等产生的影响，评价拟建项目的经济合理性。

【*注释*】这些材料主要的提供部门是公司的财务和融资部门。企业所在地的招商部门可以提供信息输入。

（二）社会影响分析

通过社会调查和公众参与，识别项目主要社会影响因素和关键利益相关者，分析不同目标群体的诉求及其对项目的支持程度，评价项目在带动当地就业、促进企业员工发展、社区发展和社会发展等方面的社会责任，提出减缓负面社会影响的措施或方案。

【*注释*】这些材料需要建厂厂长自己整合内外部其他信息提供。可以获得信息的部门主要是工厂落地地点的招商服务部门（通过住建和规划部门等），有社稳研究经验的可行性研究公司也可以提供部分信息。

（三）生态环境影响分析

分析拟建项目所在地的生态环境现状，评价项目在污染物排放、地质灾害防治、防洪减灾、水土流失、土地复垦、生态保护、生物多样性和环境敏感区等方面的影响，提出生态环境影响减缓、生态修复和补偿等措施，以及污染物减排措施，评价拟建项目能否满足有关生态环境保护政策要求。

【注释】这些材料需要建厂厂长自己整合内外部其他信息提供。可以获得信息的部门主要是 EHS 部门以及工厂落地地点的招商服务部门（通过环境主管部门等），如果不存在 EHS 部门，则外部的"三同时"咨询公司可以提供相关的信息。这段也是项目设计阶段环境保护设施"三同时"工作的重要依据。

（四）资源和能源利用效果分析

对于占用重要资源的项目，分析项目所需消耗的资源品种、数量、来源情况，以及非常规水源和污水资源化利用情况，提出资源综合利用方案和资源节约措施，计算采取资源节约和资源化利用措施后的资源消耗总量及强度。计算采取节能措施后的全口径能源消耗总量、原料用能消耗量、可再生能源消耗量等指标，评价项目能效水平以及对项目所在地区能耗调控的影响。

【注释】这些材料需要建厂厂长自己整合内外部其他信息提供。可以获得信息的部门主要是工厂设备部门、EHS 部门以及工厂落地地点的招商服务部门（通过环境主管部门等），如果不存在 EHS 部门，则外部的能评公司可以提供相关的信息。

（五）碳达峰碳中和分析

对于高耗能、高排放项目，在项目能源资源利用分析基础上，预测并核算项目年度碳排放总量、主要产品碳排放强度，提出项目碳排放控制方案，明确拟采取减少碳排放的路径与方式，分析项目对所在地区碳达峰碳中和目标实现的影响。

【注释】这些材料需要建厂厂长自己整合内外部其他信息提供。可以获得信息的部门主要是工厂设备部门、EHS 部门以及工厂落地地点的招商服务部门（通过环境主管部门等），如果不存在 EHS 部门，则外部的能评公司可以提供相关的信息。

八、项目风险管控方案

（一）风险识别与评价

识别项目市场需求、产业链供应链、关键技术、工程建设、运营管理、投融资、财务效益、生态环境、社会影响、网络与数据安全等方面的风险，分析各风险发生的可能性、损失程度，以及风险承担主体的韧性或脆弱性，判断各风险后果的严重程度，研究确定项目面临的主要风险。

【注释】这些材料需要建厂厂长自己整合内外部其他信息提供。可以获得信息的部门主要是公司财务部门、市场部门、采购部门、物流部门、人力资源部门、工厂设备部门、EHS 部门以及工厂落地地点的招商服务部门（通过环境主管部门等），如果不存在 EHS 部门，则外部的有社稳经验的可行性研究服务公司可以提供相关的信息。

（二）风险管控方案

结合项目特点和风险评价，有针对性地提出项目主要风险的防范和化解措施。重大项目应当对社会稳定风险进行调查分析，查找并列出风险点、风险发生的可能性及影响程度，提出防范和化解风险的方案措施，提出采取相关措施后的社会稳定风险等级建议。对可能引发"邻避"问题的，应提出综合管控方案，保证影响社会稳定的风险在采取措施后处于低风险且可控状态。

【注释】这些材料需要建厂厂长自己整合内外部其他信息提供。可以获得信息的部门主要是公司财务部门、市场部门、采购部门、物流部门、人力资源部门、工厂设备部门、EHS 部门以及工厂落地地点的招商服务部门（通过环境主管部门等），如果不存在 EHS 部门，则外部的有社稳经验的可行性研究服务公司可以提供相关的信息。

（三）风险应急预案

对于拟建项目可能发生的风险，研究制定重大风险应急预案，明确应急处置及应急演练要求等。

【注释】这些材料需要建厂厂长自己整合内外部其他信息提供。可以获得信息的部门主要是公司财务部门、市场部门、采购部门、物流部门、人力资源部门、工厂设备部门、EHS 部门以及工厂落地地点的招商服务部门（通过环境主管部门等），如果不存在 EHS 部门，则外部的有社稳经验的可行性研究服务公司可以提供相关的信息。

九、研究结论及建议

（一）主要研究结论

从建设必要性、要素保障性、工程可行性、运营有效性、财务合理性、影响可持续性、风险可控性等维度分别简述项目可行性研究结论，重点归纳总结拟推荐方案的项目市场需求、建设内容和规模、运营方案、投融资和财务效益，并评价项目各方面的效果和风险，提出项目是否可行的研究结论。

（二）问题与建议

针对项目需要重点关注和进一步研究解决的问题，提出相关建议。

【注释】建厂厂长和可行性研究公司一起定稿（一）（二）。

十、附表、附图和附件

根据项目实际情况和相关规范要求，研究确定并附具可行性研究报告必要的附表、附图和附件等。

【注释】建厂厂长按要求提供。

项目可行性研究报告除了供后续项目准入使用，还会是后续一系列流程和任务的重要输入，比如能评和"三同时"等流程。所以可行性研究报告里的相关数据还是需要一定的准确性的，不然，后续数据冲突太大无法解释也会影响一些流程的顺利开展。

第三节 项目评价

项目评价通常又被称为项目准入评价、项目综合评价等。项目评价的组织者是项目落户所在地的地方政府，这是项目准入的一个重要步骤。一般准入的流程文件可以在项目落地的县市级政府网站上找到，当然招商服务的工作人员也会非常熟悉所在地的准入流程。

项目评价一般分为三个步骤：项目初评及上报、组织评价和评价反馈。实际操作的流程虽有些差异，但基本按照初评及上报、组织评价和评价反馈这三个步骤来进行。图3-1是华南某县的项目准入详细流程。

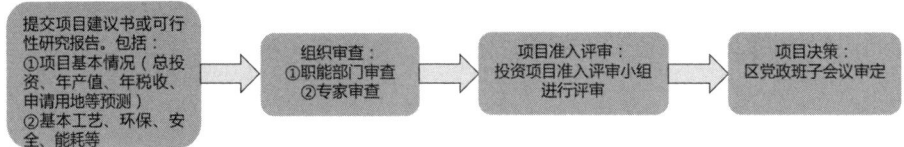

图 3-1 项目准入流程图

（一）**初评及上报**。这个步骤的实施主体一般是中小企业所在地县市的下一级单位，乡镇、街道甚至一些大的工业园区都可以完成这一步骤。这一步的第一个作用是材料筛选，中小企业根据县市政府的标准流程准备相关材料，准备好材料后统一提交到乡镇、街道或者工业园的招商部门。由这些单位按照要求做材料确认和筛选，他们会根据项目的实际情况提出材料修改意见或初评意见，项目投资额及厂房租赁面积在一定的标准以下的他们会自行组织评价，评价完成后就可以出具最终评价意见，经乡镇、街道或工业园区领导签字确认后报县市准入负责部门备案。

对于投资额和规模在标准以上的项目，经乡镇、街道或者工业园区领导签字确认后，还需要上报县市准入负责部门参与县市级评价程序。县市级的结论才是最终的准入结论，所以，不同规模的项目准入周期是不一样的。

中小企业根据项目准入实施流程准备要求的各种文件，可行性研究咨询公司一般会协助准备，乡镇、街道或者工业园区的招商工作人员会按照要求先做一轮检查，经确认后大多数文件的提交版本是需要中小企业盖章确认的，项目评估需要的文件一般如下。

（1）《项目可行性研究报告》，这是项目评价的基础；

（2）《综合评价申报表》，这是项目基础信息和对《项目可行性研究报告》的具体总结，政府会提供该表格模板，可行性研究咨询公司会协助填写；

（3）《项目承诺书》，这是关于项目"三同时"以及税务目标的承诺书，政府会提供该表格模板，可行性研究咨询公司会协助填写；

（4）关于项目介绍的PPT（如果被要求的话），有标准模板可行性研究咨询公司会协助准备；

（5）其他要求的有关证明材料。

准备的这些材料的电子版会提前发给政府相关部门，同时需要打印和装订一定数量的《项目可行性研究报告》以供下一步的项目评价。

（二）组织评价。大多数政府部门都会成立专门的准入评价小组专门负责这样的工作，一般由负责工业的副县（市）长任组长。项目评价一般采用内部审查和评估会议的形式，《项目可行性研究报告》会提前下发到政府的每一个相关部门，各个部门会核对审查其部门负责区域的内容并准备审批意见。准入评价小组会定期组织项目评价（准入）会议，县市分管工业的副县（市）长需要出席作为最高决策者，和项目准入有关的部门都会派人出席和参与。有些地方政府会要求过会项目的公司派人在会议上简单介绍该投资项目并回答与会各个部门提出的各种问题，所以会议的任何问题和回答内容都会被记录，最终形成会议纪要。有些地方政府简化准入流程不邀请投资企业参与，由所在地的乡镇、街道或者工业园办事人员介绍该项目并代为回答问题。这也是为什么已经定稿的可行性研究报告和其他内容在开会后还需要修改的原因。

如果被要求到会介绍项目和回答问题，可行性研究咨询公司会按照政府要求准备会议使用的PPT材料。一般情况下，留给每个项目介绍的时间只有10分钟,还有10分钟是问答环节。出席会议的政府办事部门一般有生态环境、税务、科技、经信、发改、工商、建设、市场监管、消防救援和银行等部门。如果相关政府部门之前有到企业做过调研的,工业市长会询问相关部门调研的反馈意见。在提问环节,政府各个部门的与会者会根据自己部门的专业向投资企业代表(一般是建厂厂长)提问,各相关部门根据项目情况和回答情况进行打分,并由专人进行汇总。

项目评估评分见表3-3。

表3-3 东部沿海某地政府使用的租赁厂房企业的项目评估评分表

投资业主: 　　　　　　　　　　　　　　　　　　　所属镇街道:

类别	指标或内容要求	分值	得分
产业导向	项目在产业链中的定位情况酌情得分,最高得10分。	10	
	符合所在镇街道产业导向、产业发展规划得5分。	5	
投资水平	生产设备的智能化水平、生产工艺先进性酌情得分,最高得10分。	10	
	项目固定资产投资强度达到2000元/平方米或130万元/亩得5分,每增加10%加1分,最高加5分。	10	
能耗情况	单耗低于0.52万元/吨标煤得3分,总耗小于1000吨标煤的得2分。	5	
税收贡献	承诺达产后税收达到200元/平方米或15万元/亩得3分,每增加20%加1分,最高加2分。	5	
环境保护	位于"三线一单"产业集聚类重点管控单元和××街道××工业园区、××镇工业园区的,得2分;位于一般管控单元和城镇生活类重点管控单元的工业园区的,得1分。	2	
	不新增主要污染物排放总量得1分(化学需氧量、氨氮、VOC、氮氧化物)。	1	
	无表面处理、涂装、印刷、印花(全部采用水性等环保涂料、油墨、浆料等的除外)等工艺的得2分。	2	
土地及规划	出租方现状无违法用地及违法建筑,满足用于生产经营相关标准,得5分。	5	
科技水平	投资项目符合××省高新技术产业统计分类目录得1分。	1	
	投资项目科技含量处于行业内领先地位的得2分。	2	
	投资主体有投资项目核心技术相关的发明专利每个得2分,实用新型、外观设计专利,软件著作权每个得1分,最高得2分。	2	
	投资主体研发费用计划单独列账,研发投入占销售收入比达到3%的得2分。	2	
安全生产	项目不涉及危险化学品生产、储存得3分。	3	
	生产过程中无重点监管危化化工工艺得3分。	3	
	生产过程中无使用危化品得2分,使用危化品酌情扣分。	2	
消防安全	厂房及入驻项目符合消防安全相关要求的,得10分。	10	
优先引入	省级以上专精特新"小巨人"企业、"独角兽"企业、"瞪羚"企业、隐形冠军、单项冠军加5分;入选国家、省、市级人才项目/团队的,分别得5分、3分、1.5分;外资项目加2分;数字经济、高端装备制造、新材料、新能源、生命健康类项目加2分;合计加分不超过10分。	10	
综合评价	市领导或评价办对租赁项目综合评估得分,最高得15分。	15	
	合计	105	

准备项目评估会议上使用的 PPT 也有一定的技巧，将那些常用的数字数据根据需要罗列进 PPT，在被提问该数字数据时可以直接看 PPT。一般专业性强的财务问题很少在会上被问到。第一个原因是这样的数据早已经被专业的人员审查复核过了，数据有问题的项目不会出现在这个场合；第二个原因是提问者们也知道大多数给他们讲 PPT 的人不是专业的财务人员。如果提前被通知需要准备这些问题，可以让公司的财务人员一起参与会议。

在实际的提问环节中，与会领导们除了想更多地了解中小企业，还会特意关注一些当地企业配套的机会。中小企业常被问到的问题可以归纳如下。

(1) 关于产品的问题：

产品的先进性体现在哪里？公司的产品和竞争对手相比的优势是什么？

产品价格定位策略是什么？

(2) 关于市场的问题：

行业主要的竞争对手是谁？行业发展的趋势如何？市场推广的计划有哪些？

预计市场占有率的估算？

(3) 关于供应链的问题：

主要的原材料是什么？本地是否可以开发配套的供应商？

是否需要第三方仓库和物流配套？

(4) 关于融资的问题：

目前公司的融资状态和融资计划是什么？建设资金是否到位？

建设资金的构成情况如何？

(5) 关于人才的问题：

公司有几名博士？是否有海归博士？研发人员的学历构成如何？

(6) 关于"三同时"的问题：

是否有"三同时"的计划和预算？是否会规划专职的安全人员？

是否用到特种设备？

（7）关于消防的问题：

厂房的消防设计与验收计划？消防维保单位是否落实？

（8）项目建设情况：

项目建设是否完成招投标？

与会的政府部门会使用上述表格对照项目的实际情况打分，超过一定的分数代表会议评审通过，中小企业代表会在会议上被口头告知评估结果。但是我们需要知道的是这个口头结果没有任何意义，会后的实际操作还需要得到正式的评价反馈结论。

（三）**评价反馈**。项目评价得分在规定的达标线以上的项目原则上被允许准入，但是在项目评估流程（会议）后还需要等待一段时间才能拿到最终的结论。在这段等待时间内，实际上发生了两件事：当地政府管理班子再次审定和政府内部接收工作准备。

当地政府管理班子再次决定是"民主决策"的一个必须流程，也是我国"民主决策"的最好体现。虽然负责工业的副县（市）长已经同意项目准入，但是还需要在更高级别的会议上履行相关的流程并取得最后的正式批准。这个流程的形式可能是专项汇报，也可能是日常的沟通会议。这个过程大概率不会推翻之前的结论，但需要一些时间，毕竟招商准入只是政府工作的一部分而已。曾有人最长的一个等待时间是两个半月，可能会遇到一些特殊的情况一定要预留足够的时间，这些特殊原因包括地方政府换届、地方两会这样的重大事件。当然，中小企业在这个过程里可能会被提出一些新的要求，比如：企业参加政府统一组织的签约仪式、政府派员参与开业仪式等，越是大的项目越容易被增加类似这样的要求。

内部接受准备工作是政府内部沟通和准备的一个方式，政府需要将准入的决定下发到每一个企业会打交道的部门，比如只有准入决定下发到住建部门，住建部门才能在办事窗口接受企业提交的消防设计图纸，没有这样的内部沟通和信息传达，企业基本上除了能进行工商注册开户等少数操作，其他工作都不能进行。通知完成后，政府会给企业正式的批准文件《××市租赁厂房项目综合评价意见书》（以下简称《评价意见书》）。中小企业凭《评价意见书》才能进行申报项目核准或备案以及环评、能评、安评等工作事项。《评价意见书》的有效期为1年，因为各种情况，建设周期可能超过一年的需要再次和政府沟通。

在现实操作中，在这个过程里肯定存在项目评价未通过的建厂项目，总结下来可能是以下情况之一导致的：

(1)《项目可行性研究报告》存在重大缺陷；

(2) 行业原因：核心产业配套关联性不强；

(3) 消防原因：应该加装喷淋设施的未加装喷淋设施；

(4) 环保原因：化学品种类和用量超标；

(5) 政府换届、规划变化等；

(6) 其他原因。

遇到首次项目评估未获通过的企业可以检查修改后再次提出评价申请，项目评价实行两次终审制。有一些存在"硬伤"的项目可能会在第一次被拒后直接放弃并寻找其他投资地点才是最好的选择。如果第二次项目评估还是未获通过，这个项目之前的工作需要全部撤销，比如：已经注册的公司可以凭正式的决议到工商注销，已经缴纳的厂房租金也可以按照协议索回。因为理论上每个项目都有这样的可能性存在，所以对于那些确定性不强的公司可以按照"筹备"的方式处理，先不做任何的注册以及合约签署，在可行性研究和准入阶段以筹备的名义对外沟通，这就是为何每次项目评估会议上总会有几家公司的名字后有一个（筹）的原因。

项目评估会议结束后，中小企业还需要等待一些时间才能取得正式的《评价意见书》，有了这份正式的文件才可以继续下面的项目报备等流程，在《评价意见书》里会有项目主要的信息：产能，投资强度、能耗、税收等，同时会有项目评价会议上的项目得分，最终会议决议以及各个级别分管领导的签字确认，取得《评价意见书》不意味着项目评估流程的完全结束，还需要一个收尾的动作——项目备案。

项目备案需要中小企业登录所在地的（一般是省级）政府网站操作，这个时候可能需要寻求政府招商服务的工作人员的帮助，流程比较烦琐且每个地方操作会有细微的差异。

《备案通知书》里最重要的信息是项目代码，项目代码是项目整个建设周期唯一的身份标识，项目申报、流程办理、政府审批、政府监管、项目延期、项目调整、项目验收等后续流程均需统一关联至项目代码。项目代码是各级政府有关部门办理审批事项、下达资金、开展审计监督等必要条件，而且中小企业需要将项目代码标注在申报文件的显著位置。

项目备案后收到《备案通知书》，政府的各个部门才会接受中小企业以及其服务单位向其提交的各种文件材料，比如，消防图纸，"三同时"报备和审批等。同时，中小企业法人发生变化，项目拟建地址、建设规模、建设内容等发生重大变更，或者放弃项目建设的，中小企业应当通过在线平台及时告知备案机关，并修改相关信息。实际操作中这些都可以寻求政府招商部门的协助。

至此，项目可行性研究和准入的工作就完全结束了，可以进入厂房设计环节等其他环节了。

第四节 建厂项目预算

建设工厂肯定离不开资金,而且建厂的花费可能是中小企业成立以来的最大单笔花费。决定是否建厂可能是公司创始人或者公司核心团队成员做决定的,但是建厂需要花费多少钱却是建厂厂长需要提供的,而且最终提供的不能是个粗略的数字,而是需要一个详细的具体分类清单。这可能是建厂厂长接手建厂任务后需要独自面对的第一个重大挑战,因为其他的职能部门,哪怕是财务在做建厂预算时都基本无法提供任何的直接帮助,预算科目的明细基本都来自建厂厂长。

在编制项目预算时,建厂厂长需要遵循下列原则。

(1)实事求是、科学合理。预算必须覆盖所有的建设要素,做到全覆盖且不重复。

(2)合理利用资源、效益最高。中小企业的每一笔钱都要花在需要的地方。

(3)适度前瞻性。根据工厂实际情况适当地考虑工厂的亮点建设并投入预算。

在提供具体的预算清单前,我们需要先知道这些预算背后的属性。建厂厂长清晰地了解这些属性可以获得如下3个好处。

第一,可以帮助建厂厂长更加全面、立体地了解建厂的预算。建厂的预算林林总总,类别很多,了解了费用背后的分类逻辑以及费用属性能让建厂厂长做出来的预算更加全面,不会遗漏任何需要的内容。

第二,在后续的关于预算的沟通中建厂厂长能和财务等支持部门有共同的语言。公司的财务是预算计划环节建厂厂长最重要的干系人,预算一般是财务汇总建厂厂长的输出,按照财务专业要求检查处理后找领导批准的。财务有财务标准的准则和规范,财务的语言和用词都必须专业和精确,了解基本的财务知识,建厂厂长在和财务的沟通效率和沟通质量就会大幅提升。

第三，提前规划后续工厂运营的成本管理逻辑。无论是工厂还是公司，预算的管理都必须遵循国家法律规定要求的财务准则，比如成本科目的精确定义。如果在建厂初期，我们就按照这样的要求来规划预算，这样就避免了后续的调整这样的额外工作。

需要申明的是，本书的作者都不是专业的财务人员，本节下面的文字表述可能缺乏专业性，但了解以下的内容对于一个中小企业的建厂厂长提供建厂预算来说已经足够了。如果读者要追求严谨性，可以参考专业的财务书籍或者请教所在公司的财务人员。

同样是建厂预算的每一分钱，我们可以按照多个维度来理解，详见表3-4。

表3-4 建厂预算的多维度理解

理解维度	维度一	维度二
费用属性	固定资产	费用
预算计划次数	一次性	重复多次
必需性	必需	非必需
金额是否确定	金额固定或确认的	金额变动未知的

固定资产和费用首先都是钱，只是财务处理的方法不一样而已。财务处理方式需要遵守国家的相关规定，财务处理方式不一样会直接影响工厂的成本，直接的体现可能就是产品的报价。简单来说，固定资产就是在时间上和价值上满足一定的条件的花费，使用时间需要超过2年，单件价值超过2000元的都可以记为固定资产。我国《企业会计制度》有详细的定义。

固定资产的一个显著管理要求就是需要建立台账来长期管理，需要定期盘点。固定资产的价值一般都比较高，计算成本时，对于固定资产的财务处理采用多次折旧的方式，一般折旧年限是从6年到12年，这样折到每月、每天的成本就低下来了。反之，不满足上面时间或价值定义的都只能称为"费用"，比如，出差报销费用、电话补助、劳保用品、设备校验费用等。费用是在发生后一次性计入成本的，所以，有些公司为了让自己的产品报价更加有竞争力，会人为地调低固资的金额标准下限，当然正式的财务报表还是按照《企业会计准则》进行的。

按照预算需要计划的次数来分，我们可以将预算分为一次性计划预算和重复多次计划预算。一次性计划预算是指只发生一次的花费，这个钱花完了肯定不会第二次再花同样的钱，比如，厂房设计装修费。同样厂房的花费，有些花费却是重复多次的，比如，房租就是需要多次计划的花费，多次花费的预算一般是以一定的频率被重复计划的，比如，工厂工人的工资是需要每月计划的，而检具校验费用就要按照年度来计划的。这种需要重复多次计划的分类方式是直接和后续工厂运营相联系的，建厂厂长尤其需要重视。

花费是否必须是按照花费发生的实际需求来判断的，有些花费是必须的，比如，哪怕没有任何生产，每个月的房租是在租赁合同生效后必须准时付给房东的，而有些花费可能在不同的情境下就不再需要了，有些是因为之前的计划只是防备特殊情况而做出的预留，有些是为了锦上添花，是否真的花费是和中小企业当时的财务状况直接有关系的，比如，新工厂验收后的开业庆典仪式以及建厂设计里面一些实用性不强只为了体现亮点的设计等。

有些建厂花费是金额固定的或者能精准确认的，实际的花费和预算没有差异或者差异很小，比如：房租、人员工资等。而有些费用却是变动的或者未知的，有些变动或未知是计费条件未知导致的，比如，临时用电的电费是和装修现场的实际的使用有关系；有些变动或未知是实际的要求条件可能是不一样导致的，比如，工厂外墙的Logo花费和具体的效果要求完全相关，简单来说，要求越明确，金额越固定，变动越小。

为了让提供的建厂预算更加全面、合理和精确，建厂厂长做预算时可以考虑如下的细则要求：

（1）固资和费用要完全能区分清楚，预算条目尽量全面无遗漏；
（2）特别标识区分出一次性和多次的费用，长远考虑后续工厂运营；

（3）只关注必须的花费，锦上添花的花费依据公司财务状况灵活决定；

（4）固定金额必须准确，而变动金额尽量减少预算误差。

建厂是个不常发生的一次性项目，建厂厂长在项目内部决策时就需要提供一个建厂项目的总预算，作为建厂项目财务核算以及内部决策的重要依据。而在项目立项后，建厂项目的每一笔花费都需要有准确的预算支持。常见的建厂预算一般有两种：

（1）粗略预算。这个预算是在项目最初期通过预估的方式做出来的建厂费用汇总，一般基于建厂厂长的经验，通过参照类似项目以及和总包等供应商的交流等方式汇总估算得出的一个数字。这个数字一般就是一个总数或者包含非常粗略费用分类的总数，一般没有详细分类。这样的预算的准确性和建厂厂长的经验有很大的关系，建过和项目类似的工厂的建厂厂长提供的数据可靠性就比较高。这个预算一般作为公司内部决策的参考，也可能会成为正式批复的预算上限，所以，一些工厂建厂项目因为超预算而停工，一般就是最初提供的粗略预算缺少精确性，所以在提供数字前，建厂厂长一定要和财务确认清楚是否作为正式预算。

（2）详细预算。这个预算是建厂厂长通过细化建厂实际费用科目并在汇总各个科目精确预计费用的基础上生成的详细预算清单。这些费用科目是建厂时实际需要发生的详细费用科目。有些是单科细化的，比如保险费用；有些是汇总归类后的一组费用科目，比如设计院服务费、装修公司材料费等。这些科目的具体花费来源，有些是建厂团队基于自己经验的预估，有些是供应商的初步报价，还有些是通过比例实际计算出来的，但无论哪个来源这个费用都要相对精确。详细的预算肯定会是正式建厂预算，在后续的建厂过程中，公司财务会全程监控和管理这些预算的具体执行，所以详细预算的精确度非常重要。

如何做预算取决于建厂厂长的具体"段位"，有丰富建厂经验的建厂厂长花费较短的时间提供的粗略预算可能就和最终的实际花费差异不大，但一个没有经验的建厂厂长绞尽脑汁提供的详细预算会和实际花费偏差巨大。为了做好预算，建厂厂长可以考虑如下的方法。

第一，使用精确预算的逻辑和要求来做所有的预算。如果缺少经验或者没有信心保证提供预算的误差，建厂厂长就是要按照详细预算的逻辑和要求来做包括粗略预算在内的所有预算。详细预算是基于详细列表的，起码预算条目不会遗漏，这样只需要提高每个预算列表的精确性就可以了。

第二，团队合作和寻求外部的帮助。个人的认知肯定有盲区，建厂预算科目太多，就是一个有很多经验的建厂厂长也是无法覆盖所有的预算科目，况且有些科目还经常随着政策或市场的变化而变化。建厂厂长就需要和团队成员多轮评估这些预算。在需要的时候求助外部的资源，比如，一个保险公司的职员就可以帮助建厂厂长精确预估整个周期的保险费用。

第三，适当计划一些计划外费用以应对预算误差和现场变化。再详细的预算也只是预算，不是实际的花费，在执行时会因为现场的实际情况而产生偏差，克服这些偏差带来的波动需要提前计划一部分费用。

工厂设计费用主要是项目设计费和审图费，项目设计费包括工厂和设备的设计费。在建厂项目初期可能会涉及一些效果图的制作，这些主要是为了内部评审或者外部展示。审图费一般是指付给第三方的图纸审查费用，有些地方政府的住建部门会指定第三方审图中心负责建设单位上传的图纸的审查，这些费用是付给这些审图中心的。具体的数字由设计院提供，寻找设计院时可以寻找和项目规模匹配的设计院，不能贪图设计院的规模和资质，大的设计院设计费也高。第三方审图的费用相对透明，在标书中可以要求设计院后续提供详细的审图明细和发票。

建设工程预算和工厂生产设备投资预算是最大的 2 笔固定资产投资，在潜在供应商的预算核价里一般采用分项预算的形式。一个典型的建设工程预算包括工厂设备工程、通风工程、中央空调管道工程、围护结构工程、拆除工程、配电工程、弱电工程、空压系统工程、地坪工程、吊顶工程、办公室工程、消防工程等。在供应商核算价格时，必须基于有价值的布局图，可以不是详细的布局图，但每个功能区域面积、高度、电力需求等信息必须是大致准确的。想获得靠谱的预算需要潜在供应商多次去勘察现场，同样的要求下多个供应商报价的平均数应该是个相对可信的数字。还有一个方法是采用一个第三方的工程报价公司，基于图纸和供应商的配置表，工程报价服务公司就可以核算出一个比较公允的价格区间，这样的价格一般比潜在供应商的报价要低。这个价格加上一定比例的利润就是靠谱的参照预算，这个方法也可以在招标阶段使用，这样采购和供应商的商务谈判会更加有底气。这种方式唯一的问题就是工程报价是个有偿的服务，费用一般是工程总造价的千分之一。

在工程建设预算的每一个细分分项预算里需要细分为详细部分，按照这样细分可以方便多份报价之间的比较以及找到降低调整费用的机会，下面以一个吊顶工程为例：

（1）主材材料费：包括铝扣板、龙骨、支架等；

（2）辅材材料费：辅材包括膨胀螺丝、钉子、防火涂料等；

（3）人工费：人工费按工作量评估，人天乘以工时即可；

（4）辅助设备费用：辅助设备包括登高机费用，无论是折旧还是租赁费用；

（5）工程验收费用；

（6）其他费用。

监理费用不一定发生，只有使用监理服务的情况下才需要计划这样的预算。

以上就是和厂房建设有关的费用，设计院和建筑方是主要的投入方。下面一部分主要是工厂生产设备费用。

工厂生产线设备相关的预算包括固定资产和费用。固定资产包括主设备费用、设备安装费用和辅助设备费用。主设备是指工厂生产线的主要成套设备，这些费用是付给设备供应商的，可以是成套总包，也可以是单独的每个设备供应商。设备安装费用包括包装、运输、吊装、落位、连接和调试等费用，这些一般也合并到固定资产来处理。这些安装费用有些是直接原厂负责，有些需要找第三方负责，这点也是容易被遗漏的，所以一定要和设备原厂确认安装细节，这些细节包括安装责任人、安装需要的材料等。辅助设备一般是除了生产线成套主设备外的配套设备，这些设备是生产必需的但零碎杂乱，包括辅助生产的料车、仓库、座椅、测试设备等。使用时间超过2年，价值超过2000元的可以归为这一类，其他的当成费用来处理。列全这些设备可能需要较长的时间，一个简单的办法是参考一个已经稳定运行的同类公司。

预算里详细设备的费用是指那些使用时间低于两年、价值低于2000元的物品以及设备测试验收需要的花费。比如，耗材预算和校验预算。列全这些会非常烦琐，在保证理清楚费用高的验收测试费用后可以大体估算一下，一般和设备的总价值有关系，0.5%~1.5%的设备总价值就可以。

能源费用也是硬性支出，有些园区甚至采用预付费的形式。这些费用和实际的用量有很大的关系，电费可能还包括基本电费（详见本书第六章第三节）需要分摊。建厂阶段的电费主要是照明、设备试机的费用，和正常生产的实际电费还不一样。参考同规模同行业的电费能得到一个相对可靠的预算数字。电之外的能源费用和采用采购方式有很大的关系，我们在前面推荐短期租赁或共享的形式，这样就需要在固定资产投资里扣减，使用租金或者购买费用的形式。

流程性费用是指建厂过程中由于走各种审批、报备流程需要而付出的费用，一般这些费用是付给第三方服务机构或者政府的，有些流程建厂厂长可以自己去操作，以节约费用，比如，工商注册、报建和项目验收等，但这些对于一个不常操作的人来说会带来额外的工作量，办事效率也不高。但是大多数流程是需要有相关资质的单位或者实体才可以进行操作，比如：可行性研究、多个"三同时"等。这些服务费用在充分竞争的地区基本是透明的。建厂厂长可以找相关咨询公司提供详细的报价直接作为预算。比如，江浙地区2024年普通装配行业"三同时"和能评的市场报价见表3-5。

表 3-5 江浙地区 2024 "三同时"服务报价

分类	费用	参考报价
能评	能评服务费	7500 元
"三同时"	安全"三同时"服务费	50000 元
	环境"三同时"服务费	55000 元
	职业卫生"三同时"服务费	17500 元

同时，为了管理市场有序竞争，提高服务质量，有些地方政府会出台一些文件来指导相关服务的收费，一般出台政策的部门是物价局，比如：2013 年，浙江省就出台了《浙江省物价局关于公布规范后的安全评价收费的通知》（浙价服〔2013〕254 号）。所以，我们在做预算时可以在地方物价局相关网站上查询这类信息。

房租和维保的费用基本上是固定的，其他的杂项费用繁杂，有些项目需要建厂厂长和其他部门确认，避免遗漏或重复计划。

本书提供表 3-6 供建厂厂长在做预算时参考，该表格颗粒度足够低，相关科目的详细提示也有利于建厂厂长精确规划和计算。但每个项目有每个项目的特点，肯定会有特殊的条目和费用存在，这些特殊条目不在本表格考虑的范围之内。关于每个费用条目的详细解释由于篇幅问题本书不展开说明，具体可以和公司财务人员确认。

表 3-6 ××××建厂预算预计

总类	小类	预算条目	提供方	备注
工厂设计	设计费	工厂/厂房/设备*设计费用	设计院	
	审图费	图纸审批费		第三方或政府审图中心
建设工程	分项目工程费	主材材料费	施工单位	
		辅材材料费		
		人工费		
		辅助设备费用		叉车/吊装等
		保险费		
		工程验收费用		测试、校验等
		其他费用		
	监理费用*	监理费用	监理公司	0.5%~2.5%建设费用
设备	固定资产	主设备费用	设备供应商	设备供应商汇总
		设备安装费用	建厂团队汇总	
		辅助设备费用		包括仓库
		办公家具		
	费用	设备验收费用		测试、校验等
		其他杂项费用		耗材费用
能源	能源费用	水费		结合后续运营多次计划
		电费		
		气费		
		其他能源费用		
流程费用	报建*	报建流程费用	建设方中小企业	住建报建服务等
	验收*	验收费用		整个验收周期
	可行性研究	可行性研究服务费	咨询公司	
	能评	能评服务费		
	"三同时"	安全"三同时"服务费		3万~20万，依据项目类型
		环境"三同时"服务费		5万~20万，依据项目类型
		职业卫生"三同时"服务费		4万，依据项目类型
	公司注册*	注册服务费		如果自己注册不需要
房租	房租	房租	租赁公司	结合后续运营多次计划
维保	电梯维保*	电梯维保		结合后续运营多次计划
	特种设备维保	其他特种设备维保		叉车、行车、管道等
其他	出差费用*	差旅费	建厂团队汇总	异地建厂必须考虑
	生活补助*	生活补助		工地生活艰苦考虑补贴
	招待费用*	招待各个干系人		有利于合作
	咨询费	第三方咨询费等		
	保险费	厂房保险费		结合后续运营多次计划
	造价检查*	第三方造价检查		0.1%建设费用
	宽带费用	工厂网络费用		结合后续运营多次计划
	物料费用	试机物料		生产提前准备
	认证费用*	ISO等体系认证费用		和体系负责人确认
	工资外人员费用	招聘、培训费用		和人事部门确认

注：（1）加*代表不一定发生，比如规模小不需要该流程或者企业自己完成。
（2）需要长期计划的预算在备注里标示。

1. 节省建厂预算的技巧

大多数中小企业都存在资金有限甚至紧张的情况，为了公司长期发展会节约使用每一笔建厂费用。这就需要建厂厂长在保证实现工厂建设目标的前提下尽量减少工厂建设费用。除了通过采购过程中的议价来降低材料和施工成本，在规划阶段的一些技巧也能有效和显著地降低工厂建设费用。这些技巧必须在准备建厂预算时就需要考虑进去，这样在后续规划、设计和建造过程中才能将这些节约计划落实到位。本部分提供的技巧都是基于租赁厂房建厂的条件下，对于自建厂房的情况，同样的一些技巧是否还有经济性会由于使用时间和条件的差异而变化，这需要建厂厂长和公司财务人员按照实际的情况重新核算。

第一，和厂房相关的设备设施通过谈判让房东投资。在租赁厂房的情况下，建厂厂长在规划建厂费用时必须要时刻清楚随着公司的发展可能会随时搬厂，在搬厂的时候财务会要求所有的固定资产投资是必须全部带走的，这样那些无法搬走或者因为搬走带来额外成本或者物品价值会折扣很多的设备设施投资就需要避免。这些投资一般是和厂房有关系的，比如，工厂的电梯、整个工厂加装的消防喷淋、车间使用的行车等。所有的这些如果由中小企业来投资，在搬迁后有些基本需要废弃，有些可能需要投入较大的人工等成本才能实现搬迁前的效果，在这种情况下，由房东来投资且通过提高月租金来让房东长期回本。同样，这些设备大多数是特种设备，直接投资的保养维护责任人会是中小企业，这样也提高了中小企业管理的复杂性。如果有国企背景的中小企业更需要注意这些投资，本文作者的一个客户项目经理就因为没有注意这种情况而"被怀疑导致国有资产流失"。

第二，短期租赁尽量采用拎包入住的方式。这种情况仅针对以下讲述的过渡厂房的情况，过渡厂房是指样品生产往批量生产转换的临时状态下使用的厂房，使用这样的厂房的原因是多种的，比如，产品设计未完全定型、中小企业的财务状况无法建设大面积的正式厂房等。这样的厂房肯定是临时性的，使用一段时间后续大概率会搬迁，在这样的状态下寻找一个可以拎包入住的厂房而免去全部或者部分装修费用就比较合理和合算了。有些行业的厂房装修占到工厂建设预算里较高的比例，比如，电子行业的洁净室建设成本就比较高。而在一些工业发达的地区，多花点工夫这样对外出租的精装修厂房还是能找到的，毕竟所有的公司业务都在发展，无论是规模变大还是公司破产，拆除一个洁净室再出租带来的收益都可能还不够支付洁净室拆除的劳务费。有人曾经为两个客户寻找到了能完全拎包入住的厂房，从而节约了近500万的装修费用，而月租金只比毛坯厂房上涨不到1元每平方米。

第三，标准设备和设施尽最大可能采用租赁。市场上有些设备设施的租赁业务是很成熟的，比如，空压机、发电机组、气体装置、生产测试设备等。采用这样的租赁方式有如下3个直接的好处。

（1）价格便宜，设备状态好，故障时间少。我国通过长达40年的工业发展，那些成熟的设备租赁公司的标准设备基本保养维护及时，设备状态基本较好，使用时故障时间少。

（2）设备维护的责任是供应商，减轻中小企业的工作量。中小企业对于其租赁出去的设备会附带维护保养的服务，用很少的钱就可以让专业的人做专业的事，中小企业还减轻了人头或者相关工作量。

（3）租赁方式灵活，可以"以租代购"。初期租赁设备只需要付租金，如果长期发展，购买变得更有性价比的时候，可以将之前的租金转为购买的费用，再额外花费很少的费用（一般是10%~30%）就可以获得租赁设备或设施的使用权。这样的灵活性既能保证中小企业的最大收益，也解决了工厂初期预算紧张的问题。

第四，确保质保的前提下尽量利旧。采用二手设施设备是一个重要的节省建厂花费的方法。和租赁市场一样，工业二手设备行业也是个非常成熟的行业，大多数标准设备都可以找到状态比较好的二手设备，价格却比新设备便宜很多，而且有些设备状态非常好。市场上有准新设备的说法，准新设备是指那些使用时间不超过3年且状态良好无维修记录的设备，按照可靠性的浴盆曲线理论理解，这样的机器可靠性高，价格只有新设备的40%左右。这些设备一般包括空调机组、空压机、标准生产设备等。利旧有个前提就是供应商需要保证质保，可能需要额外的质保和更加快速的响应时间，这些在招投标时就需要白纸黑字写明，而且在利旧设备入场前需要验收（设备年份、设备状态等）。

  第五，和他人共享分担费用减少投资。这个技巧只适合在一个工业园区或大楼里的租户。有些基础设施是每个公司或者每个行业都需要的，每一家投资的动力设备也会存在利用率不饱和的情况，尤其是使用频率不高的设备。这样就可以互相分享闲置产能而减少投资。比如，在一个机械行业集中的园区里，多个企业可以共享使用焊接气体的设施从而避免每家的重复投资，唯一要做的就是做好共享气体的计量和结算。还有同一个楼层里的各方共享大厅，这样既减少了装修费用又不影响客户参观接待。

  以上的这些技巧可以单独使用也可以配合使用，建厂厂长需要和厂务、设备、技术、采购、财务等部门一起做好预算阶段的规划、施工阶段的监督以及验收阶段的重点检查等工作。这样才能避免使用这些技巧可能带来的负面影响。

2. 项目预算的管理

  在整个建厂流程中，决定建厂项目预算的关键阶段肯定是项目决策阶段和项目设计阶段。其实不仅是项目预算，这2个项目阶段的工作对项目工期、工程质量以及工厂建成后是否能产生使用效益和经济效益都有非常大的影响。这样的影响也可以用具体的数字来量化表达，根据国内外工程实践对工程造价的追踪研究表明，在项目决策阶段确定的工作对项目投资的影响程度为75%~95%，大多数项目的预算就在这个阶段被确定下来，下面阶段的设计工作基本是按照限额设计的方式开展工作的。项目越往后的工作对建厂成本影响越小，尤其是采用总包建厂模式的项目，在建设方和总包方相关协议签订后，如果没有较大的双方都同意的变化，对建设方来讲，建厂的成本可以说是固定的。所以对于项目预算管理最关键的阶段还是项目决策阶段和项目设计阶段。

中小企业工厂建设的预算确认与管理和其他建设项目可能有些不一样，其他项目一般根据工程的设计概算、造价等反推来决定项目预算，这个过程相对而言科学严谨。而中小企业的建厂项目大多数因为公司预算紧张等而采用限额设计的方式来管理整个项目的预算。限额设计是一种特殊的项目预算管理方式，是指按照一个确认的数字作为项目预算的上限，项目后续的设计、采购工作等都要以该预算作为项目活动的主要限制条件。

中小企业建厂项目预算的确定不一定具有很强的科学性，有时候就可能是公司管理层根据公司财务状况"拍"出来的一个数字而已，当然这些数字的确认肯定是参考和考虑了项目建设的核心要素的，但是这个数字的多少也直接决定了工厂建设各个要素的相关属性。通俗来讲，有多少钱只能办和其相对应的事，比如，生产线体的计划预算决定了生产线的自动化程度、使用的核心部件的品牌、整个生产线的先进程度等；对于工厂也一样，工厂所在的区域、面积、装修用料都受到工厂预算的制约。对项目投资额的最早讨论出现在项目内部决策阶段，这个数字第一次量化在《项目可行性研究报告》里。限额设计的目标就是在整个项目设计过程中，将上一个阶段审定的投资额作为下一个阶段投资控制和实际花费的总体目标，使各专业在分配的投资限额内进行设计并保证各专业满足使用功能的要求，最终保证总的投资额不被突破。

第四章 认识厂房

很少有人会花工夫去观察自己每天工作的工厂,更不谈去研究工厂的一些要素了,哪怕是在工厂里工作时间再长的人。大多数建厂厂长接手了建厂任务后,第一个感觉就是迷茫,整天在工厂内工作却感觉从来不了解工厂的细节,表现就是不知道自己建厂任务里需要找的厂房是什么样的。万事开头难,所以,多维度了解厂房能帮助建厂厂长立体、全面地理解厂房的各个要素,从而能精确定义自己需要的目标厂房。

第一节 厂房是建厂的核心

工厂,也叫制造厂或生产工厂,是一个工业场所,通常是由几个充满机器的建筑物组成的综合体,在那里,工人制造产品或操作机器将每个产品加工成另一个产品。它们是现代经济生产的重要组成部分,世界上大多数商品都是在工厂里制造或加工的。从以上的定义不难看出工厂的核心其实是厂房,厂房是工厂运营活动开展的主要物理场所。

试想,一个典型的工厂,是中等规模的,这样的工厂一般会具备下面的物理要素:工厂外围可能是个院子,一圈有围墙,工厂门卫作为工厂和外部世界的"接口",也为工厂设施提供保护。院子里会有各种不同的建筑,这些建筑具有不同的功能:办公室供公司人员办公;生产厂房可存放机器;仓库可堆放各种原材料;动力设施提供机器运行的相关动力,比如配电间、水泵房、网络机房、压缩机房和油气库等;还会有辅助用房,因为工厂行业的不同会有差异,常见的比如实验室、员工宿舍、餐厅、运动场、化学品库等。

当然,不同规模、不同行业的工厂这些配置会不一样。有规模最大的工厂的面积有几十平方千米，几十栋厂房坐落在几座山之间，工厂内部有公交、铁路连接每一栋厂房，而在厂房内部则需要自行车和三轮车才能通行。而江浙地区那种一层标准厂房里有几家不同工厂的情况也比比皆是。工厂的这些不同要素里核心的就是厂房，一个不需要生产的研发型或服务型公司可能只需要找到一个办公场所就可以完全满足公司的全部运营，而公司一旦需要工业化则离不开厂房，有些公司可能只有一个厂房就可以顺利运营，这个厂房里包括了工厂运营的一切。

而建厂工作的实质就是找到一个或多个合适的厂房将工厂生产运营需要的各种要素合法、合理地安置。所以，建厂工作的重心和中心都是厂房，建厂工作的大多数任务都是围绕厂房开展的：

（1）拿地自建的设计和施工重点是厂房；

（2）租赁建房的需要选择合适的厂房；

（3）厂房装修是这2种类型建厂都需要进行的工作；

（4）厂房的机电设备安装、设备搬运到厂房内部则意味着建厂工作进入尾声。

同时，建厂需要涉及的政策流程大多也是基于厂房的，比如，有了厂房具体的地址和《厂房租赁协议》我们才能注册有生产资质的公司实体；项目准入时，投资强度的确定需要基于厂房的生产面积；住建部门的设计评审也是基于厂房的性质，比如防火等级等；安检部门对公司的监管会依据厂房的设计要求和厂房内的各种安全设备和设施，比如电梯、压缩气罐这样的特种设备。

基于以上原因，一个接手建厂任务的建厂厂长必须对厂房有精确全面的认识和了解，后面我们会提供各种不同的角度来帮助建厂厂长认识厂房，而第一步选择厂房是后续各种工作的前提和基础。

第二节 各种不同的厂房

中小企业拿地自建或者购买厂房的情况相比租建厂房而言较简单，政府和设计院会深度介入选地和厂房设计的过程中，专业的团队会帮助业主考虑这些厂房的各种重要因素，而且拿地自建厂房实际上是定制厂房的过程，在不违背法律法规的前提下，业主大部分对厂房的期待最后都会被满足，哪怕是一些激进和奇特的想法，比如外形夸张的厂房。所以，这种情况下对建厂厂长的要求反而相对较低。而租赁建厂的情况则比较特殊，厂房是现有的，业主只能在一堆已经存在的厂房中寻找最适合自己要求的，而且这个基于现实选择而不断调整、平衡自己要求的过程中很少会得到外部全流程的帮助。所以，建厂任务里，选择题（租赁建厂）比问答题（拿地建厂）反而难，下面我们按照一个租赁使用的场景来描述厂房。

下面我们就按照以下10个不同的维度来认识厂房：工艺性质、防火等级、厂房运营性质、房东性质、厂房装修情况、租赁的独占性、税收要求、厂房的结构、厂房的产权、厂房产证状况。

1. 按照工艺性质

这个一般是建厂厂长和房东或者厂房中介对话时第一个被问到的问题：你们找厂房做什么用？你们公司做什么类型的产品？不是随意找到一个厂房就适合自己的，因为每个厂房有不一样的设计和性质，这些会限制一些行业使用，而每个行业都有自己的工艺和设备特点，比如，消防等级不同的厂房适合不同的行业；每一个园区也有不同的产业方向，一个半导体产业园不会把厂房租给一个"打铁"的客户。所以，建厂厂长先理清楚找厂房的工艺类型变得特别重要。

一般情况下，厂房的工艺性质有以下几项：机械、电子、半导体、仓储、化学、食品医疗和其他。这些行业之间可能会有交叉，但是我们更需要关注这些行业的特点,尤其是行业对厂房的特殊要求。

机械是稍微偏重工的行业,比如机械厂、模具厂、注塑厂、塑胶厂、冲压厂、压铸厂等,这种类型的厂房有如下特点。

设备重,厂房承重要求高。重工行业的设备普遍体积大、重量大,对设备的精密度要求高,对厂房的稳定性要求高,设备在安装时可能需要灌浆和垫铁。这样的厂房普遍只能在底层,同时厂房的柱距需要按照设备的尺寸重点确认。

层高高,需使用行车。机械行业会频繁使用重物,比如模具、原材料,甚至成品,这样势必要使用行车,有些厂房在验收后,房东为了便于出租会安装行车,对现有行车需要结合实际需求检查起重量这样的参数。层高的检查也是另一个重点,大多数情况下,送货卡车需要开到厂内进行吊装和卸载。注意行车也是个特种设备,后续在使用时,需要被重点监管。

消防等级以丁类和戊类厂房为主。由于机械原材料和成品都属于不燃烧物质,工艺经常会涉及高温、辐射热、火花或火焰,所以这种工厂需要选用丁类和戊类消防等级的厂房,尽量选用不需要喷淋的厂房,这样装修成本和使用成本会降低。这样的厂房可能需要使用各种切割焊接气体,所以,厂房周围可能需要有安装气罐的位置和空间,这些安装需要得到房东的同意。

由于可能涉及噪声,所以机械厂房一般远离居民区。机械厂房整体无法安装空调,由于厂房的开放和层高的问题,夏冬时节,作业环境较为恶劣,按照法规,在这样的环境里工作的员工在夏天是需要依法获得高温补助的。典型的机械工厂的厂房如图4-1所示。

图4-1 典型的机械工厂厂房

电子是稍微偏轻工的行业，这样的行业在华东和华南地区尤其发达，包括严格意义上的电子代工工厂、广泛意义上的电子装配工厂等，这种类型的厂房有如下特点。

设备多样，承重需要重点检查。 电子厂的设备分为标准设备和非标设备，标准设备基本尺寸固定，非标设备则尺寸差异很大；设备普遍精密，大的设备（如电子贴装线设备）只能放在一楼，而装配皮带线则可以放在二楼或以上的楼层，所以无论是柱距还是厂房承重都需要重点检查。

在检查和确认承重参数时的一些窍门如下。

信息来源尽量是设备供应商和房东，保证准确性。注意找权威的数据，供应商设备文档和厂房设计验收报告都是权威的信息来源。

适当考虑一些余量。尤其是要求和得到结果非常靠近的情况一定要慎重，保险情况下尽量不要使用，万不得已的情况下，可以找有资质的检测机构做权威的检测。

极端情况下可以找专业方加固补救。比如工厂只有一台设备超出承重要求的情况下可以通过局部加固的形式来解决问题，以达到降低成本的目的，但一定要请专业的有资质的公司设计施工且整个流程一定要合规。

电子厂大量使用洁净室。 电子行业有洁净度的要求，生产厂房需要封闭且对无尘等级有详细要求，10万等级是这个行业的起步要求，有些产品要求会更高，比如，手机安防行业的镜头安装过程、硬盘装配等。无尘厂房需要严格按照对应的洁净室标准去设计和施工，后续使用时也需要按照一定的要求去做异物管理，比如风淋出入、滤芯更换等。

消防等级一般以丙类为主。 电子行业大多会存在一定的可燃物品，比如，原材料、包装材料、化学品等，所以尽量选用有喷淋的丙类厂房，这样会避免加装喷淋，将后续使用成本降到最低。当然并不是所有的丙类厂房都需要有喷淋，在一定的条件下，可以使用其他方式替代，比如，气体消防，但一切都以消防设计要求为准。

电子厂大多会使用化学溶剂，所以一般也远离居民区。整个工厂地面要接地、环境要温湿度恒定。电子工厂的元器件特点和工艺都要求整个生产环境满足静电管控的要求,这个可以在装修期间通过施工满足,整个环境也要求恒温恒湿,在一些特殊的区域必须做特殊设计,比如,在北方的冬天为了满足恒温的要求,必须做辅热的设计,而且这些工艺要求会是厂房验收的重点。典型的电子工厂的厂房如图4-2所示。

图4-2 典型的电子工厂厂房

半导体实际上是电子行业的一种特殊形式,可以看成环境要求更高、设备精度更高、工艺更复杂的电子工厂。常见的半导体工厂包括晶圆工厂、半导体封装测试厂。这种类型的厂房有如下特点。

洁净室要求更高。半导体行业有较高的洁净度要求,生产厂房需要封闭且无尘等级比电子厂要求高很多,万级、千级甚至更低都有可能,这个是由半导体产品的制程特点决定的,比如,晶圆加工的工序可能会要求10级的洁净环境。这个厂房相比于十万级的电子工厂,洁净室需要特殊设计,比如使用单向流设计。这些严格的要求带来的除了异物管控要求变高,还带来能耗大、维护成本高等一系列更加严重的问题。

使用大量纯水、冷水和氮气。在半导体制作工艺中,50%的工序需要晶圆与超纯水接触,大多数化学工序也需要使用纯水。哪怕只做封装的一些工序,也要求使用冷水做工艺冷却,而使用氮气充当保护气体的工序也有很多。纯水、冷水和氮气都显著地提高了工厂能源消耗,也需要在空间里考虑这些设备和设施。

地面要接地、环境要恒定。半导体工厂和电子厂一样都要求整个生产环境满足静电管控的要求,整个环境也严格要求恒温恒湿、正压等要求更加苛刻,在一些特殊的区域必须进行特殊设计,比如设计小面积的高无尘等级区域。典型的半导体工厂的厂房如图4-3所示。

图 4-3 典型的半导体工厂厂房

仓储完全是按照使用的目的来定义的，仓储的主要目的是存放、保管、分发、处理各种类型的材料。虽然所有工厂都在以零库存为目标，大多数公司的厂房里混合仓库的形式也能解决好多公司的仓储需求，但是有些行业还是需要足够大的单独的仓库面积。比如：物流中心、中间库、三方库、中转库等，这些类型的仓库有如下特点。

用地性质需要检查。纯粹的仓储需要检查土地性质，仓储用地是需要专门规划的。在这样专门的仓储仓库里，不能进行除了与储存有关的包装加工之外的任何其他加工，所以在专门的仓储仓库里顺带进行产品装配生产是违法的。设计是仓储用地的厂房改造后进行生产的行为，属于改变用途，需要做审批和二次验收。仓库区域会有大量的货车出入，所以一般设置在郊区。

消防的重要性。无论存储什么产品，仓库会堆放大量不同类型的物品，种类多，密度大，如果发生火灾，救火难度大，所以仓库的消防一直是消防安全监控的重点。选择仓库时，需要注意消防设施的配置和验收，最好选择消防设施完备的仓库，比如：100%配备喷淋的仓库，有些特殊场所需要选用其他灭火方式的，比如气体灭火装置。如果选用在厂房内的仓库，要求也是一样。消防还要求仓库严禁"三合一"：严禁将仓库、办公室、休息室合并，更严禁人员居住。

保全配置要全。防盗防丢是仓库物品管理的重点，尤其是那些第三方仓库由于离主生产区域远、人员配置少，存在管控薄弱环节，财产失窃的风险更高,所以从选择仓库开始就要注意仓库内外的环境,报警和监控装置应该全部配备,仓库使用时还需要及时购买相关保险,比如财产损失险等。典型的仓储仓库如图 4-4 所示。

图 4-4 典型的仓储仓库

化工是处理和生产化学制品的行业,化工厂是以化学原料和化学方法为基础来制造化学产品的工业企业。比如涂料厂、化肥厂、农药厂、试剂厂、炼油厂等。大多数化工厂房在外观上就有很强的识别度,厂房会被各种可见的管道、设备、烟囱等环绕,生产时也会有蒸汽和烟雾等排放。这种类型的厂房有如下特点。

检查行业准入。化工行业由于污染、安全等,不是每一个城市都鼓励或者准许的,比如苏州地区就原则上不批准新的化工厂了,现有的化工厂也需要逐步搬迁到其他的城市,且一般选址都是在城市的边缘。所以,如果寻找这样的厂房一定要和房东确认是否可以租赁和注册,而且这种行业有一个特点,化工厂大多集群在海边或江边,可能是因为这个行业会用到大量的水,污水处理、蒸汽提供这样的配套对化工厂来说也比较重要。

环保、安全设计是重点。化工厂的生产大多会涉及酒精等常见的溶剂,这些溶剂往往是易燃易爆,所以,厂区的环保、安全设计是重要的工作,设计这样厂房的设计院一般需要特殊的资质。这样的行业在工厂建设初期的"三同时"就比其他类型的企业要求高,还涉及《排污许可证》和《安全生产许可证》的各种行政许可。

厂房消防等级以甲类为主。由于上述安全的要求,化工厂的厂房一般是属于甲类厂房，市场上甲类厂房并不多见。选择时，更需要仔细检查和甄别。这样的厂房在设计时还需要考虑附近业主的情况，这些需要在评估汇总后一起做决定。典型的化工工厂的厂房如图 4-5 所示。

图 4-5 典型的化工工厂厂房

食品医疗由于产品的特点，这 2 个行业的一些要求比较类似，所以我们归为一类，这样的工厂比如罐头厂、饮料厂、制药厂、医疗器械厂、预制食品厂等，这种类型的厂房有如下特点。

洁净度要求高。食品和医疗产品的特点决定了生产的工厂洁净度要有保障，洁净室是基本配置，原材料的清洗、工艺过程微生物污染的预防和消除是整个工厂的重要工作。其对洁净室的要求普遍高于电子工厂。分辨电子厂和食医工厂厂房差异的一个简单窍门就是对厂房内支撑柱的处理，食品医疗厂房的支撑柱要做包柱处理，而一般电子厂房则不需要。差异如图 4-6 所示。

图 4-6 洁净室和非洁净室的支撑柱差异

生产附属设施面积大。由于洁净度的要求，食品医疗厂房存在多个其他类型的厂房没有的附属设施，比如风淋和水洗工序，而且不是一道的风淋和水洗，无尘衣和手套的穿戴过程需要多次的水洗，基本上和半导体工厂进入步骤和要求一致。对于材料和产品的处理也是一样，这样的配套需要占用厂房相当比例的额外面积，而且布局设计时需要巧妙设计。简单的理解那些小隔间特别多的厂房基本都是食品医疗工厂，这个小隔间在考虑厂房面积和布局时需要考虑到位。

恒温、恒湿、正压，配电要求高。和电子厂房一样，食品医疗工厂一般需要恒温、恒湿，有些还要求正压设计以保证灰尘无法落入车间内部。所有的这些设计都会对配电提出更高的要求，在计算需求时需要考虑。

对周边环境有要求。食品医疗厂房不仅内部设施的合规要求高，还会对工厂外部范围的环境状况提出一定的要求，这是其产品特点决定的。不是每个人都会到工厂内部来检查和确认完美的卫生状况，但是每个人都会怀疑和嫌弃周边环境不好的食品工厂生产的产品。而这些外部环境是食品医疗公司无法掌控的，所以要在选择厂房阶段就注意这点。典型的食品医疗工厂的厂房如图 4-7 所示。

 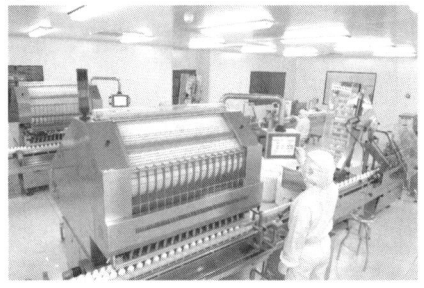

图 4-7　典型的食品医疗工厂厂房

其他类型的厂房是指无法归类到以上几种常见厂房类型的或者混合几种不同类型厂房特点的各种厂房，这样的厂房有科研厂房、混合厂房、特种厂房等。这些厂房可能会有属于它们的新特点，但是考虑这些特点时的出发点又和它们最靠近的上述厂房类型的厂房一样。

2. 按照防火等级

不是专业建厂人遇到的第一个技术问题可能就是厂房的防火等级，

而且这个问题会贯穿整个建厂的全部过程，可能在寻找厂房阶段和房东的接洽过程中，可能在厂房装修设计的讨论中，也有可能是安全和环保"三同时"的服务合同里，最后还有可能是厂房验收或者政府检查的过程中。毫不夸张地说，所有建厂过程里每一个小环节都有可能会提及厂房防火等级。

根据《建筑设计防火规范》（GB 50016—2014）（以下简称《规范》），厂房的火灾危险性可以分为甲、乙、丙、丁、戊 5 个等级类别。每个等级对应不同的火灾危险性特点和厂房防火要求：

甲类厂房：主要涉及易燃易爆化学品的生产和储存，如石油炼制厂、化肥厂等。这类厂房需严格遵守《规范》中关于甲类火灾危险性的相关规定，如设置防火墙、防火门等设施，确保生产过程中的火灾风险降到最低，大多数租赁甲类厂房的企业在建厂完成后需要申请《安全生产许可证》才能开始生产运营。

乙类厂房：主要包括化工、制药等行业，涉及的物品具有一定的毒性或者易燃性。此类厂房应遵循《规范》中对乙类火灾危险性的要求，如设置灭火设施、疏散通道等，以确保员工的生命财产安全。部分乙类房需要申请安全生产许可证才能开始生产运营。

丙类厂房：主要为一般工业生产用途，如金属加工、木材加工、电子装配等企业。这些厂房的消防要求相对较低，但仍需满足《规范》中的基本防火措施，如设置消防水池、灭火器等设备。

丁类厂房：主要涉及非金属材料加工、陶瓷制品制造等产业。这类厂房的消防要求最低，只需按照《规范》中关于丁类火灾危险性的基本要求执行即可。

戊类厂房：主要用于非生产性质的厂房，如办公、仓储等。这类厂房的消防要求最低，只需保证基本的消防设施和人员安全疏散条件即可。

可以看出，厂房消防等级的划分和标准是根据厂房内生产物品的火灾危险等级来确定的。各等级的厂房需严格按照相关法规和要求进行设计和施工，以确保工厂的安全稳定运行。

再结合以上介绍的厂房用途来对照消防等级，我们会发现如下规律：

（1）每个地区的厂房种类和地区的产业结构有关系。华北地区市场上的厂房一般以戊类厂房为主，毕竟戊类厂房就能满足该区域重工行业的需求，但是电子行业发达的长三角和珠三角的厂房则以丙类为主。

（2）甲乙类厂房需慎重。甲、乙类厂房需要的安全生产资质也是政府安全的重要监管对象，一般坐落在专门的园区，中小企业接触得比较少。如果正好是这个行业的，一定要请专业公司、专业人员提供专业服务。

（3）丙类厂房的适应性最好。丁类和戊类厂房的行业比较窄，消防要求低，价格便宜，但是随着业务的发展可能会有变化，有些变化可能会导致厂房防火等级的变化，比如，一个做机械加工的工厂原则上使用丁类厂房就可以，但是业务涉及一些装配时由于易燃包装材料的引入就需要使用丙类厂房，无论是流程还是费用，这种变化则会很麻烦。所以有这样的情况时，同等条件下优先选用丙类厂房。

（4）丙类厂房有喷淋和无喷淋之分。其实丙类厂房也可以分为两类：

① 丙一类仓库判断依据——闪点不小于 60℃的液体。

② 丙二类仓库判断依据——可燃固体。

区分是按照厂房内的物品的属性来进行的。有些丙类厂房加装了喷淋，有些没有，没有加装喷淋的限制性会比较大，楼层、仓库占比等法规上都有详细的要求，取舍要遵循一个原则：优先选用有喷淋的，原因有两个。

（1）真正的安全考虑。相比于替代喷淋的灭火器等，喷淋能真正在无人值守条件下实现火灾防护。

（2）后期变更的成本。如果使用后需要加装喷淋，需要走专门的流程手续：报备、设计、施工、验收一个环节都不能少，费时费钱。

如果有合适的丙类厂房但没有加装喷淋，一个变通的办法就是在签租赁合同前让房东加装喷淋，这样也许会提高一些房租，但可避免大额的固定资产投资。

3. 按厂房运营性质

中小企业从零起步，业务是渐进发展的，任何事情都无法一个步骤计划到位，厂房也是一样。不同的发展阶段，中小企业需要的厂房不一样，无论是面积、要求、费用都不一样。

样品制作和展示厂房。中小企业成立初期或者产品需求是样品阶段，而且这个样品只是以概念展示为主要目的，不具备生产的条件。这个时候中小企业对厂房要求最低，能由简单的放置手工设备完成样品制作，甚至样品制作完全是手工打造的，这个厂房可以是严格意义上独立的小面积厂房，也可以是公司实验室的一部分。

这个阶段的厂房特点是因条件就简，以节约或者最小投入为主要目的。选择样品厂房需要选择离公司总部近的，方便公司研发、项目或销售等部门使用。需要根据产品的特点突出展示性，追求展示效果，能给客户留下深刻的印象。这样的厂房面积不大，一个简单的窍门就是尽量选择面积小于300平方米的，因为在装修阶段，低于300平方米的厂房不需要申请《施工许可证》，少了很多流程上面的麻烦。

等公司发展到一定的阶段，产品研发成熟，可以设计定型去做工业化，产品会有小批量的生产和出货，但是离大批量的生产和稳定出货还有一段距离，即使有了稳定的客户，客户需求也不稳定。这样的情况下，工厂建设需要定位为过渡厂房，过渡厂房是指介于样品工厂和大批量工厂之间的一个中间状态。不再继续使用样品工厂是因为那里生产的产品不具备交付的状态，而不直接建设能大批量量产的工厂是因为投资和成本的考虑，还有客户对产品生产的要求——客户需要从一个具备量产状态的工厂生产出来的产品，还有一些客户在交付前需要有相关的认证，但样品工厂显然不符合条件。

过渡阶段的工厂建设考虑的主要出发点应该是节约和实用，建设这样的厂房可以有两条路线。

路线一：临时工厂路线。选好一个适合的临时工厂是过渡工厂的一个常见方法，适合这种路线的操作方法很多，比如寻找精装修工厂和成熟工厂共用资源等。一个之前行业、产品工艺类似的工厂倒闭或退租后的厂房一般就是这样可以免装修的工厂，能拎包入住会将建厂费用降到最低。

路线二：保留扩展路线。找到一个大面积的适合长期发展的厂房，但是初期只租赁其部分面积也可以降低成本，选择这种方式需要在找寻厂房的时候精挑细选，并且在做工厂布局时需要精心设计，将后续扩展考虑进去，保证后续工厂扩展时现有部分变动最少。但这样的厂房注定权力不在中小企业手上，房东毕竟想把厂房全部租出去，实现租金最大化。等公司业务发展到订单稳定的阶段，就可以考虑长期租赁厂房了。由于业务稳定，公司有了稳定现金流之后，可以考虑建设这样的厂房，租赁厂房只是其中的一种方式，有些公司可能会选择自己建设厂房，甚至园区。这个时候可以考虑适当的效果，无论是建筑效果还是其他。为公司未来的发展预留发展空间是这个阶段厂房建设的重点考虑，厂房建设需要与公司的中、长期规划相适应。

4. 按房东性质

这个分类比较简单，但是也是有讲究的。按照房东性质，我们可以将厂房分为一房东和二房东。

一房东厂房是指和厂房的直接拥有者签订合同的厂房。由于拥有所有权，所以这样的房东权力较大，租赁合同的执行有保障，当然在协商租赁合同时，租赁双方可以直接协商、双方可以讨论的空间也比较大。

二房东是一种特殊的存在，是指那些和厂房原始房东（一房东）签署过整体租赁合同的租客再把闲置厂房出租给其他租客从中赚取利润的一种形式，存在这种特殊租赁关系的原因有如下两个。

（1）业务形式。有些一房东由于各种情况将厂房整体租赁给专业运营厂房的公司，这样的公司就是二房东，他们会负责整个厂房甚至园区的运营，这就是分工的结果。

（2）特殊情况。比如，二房东最初整租了一房东的厂房，但是由于业务收缩或调整、搬厂空置等，导致厂房空置但是合同又未到期，这样为了止损原有房东将空置厂房分租或转租给其他人的情况。

显然，对于同一个厂房，和二房东签署厂房租赁合同的房租肯定比一房东直接签合同高，毕竟二房东需要在原始房租的基础上加价才能赚取利润，除此之外，还存在其他的风险，需要在租赁谈判时重点检查如下情况。

（1）原有租赁协议。检查二房东和一房东的原始租赁协议，重点关注是否可以分租或转租的条款，最好检查合同原件，并将原始合同复印件作为最终租赁合同的附件之一。

（2）各方职责的约定。由于二房东的出现使房东、租户各方的职责关系变得复杂，尤其是一些维保工作、比如电梯维保、电力维保、消防维保等，这些需要在租赁谈判过程中细化和确定下来，并作为租赁合同的明确条款。

（3）重点关注原始租赁合同到期后租约的处理。和二房东的租赁关系会受二房东和一房东的原始租赁期限的影响，他们的合同到期会影响我们和二房东的租赁处理，所以比较保险的做法是先检查原始租赁合同的租赁日期和到期后的处理方法。原则上来说，和二房东的租赁合同截止日期最好不晚于原始合同的到期日期，这样就不存在任何问题。如果无法达到这个条件，则需要在二房东同意的情况下拉上原始房东，让一房东作为合同的第三方一起决定原始合同过期后租赁的存续和处理并清楚约定在三方合同里。

三方参与的租赁关系复杂，合同各方的权利和义务定义需要合同严格约定。

5. 按厂房装修情况

厂房的装修情况会直接影响中小企业在建厂项目上的投入。从会计的角度来说装修投入属于固定资产投入，厂房装修的主要内容有地面、吊顶、墙面、电气、照明、消防、信息化等。这些装修花费大多数会被固定在厂房的地板上、墙上、穿在吊顶里，也就是如果后面退租或搬迁，这些装修都无法带走。在装修时，除了生产材料和人工这些直接的成本，还需要有一部分流程这样的间接成本，比如厂房设计费用、各种审批报废费用等。

市面上的厂房按照其装修情况来说一般分成3种类型：毛坯厂房、简装厂房和精装修厂房。

毛坯厂房是指那些刚建成尚未对外租赁或者之前租户使用后复原成原始状态的厂房，这种厂房的状态还是和交房后的原始毛坯状态类似，如图4-8所示。市场上纯毛坯的厂房不多，这样的厂房在装修设计时需要考虑全部的装修要素，投入也是最大的。毛坯厂房的好处是可以自由发挥，不受之前的厂房状态限制。当然一些基础的流程肯定是要走的，比如，相关的开户、设计和验收。

毛坯厂房一个重要的装修要素是消防，验收了的原始消防肯定不能满足工厂使用需要，需要进行一些改造，比如喷淋的上改下、加墙之后报警器的安装等。租赁毛坯厂房还需要注意一个问题就是退租后对装修的处理，有些房东会要求租客做复原甚至完全复原的处理，具体的原因在下文介绍。

图4-8　毛坯厂房　　　　　　　图4-9　简装厂房

简装厂房是指做了基本装修的厂房，有些是房东做的基本装修，有些是上一个租户退租后遗留下的那些不能带走的装修，比如吊顶、地面、墙内电线等，如图4-9所示。这些遗留物品基本可以被新租客利旧使用，从而节省了一些投资。市场上大多数厂房都是这种类型的。中小企业还是需要做装修和整改的，但是装修整改范围比较小，不需要从零开始装修，一般是局部的厂房修改和设备设施的增加和修改。

实际上，租赁谈判发生在前一租户还没搬出的情况下时，中小企业可以和前一租户协商是否可以在付费的情况下将前租客的物品全部或部分留给自己，因为前租户移走这些物品还需要付一系列的费用，比如拆卸、搬家和现场复原的费用，这样操作就会节省这些费用。而中小企业付了打折的费用就可以立刻拥有这些物品，不仅节约了成本还缩短了装修时间。在装修设计简装厂房时，中小企业也可以要求设计公司尽量利用之前的设施从而达到降低成本的目的。

精装修厂房是指那种可以拎包入住的厂房，如图 4-10 所示。一般是专门针对某种行业开发的标准厂房，房东将水、电、气、办公、地面，甚至生活配套设施全部做好的情况，这种情况下，中小企业需要做的就是拉进设备做个电气二次配就可以直接进设备了。另外一种精装修厂房是指前一个租客在搬迁时遗留了所有的装修，新的租客搬入设备就可以生产运营，完全不需要任何装修投资，完全做到了"拎包入住"。无论是哪种原因，精装修厂房的好处是节约了装修时间和固定资产投入，但是带来的问题是租金费用会比其他厂房高。精装修的厂房一般不多，因为退租后，原始租客会将其精装修的厂房做拆除处理，发现精装厂房的时机较短，拆除后，厂房就变成了简装厂房。

图 4-10　精装修厂房

至于选择何种装修的厂房需要中小企业结合下面的一些要素综合考虑。

（1）可选的精装厂房；

（2）项目预算；

（3）项目紧急程度；

（4）其他考虑要素。

6. 按租赁的独占性

这个分类主要是从厂房的规模以及和"邻居"的关系出发的，按照这个分类可以将厂房分为分租、独栋和独院。这些分类和厂房的形态以及面积有很大的关系。

分租厂房是指在一栋厂房里租赁厂房一部分的情况。租赁部分可能是一层的一部分，也可能是一个楼层，但是都无法独占整个厂房，这种情况下需要考虑以下几种情况。

（1）明确各相关方的边界和接口。明确各方使用区域范围以免产生不必要的冲突，做好接口的进入，这个会涉及资产保全的问题，设置监控和门禁能解决这样的问题。

（2）协商管理好公共区域。电梯、大厅、房顶、动力装置等一般会是这种情况下的公共区域，在合同谈判时就要约定好这些区域的管理职责和费用分摊，对于类似用电量等做好提前约定，以免在付费时出现争议。另一个常见的争议是公司的 Logo 或者铭牌，多个租客争用有限的可悬挂区域，比如，对外墙或者大厅，销售、客户要求高的公司慎选这种分租形式。

（3）需要和相关方做好发展的相关沟通。比如，一家有长期厂房计划的中小企业可以和相关方沟通获得"邻居"租赁到期后的优先租赁权以支持公司的长期规划和发展。一些特殊情况下的处理也需要约定，比如用电高峰超出配备电量的情况下的优先使用顺序等。

独栋厂房是指一方完全占有一个整栋厂房的情况。这样的租赁模式简单，中小企业独享一个区域的所有面积与设施。相比较分租的模式，独栋厂房的租客需要承担整个厂房的管理，比如，安全、清洁和相关设施维保，好处是可以有单独的公司 Logo 悬挂在建筑外墙上，有利于公司对外宣传。这个公司看上去比较大气，适合销售、客户要求比较高的中小企业。如果一个园区里存在多个独栋厂房，许多共用的设施还是需要协调，比如停车位，甚至用电的高峰期的电力调度等问题。

独院厂房首先要有院子，租赁整个院子里的所有厂房和设施管理整个院子就是这种方式。独院厂房最重要的就是安保问题，相比于独栋厂房的出入口封闭性，独院厂房有一定的开放性，会带来比较大的安全隐患。还有一个问题是物业职责的划分，物业单位可能是原房东聘请的物业，有时候中小企业需要自设物业管理人员，但独院厂房比其他方式管理相对容易，比如：场地划分享有100%的权力，公司Logo或铭牌也比较容易处理。

中小企业根据短期内的需要结合其他要素灵活考虑哪种类型的厂房。

7. 按税收要求

接触房东或者中介的时候，建厂厂长经常会被告知租赁某些厂房有税收要求，有时候会让租客一脸困惑。租赁厂房为什么会有税收要求呢？原因是在产业园开发的过程中，当地政府为了确保土地的经济效益，会在土地转让时对开发者（房东）提出税收要求，房东相应地会对购买或租赁厂房的所有企业进行税收分配直到整体能满足当时约定的税收要求。这背后的原因是工业用地的资源稀缺性，政府期望通过低价出让土地，吸引企业入驻，从而带动当地经济发展，增加税收。

政府会根据园区的地理位置、区位、产业要求等因素，设定一个标准值，即每亩每年承诺上缴的税收。具体税收数额会因地区、产业而异。这是企业在购买土地开发时做出的承诺，也就是房东做出的承诺，现在他把厂房出租给其他企业，其他企业自然会被要求完成一部分或者全部的税收。

同时我们也可以看到，有些厂房就没有税收要求，这样的厂房大多数是老厂房，当时的政策没有这样的要求。简单来说，越是新的厂房越可能有税收要求。如果中小企业由于各种情况无法满足税务要求而厂房却非常合适，这怎么办？其实不用过分担心，税收是按照整个园区的地块来收缴的，所以如果园区里面有一个纳税大户，这样的情况下，房东可以协调新入驻的企业，记得将这样的条款写到合同里。

8. 按厂房的结构

厂房千万种，非专业的人只关注厂房外表，专业的人在厂房外表背后有更加专业的认知，比如厂房结构。这是关乎厂房使用安全和租金的一个参数，我们可以将厂房按照结构分成4种厂房：砖木结构、砖混结构、钢混结构和钢结构。

（1）砖木结构。砖木结构的厂房是最老的一种厂房，当从厂房墙上能看到红砖或者青砖时基本上就是砖木结构的厂房，如图4-11所示。这样的厂房采用砖墙、砖柱、木屋架作为主要承重结构的建筑。这种厂房造价低、施工简单，但房龄大、耐用年限短、建筑面积小。这样的厂房有时候看上去有些复古，这是由特定年代的物质条件决定的。甚至有这样的厂房连楼板都使用的是预制板，所以被称为楼板房。这样的厂房在偏远地区甚至工业发达的华东地区的偏僻小镇里还是能看到，但基本上都是等待拆迁的状态，除了承重有限问题，这样的厂房还伴随着其他的问题，比如，无产证、违建、消防、逃生通道狭窄、待拆迁等。这样的厂房唯一的好处是租金价格低。遇到这样的厂房，基本态度就是敬而远之，这些年出现的一些重大的房屋坍塌事故大多数发生在这样的厂房上。

（2）砖混结构。这种厂房是采用砖墙承重、钢筋混凝土梁柱板等构件的混合结构。和砖木结构比耐久、防火，是目前在住宅建设中建造量最大、采用最普遍的结构类型。厂房使用的材料也比较多，尤其是中小型厂房，钢筋混凝土梁柱板保证了厂房的强度和稳定性，而砖墙又提供了修改重新布置的灵活性。

（3）钢混结构：钢筋做骨架，再用混凝土进行浇筑施工的结构，坚固、耐久、防火性能好，主要用于大型公共建筑、工业建筑和高层住宅，如图4-12所示。钢混结构厂房是指以钢筋混凝土框架为主的一种厂房，市场上见到的大多数大型厂房就是这种。施工的时候需要使用大量的水泥混凝土，在混凝土中加入钢筋、钢筋网、钢板或者特殊纤维用来加强其结构,因为这样的结构保证了框架厂房具备一定的韧性,所以抗震等级比较高。在钢混结构的厂房里也会看到砖墙,一般是用防火单元分隔的,装修时可以加建也可以拆除。设备有承重要求的中小企业如果选择上楼可以优先选用框架结构的厂房,市面上的框架结构厂房层高一般在4~8米,为了提高厂房的使用率,大多数钢混厂房为长方形。厂房高度在一些特殊的场合时会成为设计限制,比如在这样的厂房内建造洁净室时就会受到层高的限制。

(4)钢结构:主要承重构件全部采用钢材制作,强度高、韧性好,总体轻、可回收,能建超高摩天大楼,又能制成大跨度、高净高的空间,适合大型公共建筑,如图4-13所示。钢结构的厂房是指以混凝土或者钢结构为框架,钢制材料作为周边墙体一种厂房。钢结构厂房的面积一般都比较大而自重较轻。这种厂房结构设计一般可以做得比较高,20米的高度也是常见的,所以大型厂房、大跨度的结构或者摩天大楼一般都使用钢结构。钢结构厂房的特点是设计比较简单、施工周期短,钢构材料在拆除后可以再次使用,综合成本低。钢结构厂房又分为两种:一种是房顶可承重,这样的厂房屋顶可以放置设备,如果厂房内部有洁净室,这样的房顶可以吊装洁净室结构;另一种是房顶不能承重,这样在二次装修时需要考虑屋顶承重,大多数情况下可能还要在厂房内部加做专门的承重结构。不能承重的房顶在使用时需要小心维护,比如,在大雪的天气需要派专人特地维护。钢结构厂房的另一个问题是不做特殊处理其保暖性能不够好,这个需要注意。

一些特殊的情况下只能使用钢结构的厂房,比如设备高且大的情况下。这样的厂房一般是先安装设备,设备安装完成后再建钢结构厂房。

图4-11 砖木结构厂房　　图4-12 钢混结构厂房　　图4-13 钢结构厂房

中小企业选择厂房时，各种结构的厂房都会涉及到，但有可能因为贪图租金便宜而选用砖木或砖混结构厂房而带来一些安全风险，所以，比较靠谱的厂房就选钢筋混凝土结构或钢结构的厂房。

9. 按厂房的产权

厂房的产权是指厂房的房东的性质，这个性质也可能和厂房所用土地的性质相关。按照房东的性质可以将厂房分为 3 种类型：国有厂房、集体厂房和私人厂房。

国有厂房是指那些属于国有资产的厂房，各地政府会在国有土地上规划、建造产业园区，这些园区内的厂房就是国有厂房，当然一些国有企业对外出租的厂房理论上也是属于国有厂房。在租赁这样的厂房过程中，建厂厂长一般不会直接和政府打交道，而是和政府下属的资产管理公司、运营单位甚至物业直接打交道。国有厂房有如下的特点。

厂房一般是企业的配套设施。在发达地区，企业总部、研发总部是政府相比单纯厂房出租更加看重的实体。所以在初创企业落户的谈判时谈判的重点不会在厂房上，而是将厂房作为政府投资或者引资企业的配套设施。

政府投资后的落地要求导致只能选择国有厂房。有些中小企业被某地政府投资后，会要求在当地落户。这种情况下，当地政府会偏向于推荐甚至要求中小企业选用国有的厂房，只有选用国有的厂房才会享受相关政策，比如房租返还、落户补贴、固定资产投资补贴和人才落户补助等。

退租后大概率会要求装修还原。企业退租后将厂房还原成租赁前的状态，这个要求是国有厂房基本统一的要求，有些地方对这个要求的执行很严格，哪怕是厂房租客花了巨资装修的厂房，政府在这点上是不会给任何谈判空间的，而且会有专门的监督流程。企业不执行，会被扣除押金，政府自己找人拆除。有这样的要求大概率是合规和安全的原因，毛坯状态对下一个租户来说是最安全的。

比较容易享受政府的优惠政策。有些地区规定在企业获得"高新技术企业"后3年房租可以减免一定的比例,这些规定有时候也只有租赁国有厂房的企业才能获得,这些都是国有厂房相比其他类型的厂房来说有比较大的优势。

集体厂房是指那些属于当地村镇在集体土地上建造的厂房,注意土地性质必须是集体土地。在租赁这样的厂房时,一般不会直接和村镇政府打交道,而是和其指定的资产管理公司、运营单位甚至物业直接打交道。集体厂房有如下的特点。

由于历史遗留问题,集体厂房可能存在合规问题。这个主要是历史遗留问题导致的,在县镇经济腾飞的初期,法律规定厂房只能建在国有土地上,但是国有土地供给有限,乡镇为了激发经济活力,便会在集体用地上建造厂房,这样的厂房是没有用地或者规划许可的,意味着大量的这种厂房是手续不全的。以上是严格的法律规定,但是实际操作的时候经常会采用"老事老办法"来灵活处理,但企业一定要清楚存在这样的风险,有些情况下需要慎重,比如购买的情况下。

安全自我管理更重要。不同于管理严格的国有厂房,集体的厂房一般地处郊区或者开发区外的乡镇,所以常常存在安全隐患。比如,人员出入管控不力,安全、消防设施配置不到位的问题,所以,中小企业需要在安全上投入额外的精力。

一定要重视租赁证明材料的检查。在谈判的过程和租赁协议签署的过程中,中小企业必须注意合同相关材料的收集和确认,比如房产证、土地证、消防验收报告等,实际操作中经常会发现材料遗失等问题。

私人厂房是指那些个人买了土地建造了对外出租的厂房,在这种厂房的租赁过程中,中小企业会直接面对房东或者房东的代理人,私人厂房在经济发达的地区遍地都是,甚至面积规模很大。私人厂房有如下的特点:

谈判的灵活性最强。由于房东是个人,所以政策、准入等硬性条件的限制没有之前2种类型的厂房多,租赁方可以提任何条件,双方协商的基础上都可以达成一致。所以,对于个人厂房,租赁方可以多提要求。

有以租金换投资的可能。由于谈判的灵活性,对于大金额的投资,比如电梯、行车、变压器等,租客可以向房东要求。房东会基于后续租赁收益等情况投资这样的固定资产,毕竟这些投资会在抬高的租赁价格上得到回报。

中小企业基于厂房条件和租赁条款综合决定租赁哪种类型的厂房。

10. 按厂房产证状况

这点是在厂房租赁中常被忽略的一个问题,忽略这样的问题带来的隐患还不小。有些厂房是有全部证件的,是合法的厂房,而有些厂房,可能是违规的甚至违法的,比如违建。一些违建厂房看上去可能比完全合规的厂房的综合条件还要好,有一定的迷惑性,所以在实际租赁中需要注意区分识别。一般常见的不合法的厂房以及会影响建厂工作的情况包括如下几种。

违章建筑。有些房东会在原来厂区验收后再在园区内的空白区域通过加盖、搭建等方式获得违章使用的附属"厂房",比如未批准的附属用房,违章搭建的车库、仓库等。将这样的厂房出租,租户会承担相当大的风险,除了罚款,甚至工厂可能会被关停。租赁一些很大园区里的厂房时一定要注意这种情况,如果不仔细检查房产证和土地证则很难发现这个问题厂房,如图4-14所示。

图4-14 隐蔽性强的违章厂房

未通过验收的厂房。未通过验收可以是厂房整体的验收，也可能是消防等单项验收。由于各种情况，有些厂房未能取得相关的验收，但房东利用部分租客不知情还是能将这样的厂房租出去，尤其是不注册只使用的情况，这为企业后续经营带来很大的风险。

已经列入拆迁规划的厂房。房东可能会提前获得拆迁消息，但是因为拆迁需要时间，房东在不透露拆迁规划的情况下仍将厂房租赁出去获得短期房租，甚至利用合同条款的漏洞获取押金等收益，这给企业带来的问题是搬迁、停产多付费等问题。

产证办理中的厂房。这种厂房一般是新的厂房，完工验收后还处在办理产证的过程中，这个过程会由于各种情况而变长，但是在后续的好多流程都需要提供房产证，这样就会带来很多不便，建厂周期也会被拉长。

第三节 厂房的基础技术

通过对厂房各个不同维度的分析,读者已经对厂房有了基本的了解。到了这个阶段,建厂厂长对公司想要寻找的厂房有了基本的概念,可以和房东、厂房中介进行基本的对话了,但显然还不够,因为厂房多个核心的技术没有深入提及,而这些技术内容是确定厂房或者签署合同时必须明确的。

考虑到大多数建厂厂长都不是专业的厂务出身,所以我们将最终确定厂房时需要的主要核心技术参数做个简单的说明:我们按照地、顶、墙、柱、电和其他来分别说明。

地:主要是一些关于地面的技术参数。主要有承重指标和地面处理方式,承重指标是指地面单位面积能稳定可靠承受的重量,这是厂房一个重要的指标,厂房坍塌等重大事故都和这个指标有关。这个指标也是厂房设计的重要指标,和地基、梁柱、施工、材料和维护都有关系。在确定承重要求时应注意以下几点:

和设备供应商确认详细精确的承重要求。生产线里每一台设备其实都有承重的要求,最权威的承重数据是来自设备供应商,那些对承重要求敏感的设备供应商会主动提示承重要求。

考虑大量物料堆积的情况。这个只能是工厂建设方考虑,尤其是物料比较重的情况下,比如,一个产品的总成比较重,在立体堆放的情况下,可能单位面积内的重量很容易超出厂房设计的要求。

设计和施工记得放余量。设备供应商给的承重要求可能仅仅考虑了设备重量的情况下,没有考虑设备附加堆放物料的情况,设备供应商提供的只是设备在静态情况下的指标,而不涉及在设备开启时振动的情况,为了保险,应放置一定的余量。

哪怕在一楼也要考虑承重要求。尤其是设备较重、安装要求高的场合下,这个时候考虑较多的是地面强度、平整度、地面沉降和抗震性要求等,有些设备安装需要额外加做灌浆、垫铁等加固处理。

不放心就做检测和加固。一些特殊情况下,为了确保万无一失,可以找有资质的第三方做检测,检测按照面积收费,出具详细的报告,在检测完成后需要注意复原。同时,专业的有资质的第三方也可以提供加固服务,整体和局部加固都可以,这样就可以使用原始设计不能满足承重要求的厂房。

而地面的处理方式会影响工厂的粉尘和使用效果,尤其是后续不再做二次处理的情况下。常见的厂房地面处理方式有水泥地面、金刚砂地面、环氧地坪漆等,这些处理的主要目的是防起灰、防起沙、防滑和耐磨,无二次装修的仓库一定要关注地面的表面处理方式。

顶:主要是关于厂房层高的一些技术参数,主要包括层高、屋顶结构和承重指标。一个典型的厂房的顶需要安装照明、喷淋、烟雾探测系统、部分设备的支撑等。

厂房层高是指地面到厂房顶的高度,除了考虑设备的高度,还要考虑厂务设施使用和安装高度,比如吊顶支撑、水电气等动力管路、后续维修空间等。典型框架的厂房高度有4.8米、8米,基本上4.8米高的厂房无法安装龙门等设施,而8米高的厂房就可以。有个涉及厂房高度的重要指标是容积率,当厂房的单层层高超过8米时,容积率的计算一般会根据层高不同而需要调整。一般情况下,超过8米高度的厂房层高,容积率计算时该层建筑面积会加倍计算。具体而言,每增加3米层高,则增加1倍系数。简单地说,单层8米以上的厂房的建筑面积会乘以一定的系数,比如8.5米的厂房需要乘以2,这也是为何有些厂房的建筑面积远远大于实际的面积。

厂房屋顶结构分为平顶、拱顶和尖顶。这些结构在看厂房时就可以直接观察到。平顶是框架厂房的常见结构,好处是厂房屋顶较为平整,装修方便。可能存在的问题是排水不通畅,需要注意保养维护,定期清理。拱顶厂房正好能解决排水的问题,但装修中需要注意处理。尖顶厂房不多见，有些火车头结构的厂房会有这样的结构，在设计时尤其需要注意保温、散热等。现在大多数厂房屋顶都被发电光伏占领，由于光伏产权的问题，所以经常需要保留检修通道。厂房是否漏雨也是在考察厂房时需要注意的，一个简单的窍门就是在多日下雨之后再去看厂房，现场的情况基本就能确认厂房是否漏雨。

厂房顶承重也是一个需要考虑的重要指标。无论是厂房外顶上放置动力设备设施，还是厂房内顶支撑吊顶或者其他设施，都需要详细计算吊顶重量，不能满足的情况下可以考虑局部加固等措施。

实际操作中，关于厂房顶还有2个小问题会经常遇到：第一，是否允许装修时在楼顶放置设备，比如，空压机、空调系统、排风系统等。这些要求除了来自当地政府，还可能来自物业的统一要求。有些要求比如加顶使用专门颜色的材料，等等，这些一定要确认好；第二，有些厂房顶的初始设置是正常情况下不能进入的，但是由于设施、设备安装后可能会有经常检修，所以需要在安全上重新设计，比如女儿墙加高等。

墙：主要是指厂房的墙面，主要考虑的是防火墙的话题与开门。除了老生常谈的敲墙不能破承重墙，另一个问题是防火墙的变更问题：一个验收了的毛坯的厂房是确定的防火面积，在装修设计时可以按照布局功能需求任意分割的，但注意防火墙的变更往往会带来消防的变更，比如每一个单独隔出来的分区都需要设置烟感、报警等消防装置。这些修改同样会带来成本。墙体里开口是门、窗、吊装口等。这些尺寸需要结合企业的实际情况一一确认，尤其是在有特殊要求的场合下，比如使用二楼以上楼层的厂房关注设备吊装口的尺寸以及周边吊车的作业空间；门的台阶是否影响货物进出，在一楼仓库安装一个小门在无货物出去的情况下关闭送货大门从而减少外部粉尘的进入量。

柱：在厂房内的支撑柱，支撑柱的承重强度和支撑柱的分布密度会直接影响厂房的实用性。支撑柱的强度以及分布密度都和厂房最初的设计有关系，简单地说：支撑柱密度越小，柱子越大，承重也越大。常规的厂房支撑柱间距为6米、8米、12米，标准厂房6米的间距还是能保证的，在实际操作中，需要注意如下几点。

布局时重点检查实际需求。一般情况下能满足大多数设备，但是有些特殊尺寸的非标准设备需要额外注意，进入厂房路线、操作维修空间都需要详细检查，这个设备部门需要提供数据，而且在设备发生变化后需要保持更新并重新检查。

关注厂房的实际使用面积。由于柱子的存在，有些空间实际无法使用，比如靠墙的柱子周边的空间就无法有效使用、承重要求导致大柱子的存在等这些都会产生一些无法使用的空间，无形中会影响实际的厂房面积。实际上，厂房也和住宅一样关注实际的得房率，得房率可以和租金一起考虑。

用好不能避免的柱子。在选择厂房阶段就需要关注厂房柱子带来的限制，也需要在厂房规划设计阶段把柱子周边空间的利用提上日程，常见的手段有装饰设计、展示设计和功能设计等。

电：工厂设备运行离不开电，在寻找厂房时就需要确认一些关于电的细节数字。厂房的配电量和中小企业的照明、设备能耗相关，如果企业设备总能耗超出配电量，在设备使用时就会有用电风险。工厂的电力一般来源于园区的变压器或者企业独立的变压器，工厂会有专门的配电柜、高压柜、低压柜等。评估企业的用电量时需要遵守下面的原则。

精确评估用电量。除了所有的设备，其他的一些用电情况经常可能会被忽略，比如，配套的汽车充电桩、办公室空调、计算机机房的用电等。除了覆盖全面，还要考虑用电的极端状况，比如，夏天最热的时候空调开启的情况。

记得放余量。结合公司业务的长期发展，综合考虑用电量，如果不考虑的话后续会涉及扩容的情况，无论是流程还是费用，都是一笔很大的支出。如果能提前预计这些扩容计划，不如在租赁初期让房东完成扩容，并将双方确定好的分配后的用电量写到租赁合同里。

除上述几个要素外，认识厂房还需要了解的**其他**情况如下。

生产辅助要求。这些要求在租赁厂房时必须重点检查，比如，生产时特殊的动力要求：蒸汽管道、配置的气罐是否可以安装以及是否有空间安装，是否需要有危废仓库。

周边环境要求。周边环境决定了厂房给客户的第一印象，尤其是那些外企出来创业的中小企业对这些方面要求比较高，那些经常有客户出入的中小企业也一样。

大厅要求。有些中小企业可能会有很多的客户参观，这样就会有公司形象上的要求，尤其是大厅，这些情况建厂厂长需要和公司销售以及管理层确认到位，在后续设计评审环节还需要再次甚至多次确认。这种情况下对卫生间、更衣室等配套也会有要求。

生活配套要求。公司员工的出行、食宿都需要在租赁厂房时考虑。停车足够方便能提高员工的工作效率，园区有统一食堂可以便利员工的工作，如果是劳动密集型企业，可能需要考虑配套的员工宿舍。

工厂注册要求。企业租赁厂房后有可能需要注册营业执照，这个时候需要和房东确认是否可以注册生产类型的企业。这个和用地性质有很大的关系，有些看起来非常像厂房的场所实际上是不能注册生产类型的企业的，在一些城市，生产用地非常紧张，更需要注意。

第四节 输出厂房需求信息表

到此为止，基于上述对厂房的讲解，我们就可以输出目标厂房的需求信息表了，模板见表 4-1。输出下页这样的需求信息表有如下的好处：

保证信息准确性。把找厂房需要确认的所有信息统一文字化可以确保需要的信息的准确性，避免重要信息被遗漏。信息的来源可能是不同的部门，研发部门、生产部门甚至行政部门，一个简单的方法就是信息收集完毕后，使用这样的表格让各个信息提供者再次确认。

降低沟通成本。找厂房不是一次就能成功的事情，可能需要和多个招商、房东、中介这样的对象沟通，没有这样的表格，我们就需要和每一个沟通对象逐一确认以上的信息，好多沟通是重复的，这样的沟通成本会很高，有了这样的表格，一目了然，不需要过多的口头沟通，双方沟通的效率显然都提高了。

保证了信息有效迭代。对厂房的设想要求会随着建厂厂长看的厂房数量越来越多而变化，建厂厂长得到关于厂房的信息越来越多也会不断迭代变化，有了这样的表格可以作为后续迭代的记录依据。

表4-1 ×××公司目标厂房需求信息表

类别	项目	内容
公司信息	公司名称：	
	联系人：	职位：　　　　　　　联系方式：
	公司所属行业	□机械□电子□半导体□化工□食医□仓储□其他_____
	注册生产营业执照	□是　　　　　　　□否
	注册性质	□独立法人□分公司□个体工商户□其他_____
	税收情况	□可完成_____　　□暂无税收贡献
厂房区域信息	意向城市	
	意向区域	
	意向厂房性质	□国有厂房　□集体厂房　□私人厂房　□其他
	生产性质	□样品生产　□过渡生产　□大批量生产
	其他意向信息	
工艺设备要求	主要工艺	
	是否有特殊工艺	
	主要设备	
	特殊设备	
	动力设施设备	□变压器□压缩机□排风系统□空调系统□纯水系统 □冷水系统□新风系统□蒸汽□其他_____
	电力需求/kVa	
	是否有危废？	□有　　□需要园区统一处理
	工艺设备特殊要求	□有　　□无
厂房要求	面积要求/m²	□办公_____□生产_____仓库_____ □大厅_____□其他_____
	独占性要求	□可分租　□独层　□独栋　□独院
	是否需要扩张预留	□需要_____平□不需要
	楼层要求	□一楼□楼上□楼层不限
	厂房结构	□砖混　□框架　□钢结构
	装修要求	□毛坯　□简装　□精装
	洁净室要求	□无（下栏不填）　□有 _____级_____平/_____级_____平/_____级_____平
	厂房承重要求	
	需要龙门吊	□需要　□不需要
	厂房层高要求	
	厂房柱距要求	
	电梯尺寸要求	□有要求_____　　□无要求
	开门尺寸要求	□有要求_____　　□无要求
	设备吊装要求	□有要求_____　　□无要求
	周边环境要求	□有要求_____　　□无要求
消防要求	厂房防火等级要求	□甲类□乙类□丙类□丁类□戊类□待确认
	是否需要喷淋	□需要　□不需要　□待确认
	烟感报警装置	□需要　□不需要　□待确认
	消防特殊要求	□有要求_____　　□无要求
生活配套要求	停车位	□需要__个　□不需要
	集体宿舍	□需要__间　□不需要
	园区食堂	□需要　□不需要
	其他配套要求	
其他要求：		

第五章 寻找厂房

按照上一章节的内容，建厂厂长应该对自己需要的厂房有了准确的理解，收集了相关的信息并输出上节的《厂房信息表》。这样的表格会成为我们找厂房时各种沟通的重要依据。建厂项目下一步的目标是在意向区域找到自己满意的厂房了，通常来说，找厂房可以有这几种形式：政府或机构推荐、产业园区、中介、网站和其他形式。

第一节 政府或机构推荐寻找厂房

政府或机构推荐厂房一般发生在中小企业有融资的情况下，政府或者专业的投资机构是有厂房资源的。因为他们参与了对中小企业的投资，所以他们可以对企业运营提出要求，比如落户地点、投资金额等，而且这些是写在投资落地协议里的内容。有些机构还会为中小企业带来一些关于厂房的资源，比如推荐该地区的工业园区或者厂房服务机构等。

为何政府或机构会给中小企业推荐厂房，是因为政府或机构本身可能就有厂房出租的业务，各地政府都会有各种各样类型的产业园或者政府直接的物业。落地的中小企业一般都会享受地方政府在政策上、财务上的直接支持，比如，租房补助、人才补助、投资补助等。如果中小企业租用其他非国有的厂房，这样政府需要真金白银地付出补助给中小企业而自己的厂房还闲置。但如果政府推荐其系统内部的厂房，则可以用补助抵扣租金，这样做一举多得，企业得到了实惠，政府同时解决了产业园入驻率问题。

还有一个原因是政府产业规划时考虑了行业的集中性，这样中小企业入驻规划的园区会给企业自己带来产业配套上的帮助，比如很容易找到行业上游供应商，共享一些比如实验室这样的公共资源。所以，政府推荐中小企业到其规划的园区或者厂房基本会对企业有直接或者间接的帮助，当然其他类型的机构也是一样，比如私募基金、产业基金等。

政府会让其代理人和中小企业对接厂房租赁事宜，一般是国有资产管理公司、招商公司等。政府推荐的厂房一般有如下特点。

厂房一般档次高，配套完善。政府的厂房批建手续肯定是完善的，不存在任何瑕疵，政府园区或厂房所处地段一般比较好，在每个工业区域一般都是处于核心地段。除了地段好，厂房保养得也比较到位，配套设施比较全，会议室、活动区、餐饮食堂一般是标准的配置。

准入要求高，符合政策才能入驻。政府会对入驻其厂房的每一家企业进行严格审查，企业的行业和发展方向必须是政府鼓励的，不符合这些条件的企业很难有机会入驻政府的厂房。

房租价格比较固定，一般没有议价空间。由于厂房是国有资产，所以房租价格相对透明，中小企业很难在价格上找到议价空间，同样配套设施的使用也是一样透明。如上文所讲，入驻政府的厂房才能享受当地的政策优惠，比如：租金返还，一般的操作是企业先足额缴纳房租，政府在第二个月开始将上个月房租的一定比例返还。

退租时必须将厂房复原。这个是和政府接触下来好多人不能理解的一个现象：退租后将厂房复原到租赁前的状态会白纸黑字写进租赁合同里。在看政府厂房的过程中经常看到一些厂房在退租后刻意复原的痕迹，应该看出这些复原是花了精力的，一些后加的隔墙被敲掉，一些投资较大后建的洁净室也被特意拆除，这些都会产生可观的人工费用和垃圾清运费用等。但是接触多了才了解到这个要求是和政府管理资产时"安全第一"的理念联系在一起的。政府厂房的实际管理人可能经常会更换，在这样的情况下，将退租厂房恢复到厂房原始状态应该是个最安全的选择。

使用政府的厂房需要遵循全部的流程，从项目准入、装修设计报批、装修到一连串的验收一个环节都不能少。所以要做好较长建设周期的心理准备。

第二节 通过产业园区寻找厂房

产业园区的厂房一般就是集体厂房或者私人厂房,政府也有产业园,但我们将其归类到政府厂房,不在本节讨论范围内。这样的厂房大多是以产业园区的形式开发的,每个产业园区有不同的发展方向,园区里的厂房可销售也可以出租。有些园区是由专门的物业机构全部租赁下来对外统一出租运营的。直接的房东一般中小企业很少接触到,其代理人、运营方甚至中介是直接接触的对象。市场上经常宣传的"中小企业总部"一般就是最常见的这种厂房。而私人厂房则是可以直接接触到房东的,这些厂房有些不仅能做生产,还可以有足够的办公空间。同时,对于那些后续发展上了轨道有计划购买厂房的中小企业,这种园区厂房是个比较好的选择。这样的园区厂房一般有如下的特点。

厂房条件普遍好,物业完善。相比其他类型的厂房,产业园厂房一般地段不差,厂房比较新,户型设计合理,物业管理这样的配套也比较完善,因为这些都是厂房能租出价格的基本条件。

厂房基本都有税收要求,但是出租方可以内部协调。税收要求是在开发商或者私人房东拿地开发的时候就已经决定的。但是税收计算的单位是园区整体,所以那些暂时无法产生税收的中小企业可以和房东协商。

价格按照市场行情浮动,普遍有议价空间。和国有厂房固定和透明的租赁价格不一样,产业园区或私人厂房的价格完全是受市场行情的影响上下浮动的,这就给中小企业有了议价的空间。这种灵活性也能给中小企业带来税务抵扣上的好处,所有的这些都可以在协商租赁合同时双方商谈。

能源可能会有加价的现象。这样的厂房一般由房东或者运营方统一管理,所以水、电等缴费有些也是通过房东以及运营方管理操作的,一般会存在加价的情况,加价理由听起来也很充分,就是管理费或者损耗抵扣等，所以这个情况下，一定要注意识别和做好应对准备。除了能源，一些常规的维保费用也是一样，比如电梯维保、消防维保。在合同里可以约定这些收费价格，可以通过查看房东的原始合同以及实际缴费发票来杜绝加价的问题。

合同的合规性需要重视。产业园或者私人房东一般会使用自己的格式合同模板来签署租赁合同，这种情况下一定要注意，这样的合同里面"预埋"了很多坑，比如，随意涨价、押金扣除、乱收费等。在签合同前和房东协商使用的合同模板，如果房东坚持使用他的模板，一定要提前和法律专业人士确认。

产业园和私人厂房适合预算比较充足、对于厂房要求比较高的中小企业。

第三节 中介帮助寻找厂房

厂房中介是房产中介的一个细分类型，普通人接触比较多的可能是住宅中介。厂房中介是指帮助租客找到合适的工业厂房并提供相关服务的一个职业，他们能提供的服务有当地相关政策咨询、厂房寻找、租赁合同签署、工商注册等，甚至有些厂房中介还可以帮助客户做融资。在每个工业化城市都有厂房中介的存在，在一些工业比较发达的城市，厂房中介的从业者数量不在少数，本文作者最多的时候保存有近400位厂房中介的联系方式，这仅仅是苏州一个城市的4个工业区的中介。对于那些比较忙、找厂房时间比较少、对厂房理解不深刻的中小企业建厂厂长来说，通过当地厂房中介来找厂房是一个非常好的选择。

不同于住宅中介，厂房中介一般没有固定的门店，直接通过去门店找到他们并建立联系是不可能的。能找到厂房中介常见的办法有2种：第一，网站寻找；第二，通过工业区路上或厂房周围的小广告或横幅。

和厂房中介沟通中经常发现他们很容易有目的地提供一些不全面甚至有误导的信息而谋求利益最大化，使用厂房中介帮助寻找厂房时，需要注意如下几点。

明确佣金的支付方式。房产中介都是通过提供相关服务收取中介服务费作为自己工作报酬的。服务佣金金额不固定，一般是一定比例的房租，1个月房租，2个月房租的都有。和中介接触的时候需要确认租客和房东谁需要付给他们服务佣金。这个方式每个城市不一样，没有一个固定的付费规定。在苏州，一般是房东支付这笔费用，而无锡则需要房东和租客分别付一半的服务费，有城市则是由租客完全承担服务佣金的。

尊重厂房中介行业的规则。厂房中介为了保证自己业务的安全性，一般会有一些"潜规则"，作为租客需要尊重这些"潜规则"。比如，初步接触不要求中介提供准确的厂房位置，不主动要房东的联系方式等，毕竟跳过中介直接和房东联系会节省服务费。如果中小企业建厂厂长这样做了，很快会发现自己被整个厂房中介圈"屏蔽"了。一般情况下，时机成熟的时候，中介会主动提示双方交换联系方式。

提高成功率，联系多个厂房中介。有一些厂房会被多个中介代理，也有些厂房是被某些中介独家代理的，越是业务好的中介越会有独家代理这种情况，所以，找厂房的时候可以多联系一些中介，保证房源的数量。尤其要关注从业时间长、业务好的厂房中介，这样会显著提升找厂房的效率。

用好厂房中介的附加"服务"。厂房中介为了更好地为客户提供服务，一般对厂房建设的上下游都有涉及，比如，有些中介会提供公司注册的附加服务，他们也熟悉当地的准入政策和人才政策，对当地的"三同时"流程和装修公司资源他们也会了如指掌。建厂厂长必须"深交"几个熟悉的中介，让他们成为寻找厂房的"军师"，他们可以帮忙分析其他中介提供的厂房以及透露有些厂房背后的"故事"，这些会作为最终做决定的参考。

无论是政府厂房还是私人厂房，都有可能使用厂房中介作为拓客推广的手段，用好厂房中介确实能显著提高寻找厂房的效率。专业的房产中介还可能是厂房建设项目中的重要帮手。

第四节 网站帮助寻找厂房

足不出户就能找到厂房，这不是一个梦想，而是通过租售厂房的网站来实现的。除了厂房的相关网站，还有相关的厂房 APP 或者微信小程序，这些使用起来都很便捷。下面介绍几款常用的厂房 APP：

第一款：厂房在线。有网站也有 APP，该 APP 为中国产业地产招商大数据服务的引领者，该 APP 主要围绕厂房租售以及附加服务展开业务。申请账号登录后，中小企业可以发布求租或求购信息。当然也可以从 APP 上他人发布的租售信息里寻找适合自己的厂房。

目前，该 APP 上有约 45 万套在线厂房信息，活跃在线人数达到 6 万人，在近 150 个城市都有厂房信息登记，像苏州这样的工业城市，每天更新的信息多达 600 个。除了可以用来寻找厂房，该 APP 还定期发布基于大数据的工业厂房相关的趋势报告，该 APP 还有一个人性化的功能是提供厂房交易或租赁的流程指引并提供当地的服务资源。该 APP 主要界面如图 5-1 所示。

图 5-1 "厂房在线" APP 主要界面

第二款：安居客。该 APP 是一个综合房产服务平台，主要的服务对象还是住宅地产，厂房仓库是该 APP 里的模块之一，城市登记数量少于厂房在线，但是核心工业城市厂房数量不少于前者。厂房信息里提供厂房视频甚至可以 VR 看厂房，厂房检索分类比较细致且更加科学。该 APP 进入厂房仓库模块的入口和该 APP 的主要界面如图 5-2 所示。

图 5-2 "安居客" APP 主要界面

第三款：58 同城。该 APP 是一个排名比较靠前的综合生活服务平台，买卖车、房产、招聘等模块应有尽有。在租房模块里可以找到专门的厂房仓库出租的子模块。厂房检索分类方法和安居客的类似，不同的是，在一些工业不发达的城市，该 APP 则没有厂房仓库子模块，但对于工业发达的城市，厂房信息的数量和发布质量不亚于前两者。该平台还有一个好处是支持标准租房合同的下载和定制服务，而且该服务还是免费的。APP 进入厂房仓库模块的入口和该 APP 的主要界面如图 5-3 所示。

图 5-3 "58 同城" APP 主要界面

其他的类似的网站和厂房APP。比如，房天下和贝壳找房等属于专门的住宅地产服务平台，没有专门的厂房仓库模块，但会有零星的厂房信息发布，不推荐找厂房时使用，效率太低。除了厂房APP，还有些其他形态的平台也提供厂房相关的信息，比如易厂房这样的小程序，没有APP供下载，但是使用小程序同样方便。虽然使用小程序的便捷性更好，但小程序的大多数后台数据腾讯是不共享给商家的，这样房产网站就无法进行相关的后续服务。所以，这些房产网站在推广小程序上是比较保守的。

以上是全国或大区域性的厂房平台，还有一些专注于所在地区的平台，读者可以到相关网站搜索选择使用。使用上面的APP或小程序来找厂房，需要注意如下几点。

信息重复较多，注意过滤。使用了上面几个平台一段时间后，我们就会发现一套厂房信息会在多个平台重复发布，有时候还能发现发布人其实是一家公司或者同一个人，而且同一套厂房会在每天更新发布，其实信息内容基本没有变化，这个主要是为了保持曝光度，对于我们来讲，发布时间超过一周甚至三天的基本都是重复信息，我们在使用这些APP时需要注意。

信息鱼龙混杂需要注意辨别。由于APP只是提供厂房信息共享的平台，没有义务去确认信息真假，所以，广告、无效厂房等信息在这些APP里广泛存在，这些虚假信息的作用是增加吸引力，和需求者建立联系后推荐其他厂房而已。这个需要中小企业识别，有一些厂房信息雷同，宣传内容和照片完全不能对应的基本就可以判为虚假信息。

通过APP联系的人一般都是中介。很少有房东直接挂单出租厂房的，APP房源信息的发布者大多数是中介，和直接联系中介相比，中小企业可以使用APP做一个初步的筛选，去关注筛选后的房源。那些没有中介信息的中小企业，也可以从APP里获得厂房中介的联系方式，建立联系后，让其为我们推荐厂房。

更加省事的方法是发布求租信息。为了提高效率可以主动发布求租信息，将上一章的需求表格贴到求租信息里，留下自己的联系方式，等待中介在平台上匹配合适的厂房资源后联系。这样做需要做好高频率接听电话的准备。

第五节 用其他方法寻找厂房

除了上述 4 种厂房寻找方法，还有一些不常见的方式在某些条件下也会存在，比如熟人介绍、加入当地厂房群，亲自扫街寻找等。

熟人介绍是一个最容易想到也最有局限性的一种方式。熟悉有建厂经验的人或者熟悉厂房租赁行业的人可以将他们了解的中介、房东、招商的人直接介绍给建厂厂长，这些帮助会很直接，但是也存在一些问题，因为这种熟人的关系存在一定的依赖和局限，光靠这种关系的输出就做决定会缺少可选厂房的比较，容易陷入一些陷阱，所以，采用这种方法的同时最好还需要配合其他方法使用。

加入当地厂房群等待市场上合适的厂房出现。在这样的群里大多数就是中介，这些群是中介发布和共享最新租房信息的群，也是他们互相合作的群，他们发布租房信息后允许群里同行合作，提高佣金比例。这些群里发布的厂房信息都是刚新出的，大多数还没有到网络上登记过，尤其是上一家租客刚决定退租但还没有搬走的情况，得到这样的信息看这样的厂房经常可以"遇"到那种精装修的厂房。加入这种群必须是中介介绍才能加入，可以找关系好的中介介绍加入。

亲自扫街寻找一般是厂房区域已经确定情况下的一种有效方式。可以在这个小区域范围里逐户寻找，一般是向每家园区的门卫询问，还有看路上的小广告、小横幅等。使用和门卫确认等到的信息联系的对象基本都是原房东，所以这样做还可以省却一笔中介费，将这个中介费摊到一年的房租里，基本上相当于租金打一折，这样的情况，无论是租客还是房东都会得到利益。这种方式还有一个好处是房东了解具体的需求后，会将一些本来没有出租打算的厂房拿出来供我们选择。

第六章 租赁厂房

按照上一章准入的流程，拿到《备案登记表》的一个前提是有《厂房租赁协议》作为支持文档。所以，寻找厂房签订《厂房租赁协议》的时机是可以和可行性研究与准入的流程同时开展的。根据第四章的内容，建厂厂长可以输出厂房需求表，第五章可以得到找到厂房的各种渠道，所以本章的内容是有了足够的厂房资源后决策并签署《厂房租赁协议》的过程。

第一节 现场如何看厂房

看厂房之前需要调整心态和熟悉使用看厂房的"漏斗模型"，有了这两个方法就能开心顺利地找到适合自己的厂房。相反，看厂房之前知道看厂房可能的一些不良心态就能在看厂房过程中尽量克服和避免，常见的不良心态有"忘记初心"与"下一个最好"。

"忘记初心"是指在看厂房过程中迷失，陷入选择的迷茫。伴随着看厂房进程的推进，建厂厂长看了越来越多的厂房，原本心中清晰的厂房具体需求却在大量信息的冲击下变得越来越模糊和不确定。这个现象很正常，这是正常的认知过程。本来我们通过填写《厂房需求表》想象出来的厂房不是具象的，当看到实际的各种厂房，了解各种不同的差异配置后，加上中介等各种别有用心的强调和引导，这种迷茫再正常不过了。

在这个过程中我们还会陷入另一个误区——"下一个最好"，这个心态是由于从市场现有厂房里做有限的挑选，这种方式就决定了没有一个厂房是完美适配最初设想的，能找到同时满足几十个要求的《厂房需求表》的现成厂房的概率和中彩票差不多。看到的厂房总会有各种各样的缺点，面积满足的厂房，房型不好；房型完美的厂房，货车出入不方便。这样的现象很常见，完美的厂房估计只存在于公司购地自建方式中。由于建厂厂长是建厂直接责任人，所以其会不知不觉地放大厂房不完美的点，这些缺点会影响我们做决策，我们总是期待下一个厂房能"解决"这个缺点或矛盾，但往往解决这个缺点的下一个厂房又有新的缺点带来了新的矛盾。

有了这两种心理，会给我们看厂房的旅程带来一系列的问题。

找厂房的时间变长，影响建厂项目进度。"忘记初心"和"下一个更好"式看厂房会导致我们看的厂房数量越多而变得越迷茫，更谈不上做决定了，所以我们就陷入看厂房的循环里，就是无法做决定，久而久之，建厂项目进度显然会受到影响。

厂房选择条件蔓延，影响项目成本。看的厂房越多，对厂房的认识也更加具体化，尤其会关注那些厂房不满足的部分条件，建厂厂长有可能会修改要求，或者可能会要求房东修改到符合条件，要么是等下一个符合条件的厂房出现，这样的条件无形中会增加了项目的成本。

对建厂项目进度和成本都有害的行为肯定要抵制，但是如何破解这种认知习惯呢？有效的方法就是在《厂房需求表》里将条件分类，可以按照必须满足项、加分项以及其他项来区别。

必须满足项是那些厂房必须满足的条件，如果不满足这些条件，那样的厂房就不能使用，我们坚决不能去看那样的厂房，看了只会浪费时间和让我们更加困惑。这些条件一般是和面积、承重等硬性要求、法规等相关的要求。这些要求数量不能太多，太多的话，条件定义就没有意义了，一般是10个左右，有些行业的特殊性导致必须满足的条件数量会比较多，但必须遵循真实和最少化的原则，这些必须满足项也是我们在看厂房时重点关注的项目，每一项的符合性都需要我们亲自确认，这些也是我们必须为之付钱的项目。

加分项是指那些不需要完全满足，但是满足了后可能带来额外客户满意的项目。但有了这些后，我们付出去的租金价格也可能会上涨。这些条件的确定基于实际的需求和预算状况，愿意多付租金来获得的非必须满足项也不会太多，大多数是因为更高的质量档次。有些暂时多付出去的租金实际上减少了后续的投资，实际为项目节约了成本，比如，办公室、装修、动力设施等。在这种情况下，我们不仅需要仔细识别这些加分条件，还要去现场实际检查这些条件的状况，比如，厂房现成的一个空压机可以减少租赁企业的固资投资，但前提必须是机器能顺利工作。加分项目需要从长远看，根据厂房实际情况和中小企业实际需求决定。

其他项是指除了必须满足项和加分项的项目，在实际看厂房的过程中，无需花时间实际关注这些项目。在实际租赁谈判中，中小企业不会为这些项目多付任何费用。比如，一个没有计划装修会议室的公司不会为上一个租客遗留的豪华办公室多付一分钱的租金。房东因为这样的条件而提出额外增加的房租，建厂厂长坚决不同意。

在一堆等待现场查看的厂房面前，如何快速有效地找到并确定合适的厂房需要按照下面 3 个步骤：初步筛选、现场考察和最终决策。

初步筛选是指从一堆厂房信息中筛选出满足条件的厂房作为下一步考察的重点。参与这一步的一般是厂房信息提供者和建厂厂长。提供厂房信息者大多数是招商人员、中介等。一般在这一步，建厂厂长都不需要到厂房现场，和相关人建立联系后通过电话、照片、视频等形式就可以完成。建厂厂长主要的任务如下。

（1）按照《厂房需求表》确认厂房，检查必须满足的条件是否满足；

（2）了解厂房大体的价格，核算是否在预算范围以内；

（3）如合适，约定下一步现场看厂房的时间和其他细节；

（4）如不合适，和对方强调对厂房的具体要求，尤其是该淘汰厂房不满足的点，以免对方再提供不符合条件的厂房。

在厂房供给充分的城市，比如华东地区的苏、锡、常、杭、嘉、湖，华南地区的广、深、惠，一般情况下需要初步筛选大约 10 套厂房，才能有一套厂房进入现场考察的步骤。这个比例是本书作者在使用《厂房需求表》的情况下实际统计出的比例，如果不使用《厂房需求表》，理论上的比例会更高。如果不是这种比例的话，可能的原因是对厂房要求不具体或者可选厂房数量不够，基于这个比例，下一步的效率和结果都会很差。

现场考察是指建厂厂长按照约定的时间来到厂房现场实际考察确认厂房的状态，现场考察其实也是个筛选的过程，筛选出重点考察的厂房进入最终管理决策的环节。参与这一步的一般是厂房信息的提供者（比如中介）、房东和建厂厂长几方。在这些角色里，房东尤其重要，有些信息是需要从房东处才能获得的，中介等渠道是不了解和能决定的。如果因为某些情况房东无法到场，现场考察也可以分为2步，第一步是没有房东的情况下；第二步是前一步满意的情况下再通知房东加入考察或者再约时间见面或再次拜访考察。在这一步，建厂厂长主要的任务如下。

（1）按照《厂房需求表》现场确认厂房信息，尤其是必须满足的条件是否满足；

（2）对照《厂房需求表》现场确认可能的加分条件；

（3）和房东确认租金、免租期等信息；

（4）现场采集照片等信息；

（5）如合适，约下一步沟通；

（6）如不合适，和对方强调对厂房的具体要求，尤其是该淘汰厂房不满足的点，以免对方再提供不符合条件的厂房。

现场厂房考察需要占用建厂厂长大量的时间，一个节约时间的方法是通过合理规划集中看厂房，整理汇总待看的厂房，根据位置设计合理的看房路线。如果厂房分布不跨区的话，半天可以看3~4个厂房，可以专门抽出固定的时间让中介和房东们提前协调时间。还是在苏、锡、常地区，一般情况下需要现场看大约5套厂房，才能找到一个厂房进入最终决策的步骤。在这个阶段，建厂厂长可以邀请一些辅助资源帮助自己现场考察厂房，弥补自己认知上的短板，比如外部专家、装修公司项目经理等。

最终决策是指中小企业决策团队对中意的厂房做的再次考察和最终决定的过程。这一过程一般包括内部讨论、现场再确认、调查确认和协议谈判过程。参与这一步的一般是厂房信息提供者（如中介）、房东、建厂厂长、公司决策层、采购、法务等。其中调查确认和协议谈判的内容我们会在后面重点讲述。在这一步，建厂厂长主要的任务如下。

（1）准备内部讨论的材料，基于上一步采集的照片等信息做分析和排序，比如各个厂房优势对比等；

（2）做厂房的调查和确认，确认现场看厂房无法得到的信息并为厂房议价做准备；

（3）组织协调公司决策层再次看现场，除非建厂厂长得到100%授权，否则，必须协调公司更高的决策层到现场再次看厂房，每个人的关注点会不一样，重点关注最高决策者的意见和反馈；

（4）和采购商量议价谈判的信息，准备《厂房租赁合同》。

公司内部讨论完全是基于建厂厂长在上一步的现场考察收集和整理信息的基础上。在开始现场考察之前，为了不遗漏详细的信息，建厂厂长可以提前准备好表格，表格里列出必须满足的条件和那些重要的加分项目。在看厂房的现场或者结束后花时间迅速填写这个表格，如果有遗漏的可以现场和相关人员确认。本书作者曾经使用过的表格信息见表6-1。

表6-1 候选拎包入住厂房比较（苏州工业园区一）

	评判标准	候选一	候选二	候选三	候选四
基本信息	原有业务	XX光电（膜片，合并到一楼）	医疗器械（破产）	XX半导体（搬自己厂房）	XX精密（搬迁更大厂房）
	层数	2/3	独栋	3/6	独栋
	独立门头	园区入口／建筑外墙	公共大厅／建筑外墙	园区入口／建筑外墙	前台／建筑外墙
	面积（总／无尘）	1700／700	2185／1760	2000／1000	2269／1400
	年租金／单价	102W／45+5	152W／55+3	120W／45+5	136W／45+5
	可用性	合同后20天腾空	立刻可用	9/15清场，一半立刻可用	搬迁中／立刻可用
设施	电	满足（200kVa）	满足（300kVa）	满足（240kVa）	满足（400kVa）
	压缩气	可共享	单独气站	现租客会拆走压缩机，可协调	现租客已拆走压缩机
	排风	可以保留主管道	主管道保留	主管道保留	管道被拆除
	ESD	目前环氧，需要做，～15W	生产全ESD	整公司全ESD	目前环氧，需要做，～15W
	无尘室状况	万级／全部良好	千级／全部良好	10万级／全部良好	管道全部拆除
	温湿度管控	全部管控	全部管控	现租客会拆走压缩机，可协调	湿度不管控
	仓储	无尘室外／面积较小	无尘室内／无ESD	无尘室内／面积较小	无尘室内／无ESD
	监控	有／园区公用	有／园区公用	有／园区公用	有／公司专用
	办公室	需要装修／隔壁厂房可以协调	具备／空调会拆走	外企式开放办公	具备／空调会拆走
	物流	方便／货梯太简易	方便	方便	方便／人工较小
	布局	目视能满足／一般设计	隔间太多／复杂设计	目视能满足／简单设计	隔间太多／复杂设计
评价	总体评价	价格最低 需要ESD施工 办公室需要解决 建议下一轮考察	价格偏高但可谈 布局需要再次确认 办公室需要解决空调 建议下一轮考察	上市公司最大气 空调和压缩器需要协调 时间上需要协调 建议下一轮重点考察	设施搬迁基本拆除 不建议进入下一轮

做最终决策的信息一定需要是准确的，因为公司的管理层可能会到现场再次确认重点考察的厂房，如果实际情况和表格提供的信息误差比较大，可能会带来信任问题。信息可以使用照片甚至现场录像来辅助，但是对每个厂房的评价结论却体现了建厂厂长对厂房的综合认知，同样可以利用一些外部的资源帮助自己。

一般情况下，需要准备3个左右的厂房进入到最后的协议谈判阶段，如果只有一个候选厂房，风险比较大，公司管理层可能不一定会现场做决定，其主要原因是单独一家的价格缺少参照比较，还有缺少备份，如果和独家的房东谈判不成，管理层参与的过程还要来一遍。3个厂房里选择条件最优的签署最后的《厂房租赁协议》。

按照上面的信息，我们可以将整个看厂房3个阶段归纳总结，见表6-2。

表6-2 厂房考察筛选流程

	参与者	形式	任务	比例
初步筛选	厂房信息提供者 建厂厂长	电话 照片 视频	检查必须满足条件的符合性 计算租金，比较预算 预约现场看房时间	10:1
现场考察	厂房信息提供者 建厂厂长 房东	现场确认	现场检查必须满足条件的符合性 寻找加分项 核实租金 采集照片等数据 预约下一步沟通方式	5:1
最终决策	厂房信息提供者 建厂厂长 房东 公司决策团队	现场确认 背后调查 现场谈判	准备厂房信息汇总和初步判断 内部讨论排序 公司更高管理层现场再确认 调查确认 辅助采购商务谈判	3:1

按照如上实际操作中统计出的概率，为了最终签下一套符合条件的厂房需要到现场看大约15套从150套厂房里筛选出来的厂房。而在这整个过程里除了现场确认的信息，对中意厂房背后的调查确认以及签订合同的过程同样重要。

第二节 厂房的调查和确认

厂房的调查和确认是指在背后对中意的准备进入协议谈判阶段的厂房做的各种调查和确认。因为在现场看厂房时得到的信息可能是经过"有意处理和加工"的。我们不想办法排除确认这些虚假或影响信息就直接租赁厂房会在使用时带来诸多的不便。还有一些信息是我们在现场看厂房的短时间内无法获得的，需要换一个场景或者条件再次确认，所以，我们才需要在背后调查和确认一些信息。本节会重点介绍这些信息以及核对确认这些信息的方法。

哪些信息是可能被"有意处理和加工"而且是在现场看厂房短时间内无法得到的，这些信息就是我们调查和确认的重点。归纳总结下来，可能有如下几类信息。

目标厂房过往不利于出租的"负面"信息。 这些信息无论是房东还是中介都不会主动透露给准备租他们厂房的租客的，而不理清楚这些信息，轻易租赁后会有各种问题，这些信息如下。

（1）厂房内是否出过严重的安全事故？事故是否有人员伤亡？

（2）厂房内是否出现过其他原因的伤亡事件？

（3）厂房是否出现过火灾等严重事故？

（4）厂房是否因为违章被处罚？

（5）厂房是否有贷款？是否被抵押？是否有产权纠纷？

（6）厂房结构是否存在重大问题？是否有使用上的风险？

（7）厂房是否维修过？是否能达到设计性能指标？

（8）是否常发生过盗窃等案件？

（9）和上一家租客是否存在纠纷？如租金、物业费、电费和气费等。

（10）厂房区域是否有拆迁等政策风险？起码看当地 5~10 年的规划。

特殊情况下厂房的异常使用问题。 这些问题在平时看厂房是不可见的，但是在一些特殊时间段或者特殊条件下肯定会发生，发生这些问题肯定影响公司的运营，建议建厂厂长在可能发生这些问题的特殊时段去现场观察和确认。这些问题如下。

（1）上下班高峰各种道路通道是否堵车？

（2）停车是否管理规范？这个会影响物流顺畅性。

（3）电梯是否经常出问题？

（4）隔壁工厂是否有噪声影响公司正常生产？

（5）附近工厂是否有排放问题？无论是粉末还是气味。

极端情况下厂房的异常使用问题。这些问题在看厂房的平时肯定是不可见的，也不高频发生，但是在一些极端的情况下会发生，发生这些问题肯定会影响公司的运营，有些影响还比较大。这些极端问题一般是天气问题等，常见问题如下。

（1）雨季的时候厂房是否有漏雨的情况？

（2）雨季道路和厂区是否有积水的情况？一楼的仓库可能受影响；

（3）夏天最热和冬天最冷的时候，厂房供电是否能保证？

（4）严重降温时水管是否会冻裂？

（5）较大降雪时，屋顶是否有问题？

还有一类信息是关于房东和管理方的，主要是指房东的性格和物业管理方的管理风格，这些问题也很重要，谁都不愿意碰上不好打交道的房东和物业。司法案例里经常可以看到租客和房东以及物业的各种纠纷，常见的问题如下。

（1）房东对租客过多的管理和干涉，比如，经常找理由罚款；

（2）房东计较一些小事，比如，因特殊原因欠房租立刻被拉电闸；

（3）物业管理缺少灵活性，比如，未登记的客户车辆不让进入；

（4）物业是否有索要钱物的行为？

如上问题只是一些常见问题举例，实际的问题结合目标厂房的实际状况会比这些例子多。这些问题都是每一个租客关注的，尤其是在签订合同前需要确认的，有些问题可能会直接影响租客的最终决定。曾经一家电子厂准备租赁一整栋精装修的厂房，在签合同的前一晚使用类似办法调查到这个厂房的电梯曾经发生过一起坠梯致人死亡的事，故而改签其他厂房。

到现场观察并获取这些问题的答案需要花费一番工夫，因为这些问题不能直接向房东、中介等人提问，即使提问了得到的回复也是没有意义的。但掌握"一查二访三提醒"的方法基本就可以很快确认这些问题。

一查是通过网上各种公开的渠道查询相关信息。比如，"企查查"这样的软件就是典型的企业信用查询工具，这些软件的信息都来自权威的国家企业信用信息公示系统。找到房东的公司和该厂房前租客的公司名称，在"企查查"中查询，重点关注该公司的"法律诉讼"和"经营风险"。

使用该种类型的软件就可以查到所有这两个实体下面过往的诉讼和被处罚的情况，尤其需要关注的是"司法案件""行政处罚""严重违法""环保处罚"等。不是所有的处罚都不能被接受，这个需要一事一议，比如，如果"环保处罚"的内容是"未按照国家环境保护标准存储危险废物"，解决该问题除了依法缴纳罚款，还需要该公司新建"废水收集装置"才能彻底解决该问题，但该公司没有新建该类设施且处罚后很快退租迁厂到外地，如果新租户也同样涉及污水排放，这样被处罚的概率就会很高。但是无论是房东还是上一个租户新建了"废水收集装置"，基本上就不会被处罚了，这样的风险就会被排除。

研究关于公司的诉讼案件也可以从侧面看出一些相关的问题。比如，房东公司名下有多起和不同公司的民事诉讼案件，这些案件都是关于租房合同履行的，基本上可以判断租这样的厂房会有比较大的风险。房东的行为会有一定的延续性，诉讼案件中的一些事情可能迟早也会发生在新的租户身上。租这样的厂房也不是完全不可以，但是承租方一定要做好各种准备，避免该问题再次发生。

除了信用信息查询，中小企业建厂厂长还可以通过查询厂房所在地政府的自然资源和规划局网站获取该厂房所在地块的规划，尤其要关注网站上的中长期规划，检查用地性质是否和现在比发生了改变，如果发生改变的情况就需要当心了。

二**访**是指走访相关的人，这些人包括直接的人和间接的人，从直接的人那里可以得到直接的相关信息，是否客观再讨论；从间接的相关人员处可以佐证直接人员的信息，2种访问相互配合佐证，信息基本就会客观。

访问的直接人员是指和房东、物业等有直接关系的人员，比如，目标厂房的前租客、工业区的其他租户、其他租户的员工、园区物业员工等。这些人员里有些和房东强相关，比如，前租客的管理者，他们会提供直接具象的反馈；也有一些不强相关，比如，公司的员工，但他们的观察有时候也会有直接的帮助。本书作者经常喜欢访问的对象是园区的保洁人员，他们的工资是房东发的，但也不会和租客直接打交道，但重要的是他们一直在园区里工作，大多数人信息比较灵通，会有些有意想不到的反馈。

访问的间接人员是指和房东等无直接关系的，但是会关注房东或厂房的那些人员，比如，隔壁厂房的门卫、穿梭在园区的快递员、外卖员等。比如隔壁厂房的门卫工作时间基本固定，长时间工作之后，他们对于隔壁厂房发生的事情了如指掌。又如外卖员、快递员他们按区域服务，长时间和园区的租户、物业服务人员打交道，他们对发生的重大事情也比较了解，他们的直接反馈也比较客观。

访问的时候建厂厂长需要做个有心人，一些简单的线索也能得出有用的结论，这些结论可以帮助排除风险或者获得协议谈判议价权。

三**提醒**是指在看厂房和协议谈判过程中要当心一些异常的现象，需要额外加强调查并确认。这些现象是一些异常问题的表现，常见的异常现象如下。

房东急着出租厂房。异常的表现有这么几种，出租价格低于市场行情价格、对租客的要求有求必应、给出超长的免租期，甚至发生过房东愿意免费给租客并按照租客要求装修的事情。这些不能用市场规律去解释的反常现象可能是房东急着出手有缺陷的厂房，也有可能是一些其他目的。作为租客，看到这些条件，不能以为自己占了便宜，更需要去搞清楚异常现象背后的原因。

厂房一直在换租客。租客贸然更换厂房需要承担很大的损失，老厂房装修的沉没成本和新厂房的装修成本、客户的沟通成本、体系新认证的成本，等等。不到万不得已一般工厂不会频繁更换厂房。所以，遇上那种频繁换租客的厂房，一定要小心去搞清楚是否有异常原因。这种情况下，找前面的租客就可以轻松地找到答案。

房租提议对私或者不签合同。签订厂房租赁协议一般是公对公的行为，都是双方公司签署合同，房租也是缴纳到公司账户，但有些时候房东会建议不签合同走对私账户，不开票，但是能给租户折扣，这种现象是厂房产权存在纠纷的表象，没有租赁协议，租户的权益是没法得到保证的，千万不能因小失大。

所谓事出反常必有妖，建厂厂长需要保持足够的敏感，在厂房签署租赁合同之前，将厂房状况调查清楚。这些工作比较费时间，但是收益会很大。

除了中小企业的建厂人员亲自去现场访谈、确认和调查，如果有需要，中小企业还可以委托相关律师做尽职调查。律师的尽职调查是收费服务，一般的收费标准是3万~5万元，按件计费。

第三节 如何签订租赁合同

当一切核实确认完毕，到了这个阶段，建厂厂长的手上应该有2~3个的候选厂房，这些厂房都能满足技术条件，也排了优先级，下面要做的事情就是和采购一起和房东进行商务谈判，从排名第一的那个厂房开始。商务谈判的主体责任人应该是公司的采购，建厂厂长是支持的角色，在开始正式谈判之前，建厂厂长需要和采购一起确认如下事宜。

（1）房租预算；

（2）各个厂房的优缺点；

（3）采用的租赁合同模板。

租房谈判时，无论是采购还是建厂厂长，都要知道房租预算的上限以及每套厂房可能的议价空间，这些议价空间就来源于厂房的缺点。厂房的优缺点是建厂厂长提供给采购在谈判时可以提及的一些重要信息，厂房的优点也要在谈完缺点后和房东谈及，因为有些建厂厂长看重的加分项可能需要房东在交房前一并保留，而不是拆除，比如有些厂房设施等。在谈完缺点后再谈优点是怕房东坐地起价而让谈判处于不利的位置。缺点是谈判过程中需要着重强调的，强调厂房缺点的作用如下。

（1）获得议价空间。强调厂房的缺点是为了让房东知道，租了这个厂房后中小企业是承担了一些损失的，可能后面还要投资来消除这些缺点。所以在谈判中，房东愿意做些让步。

（2）要求房东整改的依据。有些厂房的缺点可以要求房东在厂房租赁之前消除，比如，地面的破损就可以要求房东在签订租赁合同前修整完毕，这样就减少了中小企业后续的投入，好多需要整改的依据都可以作为租赁协议签署的前置条件。

（3）缺点记录避免退房纠纷。所有的缺点都需要被整改到位，有些会被默认接受，尤其是那些影响比较小且整改难度大的，比如，房顶可以看到明显的水渍就证明雨季的时候房顶可能会漏水，这种情况下可以通过其他方式预防规避，但是一定要和房东确认，因为等退租的那一天，房东可能要求租客维修到位。所有不能修整到位的缺点都需要和房东当面提交，而且要记录在合同的附件里。

下一个常见的问题就是签合同时使用怎样的模板，这也是谈判初期甲乙双方争执比较大的话题，因为使用的合同模板内容条款直接决定了后续商务谈判的走向，一般有两种选择。

使用房东或者中小企业的格式模板。每个公司都有法务部门，律师会提供一些专门的合同模板，但无论采用甲方还是乙方的，对方都会觉得合同条款偏向于提供合同模板的一方。确实，使用房东提供的模板往往会设置一些有利于房东利益的条款，也会回避一些不利于房东的条款，这些都是房东在过往合同签订过程中总结出来的经验和教训。

使用通用的标准合同。这样的合同从网络上就可以轻松找到，但问题是为了适应各种情况，内容过于宽泛和简单，厂房租赁的一些常见情况都没有被包括，更不谈一些特殊的情况。使用这样的表格到最后也是双方都不满意。

所以采用哪种模板无所谓，关键是双方都要理解厂房租赁合同的要点，这样才能签订一个公平的合同，本书使用标准格式的一些关键关注点来做特别的注释帮助中小企业理解工业厂房租赁合同。

出租方：××××（以下简称"甲方"）

承租方：××××（以下简称"乙方"）

租赁期限：××××年××月××日至 ××××年××月××日

一、甲方为坐落在【××市××镇××大道×南侧××西侧】地块【××××】公顷的【国有】土地使用权并与国土部门签订了【国有建设用地出让合同】，土地证编号：（20××）××××市不动产权第××××号(地块所在土地性质为【工业用地】,土地使用年限为【50】年)处的工业厂房的合法所有权人,有权全部或部分出租该工业厂房。

【注释】这些内容在签署合同时需要仔细核对,尤其重要的是检查产权人是否有多个自然人,这些自然人和甲方的关系,梳理和确认这些关系可以避免后续的产权纠纷。检查土地证的年限可以避免重新规划和拆迁等纠纷。条款里提及的土地证等还需要作为协议的附件。注意检查这些证件的原件,尤其是复印件不清晰的情况下。

二、甲方同意向乙方出租而乙方同意承租本合同所约定的该工业厂房。为此,根据《中华人民共和国民法典》和《中华人民共和国城市房地产管理法》以及其他相关法律的规定,甲乙双方本着公平、公开、平等、互利、自愿等原则,就租赁事宜,协商一致,签订本厂房租赁合同(下称"本合同")。

第二条 租赁物业状况

一、租赁物业位置 ××××科技园-× #× 、× 幢,建筑结构为框架结构,建筑面积为 ×××× m^2,计租面积为 ×××× m^2。

【注释】这里出现了两个重要的概念:建筑面积和计租面积。在工业厂房出租时,我们默认是按实际面积计算房租而不是建筑面积。我们先来了解一下这2个面积的区别:计租面积指的是该物业内实际可以使用的面积,仅包括实际使用的空间,不包括墙体、柱子、梁等建筑结构面积。在仓库租赁行业中,使用面积又称为"净面积"。建筑面积则是指整座物业的总面积,需要包括内外墙、走廊、楼梯、卫生间、设备用房等所有建筑结构所占的面积,有时候对于层高超过8米的厂房还要乘以相关的系数。也就是说,建筑面积是比使用面积更大的一个概念。而在跟承租方签订合同时,我们合同上的面积通常会使用计租面积而不是建筑面积。这样做是有几个原因的:首先,我们计费时可能使用计租面积或建筑面积,这主要是租赁双方商谈的结果。其次,承租方在租赁厂房时,可能会附带租赁其他资产,比如宿舍或空地等。那这样在签订合同时就不能只使用实际面积与建筑面积了。建筑面积在土地证上可以确认,但计租面积则需要使用软件精确测量可得。

如果是分租的形式,中小企业还要去检查实际使用面积和公摊面积的数字。尤其是公摊面积，这是房东最容易"藏猫腻"的地方，计算公摊的逻辑必须要搞清楚。

另一个重要的注意点是在填各种表格时，如果没有被指明，面积就是指建筑面积，不要随意填计租面积，因为这些数据需要串起来，计租面积可能只会伴随着建筑面积出现在《租赁合同》里，而房产证、政府其他批文涉及的面积使用的都是建筑面积。

第三条 租赁物业用途

一、乙方承租的厂房用途为<u>生产、研发等</u>，未经甲方许可，乙方不得擅自改变厂房的用途。

【注释】厂房用途必须明确定义，这个会影响注册公司经营范围，作为工厂用途肯定需要有生产。有一些看上去像厂房的建筑其实是不能用来做生产的，这个需要和房东或者中介多次确认。

二、甲方<u>同意</u>（同意/不同意）乙方将租赁物业作为乙方或乙方关联公司注册或营业地点使用。

【注释】涉及公司注册的一定要明确定义，有些情况下还涉及同一个地址多个营业执照的注册，是否支持还需要和房东明确确认。

第四条 租赁期限

一、物业租赁期限共计<u>　××　</u>个月，自<u> 20×× </u>年<u>　××　</u>月<u>　××　</u>日（"起租日"）起至<u> 20×× </u>年<u>　××　</u>月<u>　××　</u>日止，除双方另有约定外，第八条第七款约定的装修免租期结束次日即为计租日。

【注释】起租日和计租日是不同的概念，起租日是指合同约定的租赁合同生效的日期，计租日是指开始计算付租金的日期。大多数厂房租赁的情况因为免租期的存在会有差异，一般情况下，计租日在起租日之后。免租期的存在因为多种情况，常见的情况如下。

(1) 装修期租客无法使用厂房。所以装修免租期是最常见的；

(2) 变相的房租优惠。为了尽快将厂房出租；

(3) 取整的优惠。比如，当月21日签署的租赁合同，约定计租日是次月1日，便于计算房租；

(4) 其他的约定。

有些计租日定义得比较灵活，比如房东清场保洁完成日期后加半个月等，出现有前置条件的情况，一定要注意，不要因前置条件的延迟而缩短实际的免租期。

二、如乙方在租期届满后续租，需在本租期结束前__××__日内向甲方提出书面申请，双方另行签订租赁合同；如在本合同期满前乙方未提出续租申请或双方不能就新的租赁合同达成一致，则本合同到期时将自行终止。

【注释】期满续租提前通知期限和通知方式需要注意提前通知时间越短越好，最好是1个月，时间越长，可能的变化越多，本来正常的退租会变成需要缴纳违约金退租；通知方式越简单越好，书面／口头都可以，书面处理流程比较长。

第五条 租金及支付

一、租金标准为：__××__元/平方米计租面积/月。

二、上述租金标准，还包含所租赁厂房占用的相应土地的土地使用权租赁费用、土地使用费，以及本合同附件附属设施使用费用。

三、上述租金不包括乙方在租赁物业期间发生的水电通信等各种能源通信费用、停车费及物业费等。

【注释】关于租金范围的标准定义。

四、支付方式：租金按每__×个月__支付一次，乙方以__银行转账__方式支付租金，具体支付时间为首次租金待乙方进场装修前7个工作日一次性支付__×××××__元；以后每6个月租金到期日前7个工作日内支付一次支付__××××__元。甲方在收到乙方的当期租金后，在__7__个工作日内向乙方提供当期租金的正式发票。

【注释】租金支付方式的定义涉及付款频率、付款方式、付款金额和发票处理时间。对于公司付款流程比较烦琐的公司，最好能定义一个缓冲的时间，以免产生不必要的误会。

第十条 物业管理、能源通信及其他费用

一、租赁期间，乙方应自行负担因其使用厂房而发生的水、电、燃气、采暖、电话、网络等各项能源通信费用及物业管理费用，并按照有关管理部门的规定按时如数交纳。具体执行标准如下。

用电电费标准安装电表计量，预付费最终以国家电网每月电费结算账单目录分摊缴费。

基本电费按国家电网标准执行（工业用电），按照本条第七款所提供的用电标准配备容量按每千伏安（kVa）每月收取。

【注释】电费的缴纳包括实际用电电费和基本电费2个部分，实际用电电费比较容易理解，按照实际消耗的电量乘以电费单价就可以，实际用电可以从电表上直接读取，而基本电费是指供电部门每个月固定收取的一笔电费。基本电费的收取和企业的用电量有一定的关系，目前收取的方式有两种，一种是按照容量缴纳的基本电费，这种情况一般缴纳的是固定的数额；另一种是按照需量缴纳的，这个需要确定一个需量功率，需量功率会因为实际用电而变化，需量功率乘以需量收费标准，所以这种情况下的基本电费也不一样。中小企业可以根据企业的实际情况选择最有利于自己的方式缴纳。

关于水电缴费的另一个问题是缴费方式，有企业开户直接缴费或者找房东代缴的模式，企业直接缴费需要注意准时，如果不能保证准时，又会有断电断水的风险。选择房东代缴就不存在这个问题，但是会带来加价和开票的风险，这种情况下可以咨询公司的财务，具体的电价和开票细节需要详细约定。

长时期室外占地费：×元/m²/天（占地在×平方米（含）以上），本条约定为乙方生产经营时必须长期放置厂房一楼室外占地的生产设备（如空压机、冷却塔、各类环保设备等）。

【注释】长时期室外占地费是个比较容易忽略的费用项目，主要是指那些放置在室外的生产设施，这个费用不是一次性的费用，需要每月支付。这样的费用最好的处理方式就是规避，和装修公司设计厂房时将这些设施放置在楼顶。

五、该厂房用电标准配置为×××kVa，受让人承诺基于自身现状，需求厂房电容量为××栋厂房【×××】kVa，××栋厂房【×××】kVa，具体用电以乙方经政府相关部门审核的能评报告为准。

【注释】用电配置在合同里清晰定义，房东需要保证租户的用电量。

第十二条 违约及赔偿责任

（此处略）

【注释】这些违约处理条款，可以咨询公司法务，基本上遵循2个原则：第一，对等原则。不能只对甲乙双方其中的乙方约定违规和赔偿，违规赔偿的力度也要基本对等；第二，赔偿尽量小的原则，1～3个月的房租是比较合适的，毕竟大多数的损坏都是由保险公司先行承担赔偿责任的。

以上就是我们对标准厂房租赁合同里一些关键条款的注释。如前文所述，纠结和讨论使用哪一种合同模板意义不大，有意义的是理解厂房租赁合同里的重要的条款，理解了这些条款背后的逻辑才是最有意义的。除了上述合同里常规的条款，在一些特殊情况下，如果无明确约定，需要加上如下的条款作为一些风险的化解手段。

特殊情况下合同的失效退出。因为各地政府对准入等流程有不同要求，有些地方需要先找到合适的厂房并和房东签订租赁合同，再做工商注册、项目准入等流程。但实际上，后置的项目准入甚至工商注册理论上都是有失败风险的，尤其是项目准入，这个和当地政府政策把控的尺度有一定的关系。如果注册后准入未获批准，之前的厂房租赁就没有意义了。所以如果预计到高风险的存在，比较好的处理方式就是在租赁合同里约定退出的条款，尤其是私人的厂房，国有厂房的风险相对较低。

约定中介费支付的方式。如果找厂房使用了中介，需要由租客或房东里的一方或双方共同支付中介服务费给中介作为服务报酬。至于应该是哪一方付，每个城市不一样，同一个城市的每一套厂房可能也不一样。这个环节经常出问题的是在看房、谈判和签合同过程中没有人提这事，但最后各方的理解和行情不一致，纠纷就产生了。比如一个真实的案例，苏州的一个公司去无锡租了一个8000多平方米的厂房，签完合同后中介要求苏州的公司支付50%的中介费，虽然苏州的公司没有这样的费用预算准备，但到了已经签合同的地步也只能多支出这笔费用。所以，要么事先谈清楚，要么写到合同里。

额外约定克服房租波动的约定。租赁政府厂房基本不存在随意涨价的问题，因为政府不完全依赖政府厂房租赁的收入。但是对于集体厂房和私人厂房来说，这个问题比较明显，行情好的时候，房东会要求每年涨价，行情不好的时候，房东却假装不知道。解决这个问题的办法，根据公司长期规划、装修投入、搬厂成本、房租水平商定一个双方都可以接受但条款明确的方案，比如长租期、逐年温和涨价、对标地区政府指导房价调整等。

第三篇 设计审批篇

第七章 工厂设计

第一节 工厂设计的内容

政府准入通过相当于企业公司有了"准生证",公司注册成功让工厂有了"出生证",而厂房租赁合同的签署使得中小企业有了厂房的使用权。下一步就是进行整个工厂的设计,实际上对工厂最原始的设计开始于上一个阶段厂房确认和厂房寻找阶段,但那个阶段的"设计"不是系统和完整的,更像是"头脑风暴"式想象。等到了这个阶段,具体的厂房确认后,这时的工厂设计才是一个逐渐"收敛"的工作,这样设计的输出才会更有现实意义。

严格意义的工厂设计包括勘察和设计两个环节,勘察主要是测量、分析和评价项目场地的地质地理环境特征以及岩土工程条件的,是新建建厂必须的设计步骤。而设计是依据各种规范、标准、相关法律规范的要求,结合勘察报告编制工程设计文件的过程。新建建厂和租赁建厂都需要设计,但是设计的内容和深度不一样。本部分以租赁建厂的方式来展开工厂的设计工作。

大多数中小企业建厂团队成员在之前的工作中很少有机会参与工厂设计工作,他们参与比较多的可能是生产线或者厂房布局的设计。但是在现实的沟通中,很多人会将他们参与的生产线或厂房布局设计工作与工厂设计混为一谈,这样会给后续的设计工作沟通带来错误的"信号",甚至"误解"。工厂设计和生产线厂房布局设计有重叠、交叉的部分,但是它们之间又有显著的差异,这些差异表现在设计的目的、范围和限定条件上。

设计目的的差异。工厂设计的目的有三个:通过政府部门的技术审查,项目进入施工实施阶段、供应商详细报价的基础以及作为施工验收的具体依据。最终设计院输出的图纸需要按照规定的标准制图要求生成，并需要提交到政府相关部门的窗口，住建部门等会组织审查并提出修改意见。最终通过审查的图纸会作为施工供应商具体报价、核价的基础，也会作为后续施工的依据，项目完成后的验收同理。而生产线或厂房布局设计不需要政府部门审核，只作为供应商输出和生产线相关的图纸和施工的依据之一，因为不需要第三方审核，所以厂房布局图的输出形式多样，标准图纸、简单示意图、清晰的说明文字等不给沟通双方带来理解误差的各种形式都可以被接受。

设计范围上的差异。生产线或厂房布局设计是局部设计，是在以在当前基本确定且可用的区域安排布置需要增加的设备设施为主要工作内容，相对而言设计对象少，有时候设计范围可能会扩展到对现有厂房的部分修改，比如增加隔墙等，但是这些也都是局部设计，需要考虑对已有设备、设施的影响。而工厂设计是全面的设计，设计对象多且全，不仅要考虑工厂设备、设施还要考虑工厂运营的全部要素，比如，配套设施、办公设施、仓库、地面、门窗、墙顶、消防、停车位，等等，任何要素的疏忽都会影响后续使用，甚至会导致图纸无法通过审核。

限定条件的差异。生产线或厂房布局设计的限定条件太多，现有厂房里已经存在的不可修改的条件都是布局工作的限定条件，除了那些固定不能移动修改的墙、柱、梁、门，还包括已经存在的设备、设施。万不得已的情况下，我们尽量不要对这些存在物进行修改和调整，因为这些修改和调整会带来项目范围的蔓延，项目进度会推迟，成本和风险也会提高。相对来说，工厂设计的限制条件则相对较少，因为工厂设计工作一般处于工厂建设的早期阶段，存在很强的灵活性。理论上，任何条件都不是限定条件，都存在可以被改造和修改的可能性，但这种修改的范围和强度需要考虑法律法规、成本和带来的其他影响。比如，不到万不得已的情况下，为了放置一条超长的生产线而去大改厂房结构远不如把这条生产线修改成 U 形线等，一个停车不方便的卸货码头可以通过建筑的拆除和修改而变得上下货方便。

工厂工程师参与比较多的是生产线设计，这样的机会在工厂会很多，如新产线、新设备架设、工厂布局优化等都会涉及。工厂布局设计则是在建厂初期或者整厂布局大的修改优化的时候才有机会，相对而言机会比较难得，而全局和系统的工厂设计只有在建设新工厂时才会有机会实践。所以，我们还是需要额外花时间辨别下在日常工作中常被混淆的3个词：生产线布局设计、厂房布局设计、工厂设计。这3个词从范围、设计内容等方面有显著差异，这些概念的辨别可参考表7-1。

表7-1 不同层次的工厂设计

	生产线布局设计	厂房布局设计	工厂设计
设计范围	最小	中等	最全
责任主体	中小企业+机电安装公司	中小企业+机电安装公司	中小企业+设计院+其他单位
详细内容	生产线设备设计 生产线动力配置 （设备接口/管路等） 生产线配套设计 （检测/物料存储运输等） 生产线信息化系统	生产线布局设计 厂房功能区设计 （结构/给排水/暖通/弱电/动力/消防等） 部分办公室/会议室 工厂参观设计 厂房改造或厂房装修设计 工厂信息化系统	厂房布局设计 办公室/会议室 工厂参观设计 工厂附属设计 （围墙/宿舍/门卫/食堂/停车位等） 对外接口设计 （危废/固废处等） 安全设计等

由上表可知，这三重设计的范围是从小到大延伸的，来自工厂的工程师一般具备比较丰富的生产线布局设计经验，而本部分的内容关于工厂的全局设计。

第二节 工厂设计的步骤

《建筑工程设计文件编制深度规定》（2016版）规定，包括工业厂房和仓库配套工程在内的建筑工程的设计一般分为方案设计、初步设计和施工图设计三个阶段。考虑租赁建厂的特点，我们将方案设计修改为预设计并在内容上做了细微的调整。按照时间顺序，一个典型的工厂设计可以分为3个阶段：预设计、初步设计和详细设计，见表7-2。对一些技术上复杂的项目，有时候还要求多一个技术设计的过程，显然，租厂房建厂一般不涉及该流程。

表 7-2 工厂设计的三个阶段

设计阶段	设计工作内容	设计主要责任	设计输入	设计输出
预设计	可研输出整理 实际厂房研究 设计准备	设计院 中小企业 可研咨询公司	厂房验收报告 厂房图纸 厂房现场勘察	设计要素（成本） 确认设计范围 识别制约因素
初步设计	确认工厂布局图 确认主要参数	中小企业	设计要素范围 设计制约因素 生产要求	布局图 布局图说明 标书输入/报价基础
详细设计	详细的各个要素的图纸设计	设计院 "三同时"公司	布局图 布局图说明 设计规范 施工规范 其他	全套图纸 "三同时"设计文件

预设计实际开始于可行性研究、厂房选择阶段，在工厂设计开始后需要有个预设计。预设计是设计工作实质性的开始，预设计时间不会太长，由中小企业和设计院共同配合完成，主要的工作如下。

(1) 可行性研究报告输出整理。可行性研究报告关于厂房的一些技术参数需要细化，比如厂房基本信息、模块布局、环保等特殊处理，原始报告的数据比较粗糙，需要中小企业和设计院一起细化、优化。

(2) 实际厂房的研究。这个阶段租赁的厂房已经确认，可以取得详细的资料，比如验收报告、竣工图纸等。这个时候设计院和甲方需要详细核实一些关键的数据和参数。对照图纸到现场勘察是必须要做的工作，需要房东处理的事宜可以在这个阶段提出来并交涉。

(3) 设计准备工作。双方白纸黑字的列出相关信息，为下面的设计工作统一思想。所有需要设计的要素和范围，在图纸上确定哪些区域是设计的范围和区域，哪些是预留，圈出容易被遗忘的一些要素，比如配套设施等。当然一些制约条件也需要标注清楚，比如，哪些设备因为承重问题只能放在一楼。

一般情况下，在预设计阶段，中小企业、可行性研究公司和设计院通过一两次会议就可以完成预设计的工作，时间虽然短但是很重要，所以参与这个阶段工作的最好是有丰富经验的人，这个阶段可能会发现一些重大问题而影响整个项目的进行，比如，设计院通过研究验收文件发现和现场的重大差异导致使用条件不足而退租的情况。所以，这个阶段投入时间和精力是值得的。预设计阶段的输出一般不会对外使用，作为内部讨论参考使用，但是对于后面初步设计和详细设计的用处很大，尤其是界定设计范围和识别限制条件。

(1) 定义设计要素是指根据厂房需求表上的内容对照租赁厂房的实际情况定义需要配置和设计的各个要素。在租赁的厂房里有些设施是现场遗留且房东允许使用的，中小企业就不需要投资配置。所以，工厂整个的投资要素是可以被清晰定义的，项目的大概投资也是清楚的。

(2) 界定设计范围是指按照公司的规范确认工厂设计的步骤与范围，比如，为了公司长期发展租用了较大面积的厂房，但是由于投资是分期的，所以，每一期的界限需要清晰定义，每一期包括几条线？哪些公共设施应一次性配置到位？每期设计之间的接口如何设计？这些问题相比在图纸上具体设计更需要设计团队理清楚逻辑。这一个问题定义不清楚会导致整个项目的重新施工，可能详细设计完成了都需要被全部推翻，重新再来。这一步一定要让公司的高层参与，他们对公司长远的规划以及对工厂的具体期望是整个项目里最重要的。

(3) 识别制约因素是指结合工厂的实际情况确定出来的那些影响工厂

设计的条件，比如码头的物理空间条件决定了整个工厂物流的大体顺序；不加喷淋的丙类厂房对于占整个建筑的面积比例是有严格要求的；又如仓库的层高决定了高位货架的范围等。这些条件需要完全识别，在后面初步和详细设计过程中需要时刻对照检查，如果识别不充分也会导致设计的返工。这个阶段还有一个重要的工作是双方要明确预算范围，这样，设计院在后面的设计中才能按照这个限额设计，这样有利于整个项目过程的成本管控。

预设计的产出是初步设计的直接输入，初步设计的责任主体是中小企业，大多数工作也是通过中小企业团队来完成。设计院会按要求在不同阶段、不同程度地参与，工厂厂长会和团队一起确认整个工厂的布局图，这些布局文件包括生产线布局图、生产线配套设施布局图、办公室布局图、大厅布局图、生产参观路线图等。

工厂布局图可以显示设计对象的位置和方向，对设计对象的信息（如尺寸外形等）的掌握程度会直接影响布局的质量，建议在工厂布局开始前做一次详细确认，并和生产线、设施的供应商确认最新的尺寸，并约定发生任何更新需要重新检查布局。在工厂布局时尤其关注如下几点。

(1) 厂房的详细制约条件。忽略这些会导致实际施工和安装过程的失败，比如，不考虑柱距对设备使用的影响会带来施工阶段的返工变更。这也是在上一个阶段一定要明确这些制约条件的原因。

(2) 对要素的修改带来的影响。厂房布局会由于工艺、设备、节能、实际使用等新增一些墙、门、柱、梯。这个时候由于在厂房的现场无法找到这些新增的设施，所以布局时是基于人的想象的，一些细节需要尤其注意，比如开门方向、开门大小、梯的方向等。修改也是一样，敲掉一块墙需要检查墙内管路的处理。

(3) 图纸实现的困难。布局检查时，不仅要关注最终设备落位后的状态，还要关注实现这个状态的难易程度，尤其是经济性，经常容易出问题，比如，不考虑设备搬运的路线，尤其是转弯半径这样的参数导致设备根本无法搬到位置的情况。在现实中，曾经遇到过为了一台精密设备的落位拆掉半个承重梁的案例。

厂房布局图里需要增加说明文字，这些说明也可以使用专门的文件来集中统一管理。这些说明文字可以供布局设计人员使用，因为布局设计是个团队工作，而且需要多轮才能完成，有了这样的说明能保证设计团队有统一的认知，还不遗漏重要的信息。同时该说明文件还提供给设计院在后续详细设计阶段使用，越详细的说明越有利于下一步设计院的详细设计工作，也越能保证此设计是工厂布局团队自己想要的效果。

一个典型的工厂布局说明材料经常包括如下重要信息。

(1) 布局图无法传递的工厂信息。布局图是二维的，没有专业人士和专业的工具是无法生成专业的设计图的，这个时候需要使用说明文字对布局的细节做详细的解释，有些信息是没有办法全部在布局图上使用符号、图标等方式标识清楚的，比如吊顶高度、开窗高度大小等信息，这些信息全部需要使用说明文件详细描述。缺失任何信息设计院都无法进行设计，这也是为了保证精度和设计效率，比如沿墙的一排插座就不需要在布局图上精确地标识出来，使用一段说明文字会让设计工作事半功倍，而详细的设计则留给设计院在详细设计阶段去完成。

(2) 要素材料选择。任何设计对象都要标注选择的材料，这也是设计院需要的重要信息，后续住建的图纸审查也要审查这些信息，更重要的是后面供应商的报价以及核价工作都需要材料信息。

(3) 施工工艺。除了材料信息外，施工工艺也会影响后续设计、报价和核价工作。施工工艺的决定者不仅是设计院，施工单位也需要介入审核，工艺也是需要一个反复修改的过程直到找到最具性价比的工艺。

(4) 设计效果。设计效果往往用说明文件或图片来呈现，设计效果只供参考，图片最能传递信息，在一些不同背景下的人对同一个描述可能有不同的理解，但是图片就可以非常简单地统一大家的认识。

在工厂布局文件定稿前，中小企业建厂团队可以和设计院代表做一次布局图纸检查，设计院除了关注布局设计合理性，更会关注实现难度，是否违背标准规范，市场上主流的设计方式，有没有更加有性价比的方案等。布局图纸更新后布局说明文件也需要相应更新，然后就可以传递给设计院做详细设计，如图7-1所示。

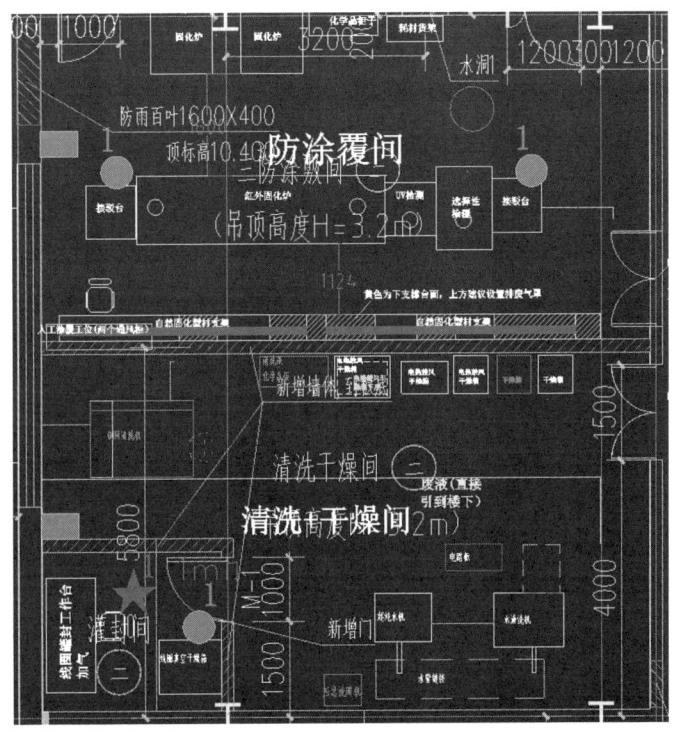

图7-1 局部布局图和说明文字

详细设计的工作主要由有资质的设计院独立完成，他们通过图纸把中小企业的建厂意图和全部想法表达出来。在工厂团队将工厂布局图以及布局说明交接给设计院之后，设计院需要组织各个功能模块的负责人一起探勘工厂现场。上文我们提及，在初步设计阶段的最后一步需要和设计院一起检查一遍工厂布局图和布局说明。请注意那个阶段代表设计院出现的人一般是这个项目的项目经理，项目经理了解每一个学科但又不精通每一个学科，所以这个阶段，项目经理需要带领每个学科的设计专家到现场探勘，常需要到现场勘察的模块及其设计内容及设计依据见表7-3。

表7-3 建厂常见标准规范

模块	设计内容	设计依据
结构	结构形式确认 荷载标准研究 基础选型 (混凝土、钢材等)	《建筑结构可靠性设计统一标准》(GB 5006-2018) 《建筑结构制图标准》(GB/T50105-2010) 《建筑结构荷载规范》(GB 50009-2012) 《建筑抗震设计规范(2016版)》(GB 50011-2010) 《混凝土结构设计规范(2015版)》(GB 50010-2010) 《砌体结构设计规范》(GB 50003-2011) 《工程结构通用规范》(GB 55001-2021) 《建筑与市政工程抗震通用规范》(GB 55002-2021) 《钢结构通用规范》(GB 55006-2021) 《建筑与市政地基基础通用规范》(GB 55003-2021) 《砌体结构通用规范》(GB 55007-2021) 《钢结构设计标准》(GB 50017-2017) 《钢结构焊接规范》(GB 50661-2011) 《建筑设计防火规范(2018年版)》(GB 50016-2014) 《工业建筑防腐蚀设计规范》(GB 50046-2018) 工艺专业或甲方提供的其他设计资料
建筑	建筑方案 建筑消防	《建筑设计防火规范(2018年)》(GB 50016-2014) 《工业企业设计卫生标准》(GBZ 1-2010) 《建筑内部装修设计防火规范》(GB 50222-2017) 《建筑防烟排烟系统技术标准》(GB 51251-2017) 工艺专业或甲方提供的其他设计资料
动力	压缩空气 其它气体 动力管道	《压缩空气站设计规范》(GB 50029-2014) 《工业金属管道设计规范(2008年版)》(GB 50316-2000) 《建筑设计防火规范(2018年版)》(GB 50016-2014) 工艺专业或甲方提供的其他设计资料
电气	配电方案 照明 应急照明及疏散指示 防雷接地 电气消防 弱电系统 (综合布线系统、计算机网络及无线AP、语音通信系统、网络视频监控系统、门禁及考勤管理系统、能耗计量监测系统、信息发布系统等)	《供配电系统设计规范》(GB 50052-2009) 《低压配电设计规范》(GB 50054-2011) 《建筑照明设计标准》(GB 50034-2013) 《通用用电设备配电设计规范》(GB 50055-2011) 《建筑设计防火规范(2018年版)》(GB 50016-2014) 《建筑物防雷设计规范》(GB 50057-2010) 《智能建筑设计标准》(GB 50314-2015) 《安全防范工程技术标准》(GB 50348-2018) 《出入口控制系统工程设计规范》(GB 50396-2007) 《综合布线系统工程设计规范》(GB 50311-2016) 《视频安防监控系统工程设计规范》(GB 50395-2007) 《电气装置安装工程接地装置施工及验收规范》(GB 50169-2016) 《建筑物电子信息系统防雷技术规范》(GB 50343-2012) 工艺专业或甲方提供的其他设计资料
暖通	设计计算参数确认 (当地气象条件) 供暖设计 空调设计 通风设计 防排烟设计	《工业建筑供暖通风与空气调节设计规范》(GB 50019-2015) 《建筑设计防火规范(2018年版)》(GB 50016-2014) 《建筑防烟排烟系统技术标准》(GB 51251-2017) 《通风与空调工程施工质量验收规范》(GB 50243-2016) 《建筑机电工程抗震设计规范》(GB 50981-2014) 工艺专业或甲方提供的其他设计资料

续表

模块	设计内容	设计依据
给排水	市政条件研究 水源 用水量研究 消防用水研究 给排水设计 (雨水/污水/工艺水) (设备、管材和接口) 节水设计 环保措施 卫生防疫措施	《建筑给水排水设计标准》(GB 50015-2019) 《室外给水设计标准》(GB 5013-2018) 《室外排水设计规范(2016年版)》(GB 5014-2006) 《消防给水及消火栓系统技术规范》(GB 50974-2014) 《建筑设计防火规范(2018年版)》(GB 50016-2014) 《建筑机电工程抗震设计规范》(GB 50981-2014) 工艺专业或甲方提供的其他设计资料

设计院的详细设计一般分为初步设计和施工图设计两个设计阶段。大型复杂工程需要经过初步设计、施工图设计两个阶段，而小型简单的项目只需要做施工图设计。

初步设计文件由设计说明书、设计图纸、主要设备清单、材料表和工程概算书等组成。初步设计关注的是研究在技术上的可行性和经济上的合理性，需要编制项目工程总概算。初设文件的颗粒度需要满足如下条件。

(1) 经过比较后能确定设计方案；

(2) 确定主要设备和材料；

(3) 确定大概的工程造价用来控制投资；

(4) 作为详细施工图设计的基础；

(5) 施工方的施工准备。

而施工图设计则是根据已经通过审核的初步设计文件对项目单项工程进行详细的设计，输出物需要作为施工的依据。输出物包括详细的各个专业的详细图纸、设计说明、预算书等，详细施工图的颗粒度需要满足如下条件。

(1) 核算详细预算；

(2) 安排材料和标准设备；

(3) 制作非标设备；

(4) 尺寸和误差能指导施工和安装。

现场探勘完成后，各个学科进入详细施工图设计阶段。施工图包括合同要求所涉及的所有专业的设计图纸（含图纸目录、说明和设备、材料表等）以及图纸总封面；对于涉及建筑节能设计的专业，其设计说明还应有建筑节能涉及的专项内容；涉及装配式建筑设计专业的，其设计说明以及图纸应有装配式建筑专项设计内容。

工厂详细设计的责任单位是设计院，但是在整个设计过程中，中小企业要组织多轮次的设计审查，设计审查的开展质量对详细设计的产出结果尤其重要。设计审查一般由中小企业组织，参与图纸审查的人除了公司内部相关的人员，比如厂务、工艺和设备，还需要想办法邀请其他重要的人参与，这些人如下。

(1) 建筑装修的专业人士，比如其他设计院、装修公司的技术核心等；

(2) 主要设备供应商，比如生产线设备供应商、厂务设施设备供应商；

(3) 租赁园区或房东的厂务人员；

(4) 已经签订合同的"三同时"公司技术人员；

(5) 第三方咨询公司人员；

(6) 其他厂务和安全的专业人员。

对应设计院的初步设计和施工图设计，图纸审查也可以按照 2 个阶段安排，每个阶段审查的内容和审查重点不一样。

初步设计的图纸审查可以是小范围的审查，需要介入的人不多，中小企业内部的人就可以完成。在这个阶段，设计院可以输出初步设计文件，无论是设计说明还是初步图纸，对照这些文件审查的主要重点如下。

(1) 设计涉及范围是否有偏差；

(2) 设计要素是否遗漏；

(3) 确定的推荐标准是否满足；

(4) 主要功能分区是否合理；

(5) 和外部（尤其是产线设备）接口是否合理；

(6) 主要区域的设计方向是否和期望一致。

厂房初设审查的主要目的是发现设计院设计重大的理解错误和差异，在这个阶段进行评审就是为了在具体施工设计之前纠正这些重大错误和偏差，避免详细设计的"无用功"，提高设计效率。

施工设计的审查，可以多轮次，但必须等设计院施工图纸完成后，一般设计院内部的设计评审也是完成的。参与施工图纸审查的人比较多，这个时候外部专家在图纸审查中起了重要的作用，这些审查可以是专项，比如消防、监控或者洁净室等，单独邀请到相关的专家并且设计院有了施工图纸就可以进行；也可以团队集中审查，多个功能一起审查，这样的审查不容易预约，但是好处是与会的各个专家可以互相检查和确认，效果会更好。在施工图审查里，审查关注的重点如下。

(1) 强制标准是否满足；
(2) 设计细节的实用性；
(3) 设计细节的合规性；
(4) 设计细节的经济性；
(5) 可能的设计亮点；
(6) 施工验收的重点和要点；
(7) 设计文件的正确性和完整性；
(8) 是否满足报建部门的特殊要求。

审核定稿后的图纸将会送住建部门的审图中心进行最终的审图确认，一般情况下，图纸会被退回一次，设计院要按照审核发现的问题点更新图纸并再次提交审核。完全确认后，这个设计图纸就会成为现场施工的主要依据——施工图纸。

除了设计院的工厂设计，由于篇幅关系，本书省略了另一个重要的设计生产线设备设计，由于生产线设备设计和所在的行业有很大的关系，无法做到标准化，这也是建厂厂长和其团队擅长的领域，所以本书不展开讲述。生产线设计的时间节点一般是在工厂设计之前，毕竟确认了生产线的基本信息才能定稿生产线的布局。

第三节 工厂主要要素的设计

本章的部分开始涉及一些偏技术的内容，但不同于设计院设计时关注法规和专业技术细节，也不同于建造商现场专业的施工知识，本节是以一个没有任何工厂设计经验的中小企业建厂团队成员的角度来组织和展开内容的。我们以实用性为出发点，重点介绍两个方面的内容：具体要素的实现方法以及要素设计的注意点。

具体要素设计的实现方法。如果没有这样的知识，建厂团队和设计院之间是没有办法沟通的，即使沟通也是"鸡同鸭讲"。在设计院的眼中，本章内容可能缺少深度和专业性，但具备这样水准的知识，无论从广度还是深度来说，对非厂房设计专业的建厂团队来说已经足够了。本节中介绍的各个要素的实现方式都是市场主流的选择，当然还有一些特殊的实现方式，诚然本节无法穷尽所有的实现方式。在不同的实现方式之间，读者需要甄别使用。需要说明的是，我们选用的原则应该遵循"选择最合适的"，各种不同的实现方式有不同的特点、优缺点，适用于不同的场合，满足不同的需求。所以，结合工厂实际的需求，选择适合的实现方式是在与设计院讨论时建厂团队的首要任务。

要素设计的注意点是对实现方式选择的有效补充和深入解释。这些注意点是建厂团队和设计院、施工方沟通时的主要内容，这些注意点都是在实际设计中经常容易被忽略的重要细节内容，了解这些内容可以保证设计细节的完善处理，沟通时使用这些注意点内容也可以体现建厂团队的"专业性"，更重要的是提及这些是对设计院设计工作的具体检查和提醒。

本节下面的内容会从地面、墙、顶、洁净室及参观设计以及工厂亮点设计等分别展开。洁净室等涉及的内容比较多，将使用专篇的形式展开内容。

1. 地面设计

地面也被称为"地坪",是指工厂内外部的地表,地面供人走车压,原始厂房交付的时候无论厂房内外地面都是普通的水泥地面,如图 7-2 所示。水泥地坪的好处是便宜,在室外的停车场等使用最常见,但问题是室内的水泥地如果经常走叉车会耐磨,用不了很长时间,就容易起灰,甚至破损。显然,它不适合防尘要求高的场合,室内现在很少使用,只用在一些对灰尘要求不高的场合,原始的水泥地面都需要二次施工装修。

金刚砂地坪是另一种常见的地坪,如图 7-3 所示。现在的较新的厂房交付常用这种地面处理,施工时需要单独施工,使用金刚砂骨料施工完成,相比水泥地坪不容易起灰,固灰效果和水泥地坪相比有显著改善,但还是不如下面的固化剂水泥地坪。

地面需要固化灰尘,并且对地面承载以及耐磨有要求的情况下,可以使用混凝土固化剂地坪,如图 7-4 所示。这种施工不复杂,可以在混凝土地面上二次施工,施工完成后地面密封完全无尘,坚固耐磨,耐冲击和重压,一般适合在机加工这样的厂房里,地坪寿命也长,一次施工寿命可达 15 年。这种工艺的问题是不能做防静电的地面也不能做颜色效果。

图 7-2 起砂的水泥地坪　　图 7-3 金刚砂地坪　　图 7-4 混凝土固化剂地坪

环氧是另一种普遍应用的地坪材料,如图 7-5 所示。环氧地坪给人的第一个印象就是有颜色——常见的绿色,其实环氧地坪可以通过调整原材料做成各种颜色,也可以做成防静电的,适合电子类的厂房。环氧地坪从施工工艺上有两种——环氧平涂和环氧自流平。环氧平涂和环氧自流平使用不同的环氧材料,环氧平涂材料便宜,环氧自流平的贵,二者最大的差异是施工工艺。

环氧平涂是使用滚筒（装修刷墙的那种）滚涂施工，这样的施工效果完全依靠施工人员的水平，当然环氧平涂的问题是环氧厚度只有0.5~0.8毫米。而环氧自流平施工使用刮涂辅助材料流动以达到找平的效果，厚度可达1.5~5毫米。从以上环氧平涂的厚度就能看出环氧自流平更加耐磨，使用寿命也长，如图7-6所示。

图7-5 典型的环氧地坪

图7-6 环氧平涂地坪施工

比环氧地坪档次再高的是这些年流行的聚氨酯超耐磨地坪，这种地坪整体效果最好，适合一些档次高的场合，和环氧地坪相比，其最大的优点是耐划伤，还会有防腐耐高低温这样的性能，但是价格也是最高的，如图7-7所示。

图7-7 环氧自流平施工

几种常见地坪优缺点和适用范围见表7-4。

表 7-4 常见地坪优缺点和适用范围

地坪	普通水泥	金刚砂	固化剂水泥	环氧平涂	环氧自流平	聚氨酯超耐磨
优点	非常便宜 无色彩效果	相对便宜 固灰有改善	承重耐磨 不起灰 寿命长	防尘美观 防静电 多种颜色效果	防尘美观镜面效果 防静电 多种颜色效果 厚度厚，寿命长	美观整体效果好 抗划伤，耐腐蚀 耐酸、耐低温
缺点	不耐磨 容易起灰 寿命短 无色彩效果	无颜色效果 无法防静电	无颜色效果 无法防静电	平整度依赖施工 厚度薄 寿命不长 不防滑，易划伤	材料贵 不防滑 易划伤	价格贵
适用场合	要求不高的 普通仓库	普通仓库	加工厂房 普通仓库	普通厂房 要求不高的电子车间	生物医疗电子 实验室	特定要求场合 高档防腐，耐高低温

以上地坪的设计主要围绕密封固灰，耐磨防滑、承重耐压、耐腐抗划这些常见的性能要求。在实际设计中，我们经常还可能会涉及一种特殊的地面设计——架高地板。这种一般是用在特定的场合——机房和半导体厂房。机房使用架高地面是为了布线方便，而半导体车间的架空地板设计是为了换风从而维持洁净度。一般情况下，半导体车间设计是上送风下回风。这样的架高地板设计施工成本高，维护成本也高。

地坪的另一个设计要点是设备安装的相关设计，比如基础要求、平整度等。基础要求存在强度不足，沉降不均匀等问题，会对精密设备安装产生影响，那些不满足要求的地面需要做额外的加固处理，可使用灌浆和垫铁等方式。

2. 墙设计

工厂的墙体设计可以分为厂房内墙设计和外墙设计，由于是租赁厂房，所以厂房的外墙基本已经定型，中小企业一般只会关注墙面的颜色和公司标识相关的设计，使用的涂料或者油漆颜色必须和公司的 CI 相适应，还要考虑的是公司 Logo 的悬挂位置和悬挂方法。厂房墙设计的重点是内部墙表面的处理和隔墙的设计。

厂房内墙面和地面、天花板一样，应选用表面光滑、光洁、不起尘、避免眩光、防锈、耐腐蚀、易于清洗的材料。常见的内墙表面处理方式有如下几种。

① 抹灰刷白浆墙面。只能用于无洁净度要求的房间，因其表面不平整且不防水，不能清洗，长期使用会有颗粒性物质脱落，但施工简单，成本低廉，一些要求不高的仓库在可以接受的情况下，可以通过定期粉刷来避免颗粒物质脱落。

② 油漆涂料墙面。这种墙面常用于有洁净度要求的房间，施工后表面光滑，容易清洗，且无颗粒性物质脱落。缺点是施工时要求高，若墙基层干燥不彻底，涂上油漆后易起皮。普通房间可用常见的调和漆，洁净度高的房间可用环氧漆，这种漆膜牢固性好，强度高，还有苯丙涂料可供选择。乳胶漆不能用水洗，但可涂于未干透的基层，不仅透气，而且无颗粒性物质脱落，可用于包装间等无洁净度要求，但要求清洁的区域。这些墙面后续的养护也比较重要，不能有浸水、水洗这样的情况。

③ 白瓷砖墙面。贴瓷砖的墙面光滑、易清洗、耐腐蚀，不需要等基层干燥即可施工，但完工后接缝较多，不易贴砌平整，不宜大面积使用，可用于洁净度等级不高的场所，厂房设计里只有一些涉水的场合使用，比如清洗池和卫生间。

④ 不锈钢板或铝合金材料墙面。这种墙面耐腐蚀、耐火、无静电、光滑、易清洗，但价格高，最适合垂直层流洁净厂房，在一些比较脏污的厂房环境下可以局部使用，比如特殊设计的清洗间。

除了墙表面的处理，厂房墙体设计的另一个重点是隔墙的设计，隔墙是在厂房内部按照使用功能和法规要求重新划分分区的墙体。常见的墙材料有如下几种。

① 砖墙。这是常用的墙体，选用的材料有普通的砖、防火砖和加气砖。无论使用哪种砖，都有其缺点，而且施工比较麻烦，不容易修改，在隔间较多的厂房中使用会造成厂房自重增加。

② 石膏隔断。这种墙的施工方法是在薄壁钢骨架上用自攻螺丝固定石膏板，外表再涂油漆或贴墙纸，这种隔墙自重轻，施工简单，对结构布置影响较低。常用的有轻钢龙骨泥面石膏板墙、轻钢龙骨墙以及彩钢

板墙体等。这种墙的问题是强度不足，在墙体上无法安装风扇、空调等设备。

③ 岩棉板隔断。岩棉板具有优良的隔热和保温性能，能够在高温和低温环境下保持恒定的温度，所以是洁净室等最合适的材料。除此之外，岩棉板还具有吸音降噪的特点，这是因为岩棉板的内部结构为立体网状，可以有效地吸收噪声和振动。岩棉板是一种不燃材料，具有很高的安全性能。岩棉板表面维护也方便，只需用干净的抹布擦拭即可。

④ 玻璃隔断。玻璃隔断是用钢门窗的型材加工成大型门扇连续拼装，离地面 90cm 以上镶以大块玻璃，下部用薄钢板隔断以防侧击。这种隔断也是自重较轻的一种，配以铝合金的型材也很美观实用。这种隔断在厂房内部使用不多，但在办公室以及大厅等区域常有使用。在工厂内常使用的一种玻璃墙是镶嵌在其他墙体内部的玻璃观察窗，这个玻璃观察窗的设计主要是为了沟通和参观使用。比如，洁净室由于密封，出入还需要更换衣服，所以常用玻璃窗加对讲机，方便洁净室内外沟通。参观设计也会用到这样的玻璃隔断，效果非常好。

在工厂墙体设计中还需要考虑如下几个因素，这些都是需要在布局说明文件里交代清楚。

① 门窗等的安装。类似门窗这样的还有观察窗、风淋门等，这些都需要穿墙而过，它们的位置、开口（门）大小、开口（门）方式、开口（门）方向都比较重要，需要考虑周全。

② 内部走线。内部走线是为了增加插座、开关面板、监控等带来的墙内穿线，在设计时考虑不齐全，后续再安装就会导致额外的施工，且有些只能采用明管的方式，这样美观效果变差。在设计时，可以考虑一些备份的插座，比如在一定的距离放置固定的插座，这样后续有了变化的时候就不需要再额外施工。

3. 顶设计

很多厂房的顶通常较高，尤其是钢结构框架厂房。厂房在交付的时候，顶上的消防管道、照明是随着厂房同时交付的。在以后的装修和使用中还会添加各种管道，比如动力线管道、风管道、水管道等。产房顶设计需要做的第一件事情是考虑需不需要吊顶，两种情况下厂房的顶设计内容完全不一样，设计出发点也不一样。根据使用的要求来确定是否吊顶，有些行业，比如机械加工行业，设备高度高，还会使用行车等设施，所以无法吊顶，又如大多数仓库这样的区域也不需要吊顶，因为仓库会使用货架，有些高位货架高度可以达到25m，还要考虑取放操作的空间。这样高度下的吊顶就变得没有意义了。但这样的情况不意味着厂房的顶就不用专门设计和施工了，对顶上的管道和走线需要做一定的装饰和标准化整理，毕竟谁也不愿意看到头顶杂乱的走线和管道。

而在使用和工艺对吊顶没有限制的情况下，设计厂房时尽量考虑使用吊顶，其两个原因如下。

① 从实际功能出发。厂房吊顶作为厂房装修中的一个重要部分，本身就有着隔热、吸噪、防风、防尘等作用。有些类型的厂房必须是要吊顶的，比如洁净室，其吊顶还有一定的设计标准。吊顶的隔热等作用还能直接带来空调能耗下降的好处，一些吊顶还有缓冲坠物可保护设备和人员的安全作用。

② 美观装饰的原因。厂房吊顶的初衷是弥补原先建筑的不足，有些厂房的原始结构由于层高过高，会给人一种空间非常空旷的感觉，这种感觉会给工人带来心理压力，利用吊顶来人为降低其高度，从而使得厂房整体协调。

厂房顶设计可以用矿棉吸音板、石膏板、铝塑板等材料来为顶部做装饰。每种材料的特点不一样，价格也差异较大，适用于不同要求的场合。

矿棉板是用矿棉做成的装饰用板，如图7-8所示。使用矿棉吸音板吊顶具有轻质、耐火、防霉、隔音、保温、防潮、防水、环保等优点，还因为其密度低，可以在表面加工出各种精美的花纹和图案，因此其还具有优越的装饰性能。常见的矿棉吸音板有镁钙板等，在无尘车间内，镁钙板吊顶的防火性能是其主要的优势，可以有效地降低火灾事故的发生率，确保车间安全。此外，镁钙板吊顶还具有吸音效果，可以减少车间噪声，保证生产环境的安静。

用来吊顶的石膏板种类很多，市场上常见的石膏板主要有纸面石膏板、装饰石膏板、石膏空心条板、纤维石膏板及防火和防水石膏板等，如图7-9所示。低端的石膏板不防火、不防潮、不防霉，高端的石膏板环保、防火、防潮、防霉、隔音效果好，所以在选择材料时一定要注意区别。石膏板用途广泛，它的吸音性能好，可以减少车间内部的噪声，同时具有美观、易清洁等特点。石膏板吊顶的表面可喷涂各种颜色，也可以用壁纸进行贴面，增加车间的美观度。石膏板吊顶广泛使用在工厂的大厅、办公室以及防火要求不高的厂房内。石膏板的一个显著问题是在钻孔施工中，破口处粉尘会持续脱落，而且这个问题会持续发生，洁净度要求比较高的洁净室一定不能选用石膏板。

铝扣板吊顶是一种在装修界广泛使用的吊顶材料，它具有轻便、防火、防潮、防霉、防静电等特点，可以有效地控制车间内部的空气流动和质量，在电子厂的洁净室里大量使用，同时可以美化车间的环境，如图7-10所示。铝扣板吊顶表面采用先进的喷涂工艺，使其颜色鲜艳、平整、美观、经久耐用。铝扣板材料价格高、施工费用也高。

图7-8　使用矿棉板吊顶的厂房效果　　图7-9　石膏板吊顶厂房效果　　图7-10　铝扣板吊顶厂房效果

以上是常见的厂房吊顶材料，还有些在工厂使用不多的吊顶材料，比如，常用在洗手间的PVC吊顶、通风和透光良好的格栅吊顶、温湿度要求比较高的彩钢板吊顶等。在选择和设计厂房顶时需要注意如下几点。

① 限制条件。设计过程中需要特别关注厂房顶设计的限制条件，相对于地坪和墙，顶的限制条件比较多，原有的房顶、梁、墙、窗、检修口等都可能是限制条件，都需要考虑进去。

② 房顶设施的处理。房顶是集成最多设施的一个设计要素，厂房原

有的消防设施在吊顶后需要修改，比如喷淋需要从上喷改为下喷，报警装置、广播系统需要考虑安装位置；需要结合实际使用要求考虑照明的密度以及具体安装位置；出风口等也需要考虑安装位置；厂房吊顶悬挂的附加物比如仪器等不仅仅要考虑安装位置，更要考虑安装条件，比如电源插口、安装承重要求等。

③ 注意吊顶的施工工艺。无论选择哪种吊顶材料，都需要使用龙骨安装固定，所以龙骨、吊杆、卡扣这些材料的选择以及吊顶施工的工艺都会决定吊顶的效果和长期寿命的表现。一个施工质量差的厂房第一个出问题的一般就是吊顶，尤其是顶上有管、线的情况下。

4. 洁净室设计

洁净室又称"洁净室"，电子行业有强制的无尘等级要求，医药生产也有 GMP 要求，食品行业不仅对洁净度有要求还要求微生物控制，生物技术行业甚至有生物学危险度的要求。所以，这些行业的建厂厂长除了要熟悉工厂运营时洁净室的相关使用和维护要求，还需要熟悉洁净室的设计、建造和验收。对洁净室设计这种跨多个学科的专业领域，为了一次性建厂而去系统地学习洁净技术显然从效率和效果上都不现实，比较现实的做法是了解洁净室的各个设计要素，毕竟设计和建造洁净室的是相关的供应商。所以，理解洁净室工艺技术需求、熟悉洁净基本技术、掌握洁净室验收检测要求对于建厂团队来说是必要的。

（1）理解洁净室工艺技术要求

洁净室的环境参数主要有空气（表面）洁净度级别、换气次数和截面风速、静压差、温度、相对湿度、照度、静电、噪声、浮游菌和沉降菌浓度、分子态污染物等。理解了这些参数就基本了解了洁净室的基本工艺要求，这样在和设计院以及洁净室供应商的谈判中就不会落下风。

空气（表面）洁净度等级是一个用来衡量环境中空气颗粒物数量的分类标准，不同的洁净度等级对应着不同的颗粒物浓度，颗粒物浓度越低，洁净度等级越高。它是评价环境洁净度的核心指标。国际上使用《洁净室及相关受控环境》（ISO 14644-1）作为标准，国内使用《洁净室及相关受控环境 第1部分：按粒子深度划分空气洁净度等级》（GB/T 25915.1-2021）作为标准，这两个标准大体一致，存在细微差异。在实际沟通中，为了易于理解，我们常用如下级别定义洁净室的洁净度等级。

ISO3 对应 1 级

ISO4 对应 10 级

ISO5 对应 100 级

ISO6 对应 1000 级

ISO7 对应 10000 级

ISO8 对应 100000 级

不同产品、不同行业对洁净室洁净度等级的要求不同，这主要取决于实际的生产或研究使用的需要。下面是一些典型行业对洁净度等级的常见要求。

半导体制造：半导体制造是对洁净度要求最严格的行业之一，洁净室是半导体制造环节中重要的一环，直接影响产品良率，因为微小的尘埃颗粒都可能会损坏微型电路。通常需要 ISO3 或更高的洁净度等级。

电子制造行业：电子制造行业是使用洁净室最多的行业，因为精密电子元器件的存在，所以基本的行业要求是 ISO8，在一些特殊的产品制造领域要求会更高 ISO7 甚至更高，比如摄像头模组制造行业。

动力电池行业的电芯制造涉及材料涂布和注液等高要求工艺，所以基本的要求是 ISO8。

生物医药：生物医药行业通常需要 ISO5 或更高的洁净度等级，以防止微生物和其他污染物污染药品或实验样品。

航天行业：航天行业在制造关键部件时可能需要 ISO5 或更高的洁净度等级，以确保产品的性能和可靠性。

医疗设备制造：医疗设备制造通常需要 ISO6 或更高的洁净度等级，以确保产品的安全和有效。

食品和饮料制造：食品和饮料制造行业的洁净度要求也不低，还需要严格控制微生物和其他污染物的数量。通常需要ISO8或更高的洁净度等级。

换气次数和截面风速是一组相关的参数。换气次数等于房间总送风量和房间体积的比值,截面风速是指每秒钟通过工作截面的房间总风量。各个行业有行业专属的换气次数和界面风速的要求,设计时参考具体的条件计算。如果有些行业没有具体标准,可以参考《洁净厂房设计规范》(GB 50073-2013)。

静压差是指洁净室内部压力高于洁净室外部压力的差值,这个压力差的存在是为了防止外界污染侵入,压力差一般要求不小于5Pa。一些特殊的状况下,外部的压力需要高于内部的压力,比如负压生物实验室。

温度首先应该服从工艺要求,当工艺要求满足时再考虑在洁净室内工作的人员的舒适度要求。有些行业对温度要求比较高,比如电子加工行业和半导体行业,对洁净室的温度设计除了温度均匀性的考虑,还要考虑整个洁净室的保温性能,尤其是在北方寒冷地区。本书作者曾在哈尔滨建设一个小型洁净室,只有1400m^2,但是使用了多种加热方式以保证其在北方冬天洁净室的保温效果。

相对湿度是常和温度成对出现的一个指标。相对湿度过高或过低都会产生很多问题。相对湿度超过55%,冷却水管上就会结露,若低至30%以下,整个区域的静电管控就完全失效。在有些行业里,相对湿度是最重要的指标,比如,新能源电池行业的电芯工厂里。

照度要求是因为操作的要求,在洁净室内的操作一般都是精细的操作,还有一些检验工序,而且洁净室是密闭无窗,所以照明就比较重要了。照明的设计参照《洁净厂房设计规范》(GB 50073-2013)。设计时尤其要注意需要加强照明的检验区域。

噪声设计也是洁净室设计的重点工作,因为在密闭的空间内容易产生回声,再加上固有的新风系统的不间断运作。除了噪声设计,也需要关注洁净室和外部的便捷沟通,使用玻璃窗加对讲系统是一个常见的解决方案。

静电是电子和半导体行业重要的工艺要求，静电失效会直接导致产品失效或可靠性降低。而静电设计是个系统的工作，涉及地面、墙壁、温湿度、材料、设备、人员衣着、人员活动等各个方面。

浮游菌和沉降菌浓度、分子态污染物是洁净室微生物控制的重要指标。就某些药品、食品、化妆品等限制微生物的产品而言，在生产制造的环境里就需要保证无菌的环境，除了保证无尘的要求，还需要额外增加物理或者化学的方法来控制细菌的数量。

过滤技术是管理微尘的主要手段，技术上常采用带有隔阻性质的过滤分离装置来清除空气流中的微尘。实际上这个过程使用了五种基本的物理效应：拦截、惯性、扩散、重力和静电效应。空气过滤技术主要采用过滤分离的方法，通过设置不同性能的过滤器，除去空气中的悬浮尘埃粒子和微生物，即通过滤料将尘埃粒子捕集截留，以保证送入风量的洁净度等级要求。它所用的滤料为直径较细的纤维，既能使气流顺利通过，也能有效地捕集尘埃粒子。常规空调采用的尼龙网过滤器、金属网过滤器及海绵过滤器无法控制生产环境中的尘埃粒子浓度和达到较高的洁净度要求。满足现代化生产所需的洁净环境，必须采用滤纸过滤器和纤维层过滤器，也就是净化技术中所用的空气过滤器。工厂洁净室使用的空气过滤器种类较多，按结构形式分为平板式过滤器、折叠式过滤器、袋式过滤器、有隔板折叠形过滤器、无隔板折叠形过滤器。建厂厂长更要关注的是按过滤效率分类，这是最为常见，也是最关键的分类方法。按国家标准《空气过滤器》（GB/T 14295-1993）及《高效空气过滤器》（GB 13554-1992）的规定，可以分为几类，见表7-5。

表7-5 过滤器种类及效率

过滤器种类	过滤粒径	用途	备注
初效	10μm以上	中效、高效过滤装置的前置预过滤系统	
中效	1~10μm	保护系统中下一级过滤器和系统本身	低要求情况下直接可以供风
高中效	1~5μm	做一般净化程度的系统末端过滤器，也可以做高效过滤器的中间过滤器	安装时手不能直接触碰滤纸
亚高效	1μm	作为洁净室末端过滤器，也可做高效过滤器的预过滤器和新风系统的末级过滤	
高效	0.5μm以下	主要是洁净室的末端过滤器，以保证实现各级洁净度的级别	多采用玻璃纤维、化纤类滤料

各种不同的过滤器如图 7-11 所示。

图 7-11　各种不同的过滤器

洁净室设计的一个重要问题是搞清楚洁净室的气流种类，按照气流种类可以分为四种：单向流洁净室、乱流洁净室、辐流洁净室、混合流洁净室。前两种是常见的类型。

单向流洁净室可以理解为"活塞"式，气流以均匀的界面速度沿着平行线以单一方向在整个界面通过。要实现这个效果，厂房顶部必须"满布"高效过滤器，正常采用"上送下回"的气流布局。在半导体等洁净度等级要求比较高的情况下，优先使用单向流洁净室。

乱流洁净室靠不断送风来稀释室内空气，把室内污染逐渐排出，达到室内平衡。这个方式实现的重要条件是空气扩散快且均匀。换气次数、气流组织和自净时间是这种洁净室的主要指标。

每一种气流方式都有专门的设计规范，这些设计规范的要点包括正压控制方法、局部发尘的控制、风机的选择等，都是洁净室供应商工作的重点内容。

洁净室的设计还需要考虑后续运营时的使用，使用时对人员的要求、污染源的控制方法、洁净室的保养维护都会对洁净室的具体指标达成和产品的质量和可靠性有相当大的影响。对出入洁净室的人员的要求包括化妆束发要求、衣帽手套头盔的材质要求、衣帽手套头盔穿戴要求、衣帽手套头盔清洗要求等，以及进入洁净室的清洁要求：更衣流程、皮肤清洁流程、除尘要求、消毒要求、相关测试要求等。

污染源的控制包括进入洁净室的物料、设备、工具的控制。这些控制包括使用临时气闸室的方法转移设备到洁净室，设备的固定安装顺序需要遵循特殊的要求，还需要考虑设备维护、维修时的特殊情况处理。进入洁净室的物料需要考虑物料包装材料和包装方式以及传递过程的需要时刻控制微尘的控制。气闸室和传递窗是常见的解决方案，但对食品、医疗行业还需要考虑消毒的效果。

洁净室最主要的保养维护是对地面、墙面、设备、工具的定期清洁或消毒。清洁工具的选择、清洁方法、溶剂的选择、清洁消毒频率和清洁效果的确认。除此之外，对于设施设备的保养维护也是重要的考虑因素，比如对新风系统的维护保养等。

简单总结，洁净室三分方案设计，三分建造验收，四分管理维护，缺少一分都不能保证洁净室的效果，产品的质量也无法保证。

（2）掌握验收检测要求

在所有工厂建设要素的验收中，洁净室的验收是最特别的，因为洁净室的使用效果会直接影响产品的质量，无论是产品的良率还是产品可靠性，都是企业运营的关键指标，肯定也是客户重点关注的。举个例子，在一些行业的审核里，洁净室的验收报告是一堆厂房验收报告里唯一可能会被逐项检查的，所以厂房施工完成后，对洁净室的验收必须要相当重视。

洁净室的验收步骤包括外观检查、设施测试和指标测试三个步骤。

外观检查是验收的第一步，指对相关工程产出逐一检查，除了对照图纸观察外观、检查施工记录、检查来料记录、核对图纸和变更图，还要关注设备设施的整体状态。在外观检查步骤里，整个空调净化系统需要尤其关注如下几点。

① 各种管道、灭火装置及净化空调的安装是否正确且牢固严密；
② 高、中效空气过滤器的原始状况以及安装的可靠性；

③ 各种调节装置的调节范围和可操作性;

④ 空调、静压箱、风管系统及送、回风口是否有灰尘;

⑤ 墙面、吊顶和地面是否光滑、平整、色泽均匀;

设施测试一般在外观检查完毕后需要全系统按照要求试运行,因为后续的一些测试需要在一定的运行条件下进行。需要运行的设备有空调机组、送风增压风机、排风设备、净化设备、风淋设备、静电消除设备、真空吸尘设备和消毒设备等。

在设备完全稳定运行一段时间(一般是 24 小时)后,可以开始进行指标测试。验收的参考标准一般是《洁净厂房施工质量验收规范》(GB 51110-2015)和《洁净室施工及验收规范》(GB 50591-2010)所规定的洁净室测试项目,这些测试项目应该定义在招标文件中。一般定义洁净室主要测试项目见表 7-6。

表 7-6 洁净室主要测试项目

序号	测试项目	单向流	非单向流	备注
1	风口送风量	不测	必测	
2	系统新风量	必测		
3	系统排风量	负压洁净室必测		
4	截面风速	必测	不测	
5	风速不均匀度	必测	必要时测	
6	静压差	必测		
7	开门后 0.6m 处洁净度	必测	不测	
8	甲醛浓度	必测		
9	送风高效过滤器扫描捡漏	必测		
10	排风高效过滤器扫描捡漏	满足条件必测		生物洁净室必测
11	空气洁净度级别	必测		
12	温度	必测		
13	相对湿度	必测		
14	噪声	必测		
15	照度	必测		
16	静电	满足条件必测		电子、半导体行业必测
17	浮游菌、沉降菌	满足条件必测		医食行业必测
18	自净时间	不测	必测	不测
19	表面染菌密度	满足条件必测		医食行业必测
20	生物学评价	满足条件必测		医食行业必测

在测试时需要清楚洁净室所处的状态,《洁净室及相关受控环境》(ISO 14644-1)将洁净室所处的状态分为三类,但是测试需要在哪种状态下进行未作明确定义。所以,测试时洁净室所在的状态可根据双方

在相关协议里的定义确定。这三类洁净室以及相关受控环境所处状态如下。

空态是指已经建成的、设施齐全的洁净室，全部管线接通并运行，但无生产设备、材料和人员在室内。

静态有两种：一种是原始静态，是指在已经全部建成的、设施齐备的洁净室环境中全部生产设备完成安装并试运转，但是室内无生产人员的状态，即处在待验收的状态；另一种是运营静态，是指停止正常的生产运营，人员撤离，设备正常停机，新风系统开启至少 20 分钟的自净模式后，即处在休息的状态。

动态是指按照正常批量生产运行的状态，并有规定数量的人员在室内以规定的方式工作的状态。

5. 参观设计

参观设计是在工厂设计时最容易被忽略的一个设计要素，因为常规的设计院设计要素里不包括参观设计，设计院不会主动关注该使用要素。运营部门则多关注在工厂或厂房的布局设计上，对参观设计这样抽象的任务也关注不多。但参观设计是中小企业工厂设计中比较重要的一个要素，毕竟除了常规的客户参观，中小企业还会接待很多特殊的参观者——政府和投资人：作为该地落地项目，政府会常到现场参观视察工作，越是知名度高的中小企业，接待政府参观的频率越高，来参观的政府人员级别越高。靠融资助力发展的中小企业也会接待投资人或投资机构 N 轮的参观、竞调等，工厂作为生产现场是他们了解产品生产、检查固定资产、核实产能的重要场所。所以，参观设计值得我们投入精力。

参观设计的第一步是区分不同的参观，参观设计要能区分和满足目的不一样的各种参观。公司参观可以分为两部分——展厅介绍和工厂参观，展厅介绍可以使用一样的展品，而在讲解时要根据参观人员的不同而区分不同的讲解内容，工厂参观则需要做专门的设计，工厂参观可以分为三类，大、中、小参观。

小参观是指那些参观时间很短、参观者非本专业、参观期待不大的参观。这样的参观一般被称为"走马观花式参观",这样的参观有政府参观、客户高层参观、客户采购参观、投资人领导参观,因为这些参观者身份的特殊性,所以这样的小参观更需要精心设计。

中参观是指参观时间较长、参观者兴趣浓厚想了解细节、对参观期待高的参观。这样的参观一般被称为"夏令营式参观",这样的参观有专业媒体、投资人竞调、客户非生产的技术人员参观等,这种参观需要深入到生产现场,对照生产过程讲解内容。

大参观一般被称为"审核式参观",参观者是绝对的专业人员、他们关注细节、参观结果或反馈对中小企业来讲很重要。这样的参观有客户生产人员参观、客户质量人员参观、本专业协会参观等,这样的参观往往就等同于一次客户审核,是最需要重视的。

参观设计可以归纳为在恰当线路上的不同参观点展示产品或运营的亮点。这样的话参观设计就可以分解成 3 个要素:参观线路、参观点、亮点内容展示。按照时间顺序则可以排布为先找到需要展示的亮点,然后设计出恰当的参观线路,再将相关的亮点布置到参观线路上合适的点。

识别参观亮点需要配合公司整个的参观设计。一般情况下,对公司和产品的介绍会在公司总部或者工厂的大厅内由公司领导、市场、销售等完成,这些材料的准备也不是建厂厂长的任务,工厂参观时展示的亮点主要是关于生产运营的。工厂参观常介绍的内容和亮点大体有如下几种。

① 生产介绍。主要是对产品工艺和设备的介绍,亮点基本为新工艺、新设备的使用、设备的自动化水平、国产化水平、设备和工艺的专利等。

② 信息化介绍。主要是对各种控制系统、智能化平台的介绍,亮点基本是配合设备的信息化应用、人工智能的应用、软件自我开发的水平等。

③ 团队介绍。主要是指生产运营团队的介绍,亮点基本为核心团队成员学历、团队或团队成员荣誉、团队的国际合作、团队的运营绩效,尤其是接近极限的运营指标等。

④ 工厂长期发展规划。主要是展示工厂中长期的发展,亮点可以是

工厂规模的变化，自动化水平的提升等。

如上参观介绍的内容和识别出来展示的亮点数量基本和参观时间有关，一般情况下，亮点数量不超过 5 个。

参观线路的设计和参观类型、工厂大小、工厂布局、亮点分布有直接关系。参观路线不是唯一的，可以按照参观类型甚至参观者定义多条参观线路。参观线路的设计是个需要经验的活，和常规的物流路线设计不一样，参观线路设计的要求更高。

① 覆盖工厂所有（或大多数）的内容，配合公司介绍的内容；

② 突出设计好的展示亮点，在亮点处停留需要考虑空间；

③ 展示亮点要全面，还不能影响正常的生产工作；

④ 不走回头路，避免太多的拐弯防止方向迷失；

⑤ 兼容多种参观类型，考虑不同数量参观者。

参观线路确定后，需要将第一步识别出来的展示亮点分布到参观线路上的某一个点，这些点需要和展示的内容相对应，还需要考虑如下因素。

① 注意安全，进入工厂的防护设施和装备都不能少；

② 不干扰正常生产，参观时需要和作业员工保持适当距离；

③ 展示区域的局部布局，空间上能放置显示屏、白板等，空间还要能站足够的人；

④ 保密原因不便于展示的，需要做好保密和防护措施。

以上是厂房内的参观，在工厂其他区域的参观也需要做设计，只有关注细节才能做好整个的参观接待，常被忽略的一些细节如下。

① 工厂位置指引：位置比较偏的工厂除在入口处的标牌指引外，还需要派人在路口指引；

② 参观者的停车：有条件的设立专业车位，缺乏条件的提前打招呼占用车位；

③ 参观者的餐食：最好能有多个选择的餐食供应商，尤其是没有食堂的工厂中；

④ 参观者的门禁：常见的需要经常设计的场所是卫生间和吸烟处。

参观设计完成后，建厂厂长需要组织管理层和相关人员做个专项评审。这是厂房设计里为数不多的需要做专项评审的设计要素，因为工厂参观的效果和反馈会直接影响核心干系人对公司的印象。需要参与专项评审的人除了公司的核心管理层，还需要包括销售、市场、项目等。

6. 工厂亮点设计

"工厂建设是建厂厂长意志的体现"，完成意志体现的同时对外展示了建厂厂长的"段位"。建好的新工厂需要经受各种人的关注和评价，公司高管、客户、政府人员、同行、在工厂工作的员工，甚至是过路的路人。给主要干系人留下好的印象除了需要巨大投资的生产设备或者智能化系统，还有那些简单但实用、成本低但设计精巧的细节，这些细节被人关注体验后会认可建厂厂长在预算紧张的条件下的"良苦用心"，也会成为中小企业运营的"亮点"。这些常见的工厂设计"亮点"集中在工厂能长期坚持的5S、可视化和标准化上。做这些不难，但是做好难，坚持做好更难。这些和运营结合需要细心和耐心。

设计工厂时，一些简单的技巧就可以帮助我们管理好工厂留给他人的印象甚至获得好评，这些常见的技巧包括如下内容。

有意提高照明亮度。工厂的照明一般是参照《建筑照明设计标准》（GB/T 50034-2024）来设计，在这个标准规范里推荐了工业里每一种工序的照度值，比如橡胶厂的硫化车间的标准照度值是300Lx，在厂房设计时我们一般会将这个值作为设计值，没有列在该标准的工序，我们选用最接近的通用照度值作为设计输入。在工厂验收阶段，我们还需要测量实际的亮度是否能满足要求。这是常规操作方法，但是这个最低亮度设置没有考虑灯管亮度的损耗、外界环境的影响等影响因素，而且我们关注较多的是特殊情境下的照明设置，比如，在检验条件下的加强照明。所以，建成的工厂照明亮度达标但是给人的总体印象就偏暗，感官体验非常一般。比较好的做法是在推荐标准的基础上提高一个照度等级，提高照明等级不代表能耗的显著提高，我们可以并采用分区管理独立开关控制的方式来不增加照明用电成本。

巧用不同颜色作为区域标识。内墙涂料的成本很低，施工也简单，在厂房设计时可以考虑使用不同颜色的墙体来区分不同的功能区域。在选用具体颜色时，选用常见的颜色，暖色系。一些特殊的颜色慎用，比如红色是专门用在不良物料或产品存放和处置区域的，黄色是疑似品处置区的代表色。具体颜色的选用要和公司的 CI 系统相对应。这种颜色设计经常使用在仓库区域，配合亮丽的照明，整个效果会更好。无论是大面积厂房还是小面积厂房，都适合这种设置，如果对这种效果没有概念的可以去当地有些高档超市去感受。

使用好工厂地标。地标也是工厂常用的便宜耗材，哪怕是使用质量较高的 3M 地标，费用也不高。但问题是大多数工厂那些只知道使用黄色地标围绕设备贴一圈的做法，再配上杂乱不专业的贴法会让人感到单调和厌恶，整体效果很差。关于各种颜色和条纹的地标的具体使用是有规范定义的，中小企业也可以根据自己的实际情况定义，但是起码要用 3 种或以上的地标定义整个工厂区域。

工厂入口精心设计。工厂的入口可以是园区的门卫，也可以是车间的前台，这一般是外界的人接触工厂的第一站，对公司或工厂的第一印象就是在这里形成的，所以我们需要精心设计。入口给其他人的重要印象大多数是由 5S 决定的，而这个区域的 5S 一般由于距离和关注度等而容易被忽略掉，甚至访客的等待区会多日不打扫、客户的访客区有脏污和异味，这些带给访客的体验感都很差。一些常用的设施也需要注意，比如访客使用的卫生间，再小的物品也是一样，谁都不愿意在一个满是墨水印的台面使用一支漏水的圆珠笔并在一张充满折皱的登记本上登记，避免这些问题最简单的办法是找个大公司的前台或门卫做参照来设计。

细节物品选用有讲究。工厂的一些小物品的选用决定了工厂的档次。一般的物品都可以分为家用级、商用级以及工业级。它们的差异体现在性能要求、价格、外观设计等各方面：家用级产品通常注重设备的便携性、易用性、外观设计等因素，性能要求相对较低，价格也较为实惠。这类产品外形讲究个性化，做工精美且颜色丰富，这样才能吸引到客户。商业级产品则要求物品的性能较高，能够满足企业、商业及服务等领域的需求。这类产品在价格方面通常较家用级产品略高，但外观设计可能不如家用级产品精致，更注重功能性、稳定性和易维护性等方面。商业级产品的颜色和外形都比较收敛，尺寸固定，适合商务场合，而工业级产品则对产品的性能、可靠性、耐久性等方面有更高的要求。工业级设备的价格通常较高，但具有高性能、高可靠性、长寿命等特点，能够在极端环境下稳定运行。工业级产品的颜色单调，外形方正传统，整个风格就是稳重可靠。

在布置工厂时，选用细节的物品尽量考虑使用商业级和工业级的产品，避免使用家用级的产品。一般的购物平台，同一个物品会提供家用版本和商业版本供客户选择。有些工厂常见的大屏电视直接选用家用版本而不是选用商业版本的电视，每次电视开机都会有较长时间的广告而且无法快进跳过，这样就和工厂会议室严肃的气氛不般配。

工厂证书展示牌。图 7-12 中左款实木版本是一般公司常用的，无论是材料、外观和颜色，商务效果已经很好了，但是右款的磁吸文件夹不仅更加商务，而且有价格便宜以及安装使用简单的好处，我们在宜家商场就能见到，适合在工厂多处使用，来代替处处随意粘贴的纸件。

图 7-12　家用版和商务版展示牌对比

第四节 提高设计的辅助办法

由于大多数来自工厂的设计参与者更加擅长工厂交付后的生产运营而缺少真正厂房设计的经验，所以厂房设计工作对他们来讲是个很大的挑战，又不得不参与，除了快速学习工厂设计的知识，还需要他们讲究工作方式，并寻找一些有效的辅助方法来弥补自己的短处。

在实践中，设计阶段相对建厂的其他阶段而言又特别困难，因为相对于施工阶段的"所见即所得"，在设计阶段，每个人都是基于自己的想法去理解、交流甚至做决定，在图纸上想象自己心目中的厂房，每个人的认知肯定会存在差异，而提高设计质量的方向就是尽量具体化，信息被具体化的好处是能让大家对同一件事有统一的认识。在工厂设计中常见具体化的方法有标杆工厂参观、标杆工厂图纸研究和参考工厂效果图。

标杆工厂参观。这往往是最直接、最有效的辅助方式，在每个行业里都有头部的标杆公司，这种公司无论是工厂设计还是生产运营，都是行业的翘楚，他们的厂房设计的科学合理、设计考虑的要素全面、使用行业最先进的技术，处处都可能是亮点。有机会参观学习这样的工厂，建厂团队思想意识要下沉，不要仅仅关注标杆工厂表面，更要思考这种工厂系统背后的原理，理清楚这些原理不仅能保证工厂的设计效果，更能在后续的生产运营中得到额外的收益。

标杆工厂的选择一定要和中小企业是同一个行业，跨行业或者差异比较大的工厂参观意义不大，纯属浪费金钱和时间。一般可以通过愿意参与建厂项目的设计院、施工单位的关系找到参观的机会。参观前团队最好有明确的分工，每个人关注不一样的方面，才能在短时间的参观中得到最大的收益。在参观的时候关注的重点如下。

① 工厂布局设计。对布局的关注除了常规的生产线这样的微观设计外，更要从整体上去理解整个工厂设计的理念和底层逻辑，尤其是物流

线路、楼层安排、参观设计等关键设计要素。

② 附属设施设计。和工厂生产配套的设施，比如配电、压缩气、空调、新风、冷水装置等，学习过程中如果有条件可直接记录标杆公司使用的设备、设施品牌和型号，作为后续设计的一个重要参考。

③ 厂房的核心要素设计。比如，电子半导体工厂的洁净室设计、制药厂的微生物消毒设计等，这些要素会直接影响后续工厂运营的效果和水平。在这样的要素上花再多的时间也是值得的。

④ 工厂的设计亮点。那些给人印象深刻的工厂总会有些与众不同的设计，这些设计就是整个工厂设计的亮点，中小企业更应该关注那些利于使用、方便运营的巧妙的低成本设计。

⑤ 细节照片和供应商信息。如果有条件可以采集现场相关的照片，包括但不限于厂房或车间的整体效果、满意且有意采用的一些细节的图片。如果能得到一些主要设备、设施、家具、设计的供应商联系方式会有效地帮助后续的工厂设计。

除了到现场直接参观之外，照片、录像等也可以使用，但由于各种情况，不是每一个行业的标杆工厂我们都有机会参观和学习的，一个退而求其次的方法是找到类似工厂的设计图纸来研究和学习，类似的工厂必须是同一个行业，最好是标杆工厂的设计图纸，进行标杆工厂图纸研究。这种办法在一定程度上除了有些图纸效果需要想象外，从过去成功的项目上也可获得信息对新工厂设计的帮助。

① 现成的设计规范和施工标准。取得这样的信息就可以直接用在工厂设计和招标文件上，也为工厂建厂团队深挖技术细节提供了参考方向，这些规范里最有帮助的是核心要素的验收规范。比如，一个工程师可以不需要完全清楚洁净室的设计细节，但要非常清楚洁净室验收的测试方法，这样可以判断工程师设计的专业性。

② 标准的材料选择。选用的材料决定了工厂建设的材料成本，再加上人工成本就是工厂建设主要的成本了。材料信息是标注在图纸上的，有了这样的信息，公司就可以大致准确地核算出工厂建设的总成本。同

时，深入研究这样的信息也可以从中找到优化、改善的方向。

③ 相关审批的反馈。已完工的工厂整套的图纸都是在开工前经过住建部门和相关政府职能部门审查过的，如果有修改意见可以重点研究，避免最终的设计图也犯同样的错误而耽搁建厂周期。厂房验收的信息也是一样。

工厂图纸一定要找最终送检审批过的正式图纸，不要使用未批准的设计图纸。从准备参与工厂建设的设计院和施工方获取这样的图纸是条好渠道，除了在开标前的口头要求，甚至可以将这样的要求规定到参与招标的准入条件中。

参考工厂效果图。这个方法可以在工厂设计会议中进行，也可以在日常沟通中使用。具体的参考工厂效果图可以代替专业枯燥的文字描述，帮助所有参与者对同一个设计产出产生统一的直观认识。这些参考工厂效果图的来源如下。

① 设计院施工方过往实施项目的实际效果图。这种实际拍摄的成品图片真实且可实现，如果采用设计院施工方提供的实际效果图不仅可以加快工厂设计的进度，还能保证报价的准确性。

② 设计院未实施过的设计效果图。这些设计效果图不一定是在以前项目上实现过的，可能是给客户展示过的方案设计图最终没有被选用，也有可能是之前客户要求但未被选用的。

③ 网上的效果图。工程师使用搜索引擎就可以用描述语句搜索到相关的图片，这些图片不一定完全体现工程师的想法，哪怕图片的某一个细节配上描述性文件能帮助工程师把想要的效果讲清楚就是非常好的事情。

以上是能帮助建厂工程师提高厂房设计质量的方法，任何方法的产出都可以作为厂房设计的辅助说明。这些辅助说明可以用在招标文件上，也可以用在厂房设计图的说明文件上，还可以用于项目汇报的文件上。

第八章 建厂项目采购

第一节 建厂项目的采购

建厂项目肯定离不开采购,从零开始到正常运营的工厂建设过程中涉及很多采购活动。尤其在中小企业中,采购工作的质量甚至会直接影响建厂项目最终的质量。这些影响主要体现在如下方面。

第一,寻找到合适的供应商能有效地弥补中小企业资源上的不足。中小企业不可能像大公司一样长期配置建厂专业团队,其在很多领域存在资源配置不足的问题,一人身兼多职的现象比比皆是。通过整合采购选择的专业供应商,无论是咨询、设计、施工还是生产线供应商,都可以有效地弥补中小企业资源配置不足的问题。

第二,寻找到合适的供应商能有效地弥补中小企业能力上的短板。无论如何,中小企业找到一个全能的建厂厂长的概率非常低,由于分工会存在建厂团队成员能力无法覆盖的领域,从理解的深度上来讲也可能存在短板,这个时候就需要外部资源来弥补这些短板。通过和外部供应商的协作显然是一个有效的方法,可弥补这些短板。

第三,通过采购活动可以降低项目成本。无论是招投标还是直接谈判,都是一个筛选和议价的过程,这些活动是成本逐渐确定和清晰的过程,这些活动的产出也是在一定条件下的最优选择,尤其是在有多个供应商参与竞争的过程中,建厂成本肯定是最低的。

第四,通过采购活动可以有效地提高项目质量。无论是方案勘察还是方案交流,我们都能从各个供应商的方案里找到一些设计的亮点、实际的经验教训或者有效的风险分析,而采购是合法的有效收集这些信息的活动。建厂团队只需要整合这些收集的信息就可以有效地提高建厂项目的质量。

在中小企业的建厂采购中,采购部门是处于主导地位的,但是中小企业的采购也可能只是一个人身兼多职,再加上大部分建厂工作属于一次性的工作,熟悉此工作的采购工程师其实并不是很多。所以建厂厂长更需要在采购过程中主动介入,协助采购工程师完成采购工作。

一个典型的中小企业工厂从零开始到正常运营需要采购的物品和服务见表 8-1。

表 8-1 建厂阶段的物品采购

设计施工装修	生产线	建厂服务	其他
工厂设计	生产设备	租房	量具校验
厂房施工	辅助设备		长期保洁
监理	设备搬运安装	"三同时"(环境/建设/职业卫生)	固(危)废处置
	工厂物资	可行性研究公司	生活垃圾处置
	辅助物资	人力资源外包	保险
		验收测试	各种维保
		报备报建	体系认证

考虑到建厂采购的多样性,我们需要考虑如下几点。

1. 建筑企业资质制度

不同于生产线设备供应商的筛选和认证,设计、施工等供应商的确认需要考虑供应商强制的资质要求。在《中华人民共和国建筑法》中规定,从事建筑活动的建筑施工企业、勘察单位、设计单位和工程监理单位,按照其拥有的注册资本、专业技术人员、技术装备以及已经完成的建筑工程业绩等资质条件,划分为不同的资质等级,经资质审查合格,取得相应等级的资质证书后,方可在其资质等级许可的范围内从事建筑活动。

上述是法律条款,联系实际,我们可以做如下解读。

第一,住宅装修的供应商可以不需要资质,但是厂房装修相关的供应商必须是有资质的,不然按照上述条款合同可以被认定为无效合同,这个在实际官司中是有判例的。

第二,如果不选择有资质的供应商,无法进行后续相关的流程。好的制度设计需要做到互相检查，互为条件，如果中小企业和无相应资质的供应商签订了设计和施工合同，那么后续建厂的流程会被拒绝而无法进行，比如，消防图纸送审的材料自检都无法通过，更谈不上后续《施工许可证》的申领。

第三，从源头杜绝"挂靠"的隐患。无资质的建筑单位利用另一个有资质的单位开展业务称为"挂靠"，这样的现象之前很常见。这些年这种操作方式成了政府多个部门整治的重点，因为这样的操作确实带来了很多争议和隐患，比如保修责任、拖欠工资等。

建筑业的资质证书分为正本和副本，由国务院、住房城乡建设部等统一印刷，正、副本具有同等法律效力，资质证书有效期为5年。同时，资质许可机关需要向社会公开许可决定供社会公众查询。

在中小企业工厂建设的招标阶段，建厂厂长需要在标书里明确表明投标的供应商应该具备的资质要求。建厂厂长需要根据建厂项目情况，比如，项目预算范围、项目难点、建设面积等选择合适的资质等级，切勿"贪大"。一般情况下，同一个项目，资质等级越高的公司的报价越高，毕竟建筑公司维护一个高资质等级的成本是不一样的。

在招投标阶段，建厂厂长也需要检查投标供应商的资质、人员和过往的项目业绩情况。一般情况下使用"四库一平台"来核实，在微信中搜索"建筑市场监管公共服务平台"小程序就可以实现查询确认功能。在该平台里输入建筑公司名称就可以查询该公司。

（1）拥有有效的资质；

（2）注册人员。该信息可以和投标书核对确认；

（3）历史业绩。该信息也可以和投标书核对确认；

（4）不良行为与黑名单情况。

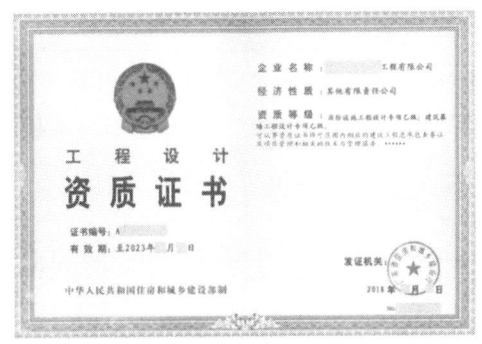

图 8-1 工程实际资质证书图例

由于证书样式一直在变化且证书有效期为 5 年，所以市场上并没有统一样式的证书，最新版本的证书上有二维码可供扫描查询，如图 8-1 所示。

2. 供应商核心人员资质

在招标过程中，建厂厂长除了对供应商公司的资质要做明确规定和严格审查，还需要对供应商的核心人员严格确认，尤其是现场的项目经理，因为在建筑行业是有注册执业制度的。执业资格制度是指具备一定专业学历、资历的从事建筑活动的专业技术人员通过考试考核以及注册获得执业资格的一种制度。从事建筑活动的专业技术人员应当获得相应的执业资格证书，并在执业资格证书许可的范围内从事相关工作。

目前建筑行业的有执业资格制度的职业包括注册建筑师、注册结构工程师、注册土木工程师、注册监理工程师、注册造价工程师、注册建造师。这些注册制度是强制的，比如，设计图上签字的设计师就需要是注册建筑师，而施工现场的项目经理必须是注册建造师。

注册建造师是指从事建设工程项目总承包和施工管理关键岗位的执业注册人员，注册建造师的含义是指懂管理、懂技术、懂经济、懂法规，综合素质较高且在施工单位工作的人员，职业体系对注册建造师的定位是既有相应的理论水平，也有丰富的实践经验和较强的组织能力。普通人想要成为注册建造师需要 2 个步骤，一是取得执业资格证书，二是按规定注册。

人员获得执业资格证书后，可从事建筑行业以外的工作，也可以选择注册从事建筑相关的工作，只有完成注册才可以以注册建造师的名义从事相关工作。注册是指和相关单位签订雇佣合同，持执业资格证书的人员可以和任何建筑单位签署雇佣合同，比如设计院、施工单位、监理公司等，但是只有和施工单位签订雇佣合同，才能成为施工现场的项目经理，签署雇佣合同后将取得《中华人民共和国二级建造师注册证书》和执业印章。这意味着只有持有《中华人民共和国二级建造师注册证书》的建造师才能代表其雇佣的公司在建设项目中担任项目现场项目经理。注册证书的有效期为3年。所以在招标过程中，建厂厂长还需重点检查投标方现场项目经理的资质情况。

注册建造师也只能在注册证书所标注的专业范围从事建设工程施工管理活动。一般情况下，大型项目的项目经理需要一级注册建造师才能担任，中、小型项目的项目经理需要二级注册建造师就可以担任。法律也有规定，正常情况下，任何注册建造师不得同时担任两个及以上建设工程施工项目负责人，所以可以认为供应商的项目经理就是建厂项目专职的。如果对项目所在项目经理投入在项目上的时间分配不满意，可以使用该点去要求对方。

3. 建厂采购方式选择

不同的采购对象需要采取不同的采购策略。建厂服务和其他类的采购项目多、烦琐且总价不高，可以采用企业常规的询价比价采购方式完成。但是对于设计施工装修和生产线采购来说需求单一且总价高，中小企业一般采取招标的方式完成采购。

招标的方式是指发包单位（甲方/中小企业）事先确认且标明其拟采购或建设的物品的内容和要求，由愿意承包的单位递交标书、明确其投标的价格、工期、质量等条件，再由发包单位从中择优选择承包单位的交易方式。

我国有一系列的法律法规对政府和政府投资项目的招标提出了详细

的规范和要求，如《中华人民共和国招标投标法》《中华人民共和国招标投标法实施条例》《必须招投标的工程项目规定》等定义了一些类型的采购是必须使用招投标的流程。这些规定的项目主要是使用了国有资金的项目，在有政府投资的中小企业里可能会涉及符合这个条件的情况，这种一般在政府参与的《投资协议》里会有明确的条款。除了政府采购，中小企业也广泛使用招标的方式，这往往是如下的原因。

(1) 投资人的要求。类似相关法律法规要求一样，有些投资人在投资条款里会指定超过一定金额的采购必须在规定的平台通过公开招标的方式进行，背后的原因是投资人希望被投企业的采购过程能公平、公开、公正，最大限度地避免暗箱操作。一些政府也要求他们投资的企业在其政府平台上公开招标，比如某市就要求其投资且落地的企业在该市的网上超市进行招标，一是监控企业采购，二是也能为当地其他企业带来机会。

(2) 招标的实际意义和收益。通过公开、公平的招标方式将采购信息完全对外公布，让最多的参与者了解该采购需求，这样不仅提高了市场的透明度，促进了竞争，最大限度上也能降低采购价格，保证交付物的质量。除此之外，一些专业的招标代理机构或者招投标网站也能简化采购的流程、减少采购人员的工作量，标准化的流程也有利于后续的各种审核。

所以，一些中小企业也在使用招标的方式进行大金额采购，尤其是工厂设计、装修施工和工厂生产线。下面我们按照这种采购方式展开招标内容。

第二节 建厂项目招标

除非是专业的采购人员，否则无论建厂厂长来自工厂、施工单位甚至工程咨询公司，对招标都很有可能只是经历了招标完整流程中的一个或几个环节，很少有能完整参与全部环节的。而招标是一个涉及范围面广、专业技术性强、实际操作复杂的活动，常常因为一个细节决定招标采购的成败，甚至会带来违纪违规争议。本节我们就一起按时间梳理最完整的招标流程和步骤。我们以一个中小企业的需要招标工厂装修为例。

步骤一：招标工作准备

（一）项目立项。这主要是招标的前置工作，和我们在本书第二篇中介绍的项目可行性研究、评估和准入基本一致。

（1）提交项目建议书。主要内容有投资项目提出的必要性，拟建规模和建设地点的初步设想，资源情况、建设条件、协作关系的初步分析，投资估算和资金筹措设想，项目大体进度安排，经济效益和社会效益的初步评价等。对于招标企业来讲招标项目的相应资金来源需要落实、后续的资金需求应在招标文件中如实载明。

（2）提交编制项目的可行性研究报告。主要内容有国家、地方的相应政策，单位的现有建设条件及建设需求；项目实施的可行性及必要性；市场发展前景；技术上的可行性；财务分析的可行性；效益分析（经济、社会、环境）等。

（二）（建设）工程项目报建。招标人持立项等批文向项目所在地的行政主管部门登记报建，取得《项目备案通知书》等批文。

（三）（建设）单位招标资格确定

（1）有从事招标代理业务的营业场所和相应的资金。

（2）有能够编制招标文件和组织评标的相应专业力量。

(3) 如果没有资格自行组织招标的，招标人有权自行选择招标代理机构，委托其办理招标事宜。任何单位和个人不得以任何方式为招标人指定招标代理机构。

（四）如果有相关要求需要办理交易登记。招标人持报建登记表在工程交易中心或网上平台办理交易登记。

步骤二：编制资格预审文件和招标文件

（一）编制资格预审文件。规定投标方的资格预审文件的内容通常如下。

资格预审申请函、法定代表人身份证明、授权委托书、申请人基本情况表、近年财务状况表、近年完成的类似项目情况表、正在施工的和新承接的项目情况表、近年发生的诉讼及仲裁情况等其他材料。一般要求投标人提供的信息必须来自独立的第三方平台，比如"信用中国""中国执行信息公开网"等。

（二）编制招标文件

（1）招标文件一般包含的内容：招标公告或投标邀请书、投标人须知、评标办法、合同条款及格式、工程量清单、图纸、技术标准及要求、投标文件格式等。

（2）编制招标文件注意事项

① 明确文件编号、项目名称及性质；

② 投标人详细资格要求；

③ 发售招标文件时间；

④ 提交投标文件方式，地点和截止时间。招标文件应明确投标文件所提交的方式，能否邮寄，能否电传。投标文件应提交到什么地方，投标文件的提交截止时间；

⑤ 投标文件的编制要求

投标文件的内容包括投标函及投标函附录、法定代表人身份证明或授权委托书、投标保证金、已标价工程量清单、施工组织设计、项目管理机构、其他材料、资格审查资料。

招标文件应当根据项目的情况明确投标有效期，不宜过长或过短。如遇特殊情况，即开标后由于种种情况无法定标，执行机构和采购人必须在原投标有效期截止前要求投标人延长有效期。这种要求与答复必须是以书面的形式提交。投标人可拒绝执行机构的这种要求，其保证金不会被没收；

⑥ 投标文件的密封递交。

在本步骤，作为招标人的建厂厂长可以要求各个投标人在提交符合招标文件规定的要求的投标文件外，提交备选投标方案，但需要在投标文件里做出说明，这也是很重要的向潜在投标方学习的机会，收集和消化这些不同于标准要求的新方案是优化设计和提取设计亮点的过程。招标人需要鼓励这种设计，但需要提出相应的评审和比较方法。

招标文件的模板选择在这个阶段比较重要，一般选取标准的模板，我国的一些政府管理部门，比如，中华人民共和国商务部就有现成通用的招标书模板可以使用，有些行业协会也有类似的模板可供挑选。使用这些模板可以显著减少编写招标书的工作量，也降低了丢失重要内容的可能性。

步骤三：发布资格预审公告

（一）编制资格预审公告内容包括招标条件、项目概况与招标范围、资格预审、投标文件的递交、招标文件的获取、投标人资格的要求等。

（二）发布媒介。在交易中心的网站或者其他平台发布招标公告。常用的发布的媒介有《中国建设报》和中国采购与招标网等。招标公告在媒体或网站发布的有效时间为 5 个工作日。

步骤四：资格预审

（一）出售资格预审文件；

（二）接受投标单位资格预审申请；

（三）对潜在投标人进行资格预审：

（1）接受资格预审文件

（2）组建资格预审委员会

由招标人组建评审小组，包括财务、技术方面的专门人员。

（3）资格评审的程序

① 初步审查：对资格预审文件进行完整性、有效性及正确性的资格预审。

② 详细审查：营业执照、企业资质等级等财务方面：是否有足够的资金承担本工程。投标人必须有一定数量的流动资金。施工经验：是否承担过类似的工程项目，特别是具有特别要求的施工项目；近年来施工的工程数量、规模。人员：投标人所具有的工程技术和管理人员的数量、工作经验、能力是否满足本工程的要求。

③ 设备：投标人所拥有的施工设备是否能满足工程的要求。

（4）澄清

审查委员会要求申请人以书面形式对资格预审文件中的不明确之处给予解释说明。

范围：申请文件中不明确的内容进行书面澄清或说明；申请人的澄清或说明不得改变申请文件的实质性内容，并作为其组成部分。

（5）方法

一般在公告中会载明评审方法，评审方法一般有合格制和有限数量制。

（6）审查报告

审查委员会完成审查后，确定通过资格预审的申请人名单，并向招标人提交书面审查报告。通过详细审查申请人的数量不足3个的，招标人重新组织资格预审或不再组织资格预审而采用资格后审的方式直接招标。

（7）通过评审的申请人名单确定

通过评审的申请人名称，一般由招标人根据审查报告和资格评审文件规定确定。

步骤五：发出投标邀请书

（一）发售招标文件及答疑、补遗

（1）出售招标文件

向资格审查合格的投标人出售招标文件、图纸、工程量清单等材料。自出售招标文件、图纸、工程量清单等资料之日起至停止出售之日止，为 5 个工作日。

（2）开标前工程项目现场勘察和标前会议

① 踏勘。组织各投标单位现场踏勘，不得单独或分别组织一个投标人进行现场踏勘。

② 标前会议。所有投标人对招标文件中以及在现场踏勘过程中存在的疑问在标前会议中进行答疑。

（3）补遗招标人对已发出的招标文件进行必要的澄清或者修改的，应当在招标文件中要求，在提交投标文件截止时间至少 15 日前，以书面形式通知投标人，解答的内容为招标文件的组成部分。

一个简单可操作的办法是为每个入围的投标方建立一个微信群，除了现场踏勘时的交流，任何其他的交流必须在微信群里进行。

① 更新和变更文件的发放；

② 供应商任何问题的提出；

③ 对供应商提出问题的解答；

④ 进程和截止时间的提醒。

（二）接收投标保证金和投标文件

步骤六：抽取评标专家

使用招投标代理时在开标前 2 个小时内，以相应专业的专家库随机抽取评标专家，另外派出招标人代表（具有中级以上相应的专业职称）参与评标。

如果是招标人单独开标，需要在不同的部门里获得评标专家人选。

对于产线设备的评标专家一般涉及的部门有采购部门、设备部门、工业部门、生产部门、IT部门和厂务部门，基本上公司内部部门就可以完成有效的评标。但对工厂设计、建造和装修的评标以上的内部部门可能需要寻找外部的专家资源，比如中小企业所在地的大学专家、没有参与投标的设计院的专家、第三方咨询公司的相关专家。

确定评标专家一般是开标的第一步。

步骤七：开标

开标的一个强制条件是投标人数量不得少于3个，少于3个的情况需要重新开标。开标是规范性、流程性要求比较高的过程，开标过程中任何随意、不规范的操作都会引起参与投标者的争议。

（一）时间、地点

时间为招标文件中载明的时间；地点为发包方指定的地点和场所。

（二）参会人员签到

招标人、所有投标人、公证处（如需要）、监督纪检部门（在公司一般是人事或者财务部门）等与会人员签到。

（三）投标文件密封性检查

开标时，由投标人或者其推选的代表检查投标文件的密封情况，也可以由招标人委托的公证机构检查并公证。

（四）主持唱标

（五）开标过程需要记录，并存档备查

步骤八：投标文件评审

（一）评标委员会组建

评标委员会由专家和招标人代表组成，由招标人代表（一般是采购或者建厂厂长）担任委员会主任，专家在开标前由招标人在专家库抽取，且专家信息需保密。对其专家有"回避原则"。

（二）评标准备

(1) 工作人员及评委准备：工作人员向评委发放招标文件和评标有关的表格，评委熟悉招标项目概况、招标文件主要内容和评标办法及标准等内容并明确招标目的、项目范围和性质以及招标文件中的主要技术要求、标准和商务条款等。

(2) 根据招标文件对投标文件做系统的评审和比较。

（三）初步评审

(1) 投标文件的符合性鉴定。

(2) 对投标文件的质疑，以书面方式要求投标人给予解释、澄清。

(3) 废标的有关情况需与招标文件和国家有关规定相符合。

（四）详细评审

(1) 工作人员工作：评标辅助工作人员协助做好评委对各投标书评标得分的计算、复核、汇总工作。

(2) 评审程序

① 技术评估：主要内容有施工方案的可行性、施工进度计划的可靠性、施工质量的保证、工程材料和机械设备供应的技能符合设计技术要求、对于投标文件中按照招标文件规定提交的建议方案做出技术评审。

② 商务评估：主要内容有审查全部报价数据计算的正确性、分析报价数据的合理性、对建议方案的商务评估。

③ 投标文件的澄清：评标委员会可以约见投标人对其投标文件予以澄清，以口头或书面形式提出问题，要求投标人回答，随后在规定的时间内投标人以书面形式正式答复，澄清和确认的问题必须由授权代表正式签字，并作为投标文件的组成部分。

（五）评标报告

(1) 报告内容：主要有基本情况和数据表、评标委员会成员名单、开标记录、符合要求的投标一览表、废标情况说明、评标标准、评标方法或者评标因素一览表、评分比较一览表、经评审的投标人排序以及澄清说明补正事项纪要等。

(2) 评标报告由评标委员会成员签字。

(3) 提交书面评标报告并解散评标委员会。

步骤九：举荐中标候选人

评标委员会推荐的中标候选人应当限定在 1~3 人，并标明排序。

步骤十：定标

对评标结果在当地政府的工程交易中心网站或其他网站进行公示，公示时间不得少于 3 个工作日。

步骤十一：发出建设工程中标通知书

（一）发出中标通知书

（二）谈判准备

（1）谈判人员的组成。

（2）注重相关项目的资料收集工作。

（3）对谈判主体及其情况的具体分析，明确谈判的内容，对于合同中既定的，没有争议、歧义、漏洞和有关缺陷的条款任何一方没有讨价还价的余地。

(4) 拟定谈判方案。

步骤十二：发出建设工程中标通知书

（一）签约前合同谈判

在约定地点进行谈判，在谈判过程中要把主动权争取过来，不要过于保守激进，注意肢体语言和声音、语调，正确驾驭谈判议程，站在对方的角度讲问题，贯彻"利他害他"原则。

（二）签约

招标人与中标人在中标通知书发出 30 个工作日内签订合同，并提交履约担保。

步骤十三：退还投标保证金

招标人与中标人在签订合同后 5 个工作日内，应当向中标人和未中标的投标人退还投标保证金。

招标的整个过程是一个专业性很强的过程，中小企业需要一个有经验的采购才能处理这样的工作。如果没有经验的人"依葫芦画瓢"做招标，很有可能存在流程不规范的问题或者流程有明显的漏洞，这样可能会在招标后导致参与者的申述，甚至投诉。解决该问题的办法是寻找专业的招投标服务公司，服务费用也不高，正常一份招标书 3000~4000 元。全国各个城市都有这样的公司，无论是项目、采购和服务招标，他们都能高效地处理。

第三节 建厂项目监理

在发达的工业区经常会看到那些建设中的工厂建筑围挡外竖着"××建设、××监理"的信息牌,政府的一些办事流程中也需要选择或提供项目监理信息,这些都会让非建筑专业的建厂厂长非常困惑:监理具体是做什么的?建厂项目需要请监理吗?这些都如何操作?本节就来解决这些问题。

1. 监理的具体工作

监理确切地讲是工程建设监理,是指工程监理单位受建设单位(甲方,中小企业)委托,根据法律规范、工程建设标准、勘察设计文件和其他合同约定,在施工阶段对建设工程质量、进度、造价、安全进行控制,对合同、信息进行管理,协调各个工程建设方的关系。我国有些行业或者工程是需要强制使用工程监理的,这个我们会在下面讨论,我国也有相关的法律法规来界定和规定工程监理的职责和行为。《中华人民共和国建筑法》中明确规定,实行监理的工程建设,由建设单位委托具有相应资质条件的工程建设监理企业实施监理。工程建设监理只能由具有相应资质的工程建设监理企业来开展,工程建设监理的行为主体是工程建设监理企业,这是我国工程建设监理制度的一项重要规定。

这就包含着几个重要的信息。第一,有些中小企业的建厂项目需要被监理,而且是强制的;第二,必须是中小企业自己委托监理公司,双方需要订立书面委托监理合同,只有这样才意味着监理是受中小企业委托的,在施工过程中才有一定的管理权;第三,监理公司必须是有资质的监理单位,这样才可以提供监理服务。

在使用监理的工厂建设过程中主要有3个主要的角色"监理"施工现场,分别是中小企业的厂务人员、政府部门(主要是住建部门)以及监理公司。工程建设监理不同于住建部门的强制性、行政性监督管理。工程建设监理的工作贯穿在整个建厂施工的全过程。工程监理工作具有服务性、科学性、公正性和独立性的特点。服务性是指监理工作实际上是有偿收费的技术服务工作，这些服务工作是按照服务合同来实施的，是受法律约束和保护的。科学性是指服务的过程中需要采用科学的思想、理论、方法、技术以及手段。同样，参与监理工作的人员需要一定的专业性，需要具备丰富的经验，掌握先进的理论，积累专业的知识。公正性是指作为第三方服务方，监理在任何时候都需要依照法律法规、标准规范、规程合同并站在公正的立场上进行客观的判断和证明，不损害各方的合法权益。独立性是指建立和中小企业、施工建设单位平等的关系，在建立过程中有自己的组织并按照自己的方案独立的开展工作。

监理是有偿的服务工作，中小企业需要支付费用才能获得服务，那么，中小企业得到的收益是什么？中小企业的收益实际上就是监理的作用，这些作用主要有如下三个方面。

第一，有利于规范工程建设参与各方的建设行为。监理公司的存在实际上是用来约束建厂工程的各个参与方，而且这种约束机制贯穿于工程建设的全过程，采用事前预防、事中检查和事后控制的方式有效地约束各方的建设行为。有了这样的约束机制，后面的质量管控、进度管控、成本管控和安全管控才有可能有效。

第二，有利于提高工程建设投资决策科学化的水平。监理在得到业主（中小企业）的委托后需要全过程监控业主的工厂建设过程。监理可以协助业主在建厂项目初期做可行性认证，无论是业主内部的还是外部的决策，都可以评估项目建议书、审核可行性报告，也能提出专业的意见和建议。这些都能提高投资决策的科学水平，避免项目投资决策失误，实现投资效益最大化。

第三，有利于保证工程建设的质量和使用安全。有资质的监理人员都是既懂工程技术，又懂经济管理的专业人士，他们肯定有能力及时发现工程设计、施工过程中出现的问题，发现工程材料、设备在施工过程中存在的各种问题。这些可以消除建厂项目的质量隐患,对保证项目建设的质量和使用安全有重要的作用。

第四,有利于实现工程建设投资效益最大化。引入监理后,工程建设投资效益最大化有以下三种不同表现:

(1) 在满足工程建设预定功能和质量标准的前提下,建设投资额最少。

(2) 在满足工程建设预定功能和质量标准的前提下,工程建设寿命周期费用(或全寿命周期费用)最低。

(3) 工程建设本身的投资效益与环境效益、社会效益的综合效益最大化。

在建厂项目中,监理通过表 8-2 的控制方法监控项目的实施,从工作内容中可以看出监理的工作内容基本覆盖了建厂项目的全过程,这些服务内容也可以弥补非专业出身的建厂厂长的知识短板,应该能成为建厂项目的好帮手。

表 8-2 监控内容及具体监理活动

监控内容	具体监理活动
工程质量	计量设备核查 新材料、新工艺、新技术和新设备的审查 原材料、辅材配件、设备的看样定板 原材料、辅材配件、设备的进场验收 原材料、辅材配件、设备的见证取样送检 工程质量专项检测 施工质量验收 建筑工程的专项验收和备案 单位工程的竣工验收备案 施工质量的评价及创优 工程质量问题或事故处理 细分工程的质量控制
工程进度	施工进度的计划审查 施工进度计划的检查与调整 施工进度的控制措施
工程造价	工程预付款审查 工程计量审查 工程进度款支付审查 工程变更价款审查 现场签证管理 分部分项工程费与相关费用审查 索赔费用审查 竣工结算款审核
工程安全	施工安全管理体系审查 危险性大的施工工程专项施工方案报审 危险性大的施工工程专项施工监管 安全监理检查及隐患处理 安全设施的检查验收 安全隐患识别、整改和追踪 安全监理报告 安全生产事故的调查和处理
工程合同	合同台账监理与管理 合同变更管理 合同争议处理 合同索赔管理
其他	设计文件交底 合同审核 绿色施工管理 现场沟通管理 沟通冲突协调 文档管理 招投标协调（甚至组织） 非标设备采购询价 设备监造

这里需要细化工程监理和项目管理的差异，如果中小企业建厂项目中没有专职项目经理的职位设置，工程监理和项目管理都是甲方委托的外部服务资源。但他们最大的差异是承担的责任不一样，项目管理只承

担双方的合同定义的责任,而监理不仅要承担合同责任,还需要承担一定的法律责任。

2. 项目是否需要监理

这是个大多数中小企业建厂厂长都会有的问题,这个问题在走政府流程(比如项目报建时)会更加强烈,因为一系列的表格上会有这样的选项,勾选还是不勾选?找到这样的问题的答案需要从政策以及操作上找答案。

政策上,《中华人民共和国建筑法》第三十条规定:"国家推行建筑工程监理制度。国务院可以规定实行强制监理的建筑工程的范围。"《建设工程质量管理条例》第十二条规定,下列工程必须实行监理:(一)国家重点建设工程;(二)大中型公用事业工程;(三)成片开发建设的住宅小区工程;(四)利用外国政府或者国际组织贷款、援助资金的工程;(五)国家规定必须实行监理的其他工程。

《建设工程监理范围和规模标准规定》(原建设部令第86号)又进一步细化了必须实行监理的工程范围和规模标准。

参照以上规定,我们发现那些需要实施强制监理的工程项目具有公共、基础和重要的特征,显然绝大多数的中小企业的工厂建设项目不在该系列规定的范围之内。所以从政策上讲,中小企业的建厂项目是不需要强制实施监理的,但是为何有些不是重要、基础和公共的企业建厂项目的工地外却可以看到监理的牌子呢?这就和实际操作有关。

实际操作上,中小企业如下的一些因素也会影响企业在建厂项目中使用监理。

第一,投资人的要求。有些投资人在投资合同里会有强制的要求,在金额和类别上要求建厂项目使用监理,甚至使用其指定的监理公司。这些监理的作用除了常规的监理作用,还承担着一部分监督和审计的作用,还有一些大公司在管理其下属子公司时也会有要求。

第二,存在建筑施工的项目时也会有这样的要求。这个属于业内的常规操作,尤其是涉及土建、建筑等施工的项目时。这些项目施工存在一定的隐蔽施工内容，在验收的时候需要使用施工过程的样品或数据，所以用一个独立的监理更加匹配和适合这样的要求。

第三，项目所在地政府的要求。上面的文件只是中央政府的原则要求，但每个地区、每个城市又因为产业情况、发展水平和管理侧重点不一样，而对监理制度有不同的要求，基本的趋势是越是发达的地区强制要求越少。有些地区或政府会按照建筑面积或项目费用来设置不同的要求。

第四，企业自身的要求。不符合强制监理要求项目的企业主动使用监理的情况是比较容易理解的，在建厂团队经验不丰富、建厂项目可能存在风险的情况下，中小企业实际上是将监理当成项目的顾问以及现场的项目经理使用的。

所以中小企业的建厂厂长在考虑建厂项目是否需要使用监理时可以参照自己公司的规定、投资协议条款的基础上询问所在地住建管理部门的具体政策再做最终的决定。

监理是有偿的工程咨询服务，收费的方法有 3 种：按照工程投资的百分比计算、固定价格计算、工资加一定比例的其他费用计算方法。具体的收费方法和收费标准是遵循《建设工程监理与相关服务收费管理规定》的要求，每个地方也都有相关的指导文件，比如 2015 年江浙沪就统一制定了苏浙沪《建设工程施工监理服务费计费规则》。最常见的是按照工程投资的百分比计算收费，收费比例根据合同额大小来确定的，金额小比例大，金额大比例小，在做具体预算时可以参照表 8-3。

表 8-3 监理费用比例参考规范

工程造价/元	监理费用比例
< 500 万	不得小于 2.5%
500 万～1000 万	1.9%～2.5%
1000 万～5000 万	1.3%～1.9%
5000 万～1 亿	1.1%～1.3%
1 亿～5 亿	0.7%～1.1%
5 亿～10 亿	0.5%～0.7%
> 10 亿	不得大于 0.5%

第九章 "三同时"流程

本书作者一直在汽车零部件行业管理工厂运营，在这个行业里，每个工厂都会面临着多次的新客户审核和认证。在和潜在客户接触的第一轮，客户都会明确要求工厂厂长提供《环境影响评价》等文件。工厂能否提供这些文件成了进入审核轮的重要的强制的前提条件。在工厂建设完成后验收并投入运营，政府的相关部门，比如安监、职业卫生、环境监察大队等也会不定期地上门检查，检查时可能会要求企业提供相关的批复文件，这些文件从哪里来？不是工厂建设完成后再去走流程，而是在工厂建厂的第一个规划设计阶段就需要开始考虑，在设计阶段就需要开始具体的工作。这些就是我们不得不提到的"三同时"制度。

第一节 "三同时"制度概述

"三同时"制度是我国特有的管理制度，是基于多年的具体实践，有法律支持，并需要企业强制实施的一种管理制度。具体的"三同时"指的是相关的设施"同时设计、同时施工、同时投入生产和使用"。

在工厂建设领域无论是新建、改建或者扩建项目都需要按规定实施"三同时"且接受主管部门的监管。严格意义上的"三同时"包括职业病防护设施、安全设施、环境保护设施、水土保持设施、防雷以及消防等。中小企业需要实施"三同时"的有职业病防护设施、安全设施、环境保护设施。其对应的法律条款依据分别如下。

环境保护设施"三同时"制度最早规定出现于1973年的《关于保护和改善环境的若干规定》，然后在1979年的《环境保护法（试行）》中做了进一步规定。此后的一系列环境法律法规也都重申了"三同时"制度。

根据我国 2014 年修订并于 2015 年 1 月 1 日开始施行的《中华人民共和国环境保护法》第四十一条规定:"建设项目中防治污染的设施,应当与主体工程同时设计、同时施工、同时投产使用。防治污染的设施应当符合经批准的环境影响评价文件的要求,不得擅自拆除或者闲置。"环境保护设施"三同时"的管理部门是生态环境部。

安全设施"三同时"是根据《中华人民共和国安全生产法》和《国务院关于进一步加强企业安全生产工作的通知》等法律、行政法规和规定于 2010 年 12 月 14 日公布,自 2011 年 2 月 1 日起施行的《建设项目安全设施"三同时"监督管理办法》,后在 2015 年 4 月 2 日国家安全生产监督管理总局令第 77 号修正。安全设施"三同时"的管理部门归应急管理部管理。

职业病防护设施"三同时"依据《中华人民共和国职业病防治法》以及《建设项目职业病防护设施"三同时"监督管理办法》(国家安全生产监督管理总局令第 90 号,以下简称"90 号令")、《建设项目职业病防护设施"三同时"监督管理办法》有详细规定。职业病防护设施"三同时"的主管部门有过变化,最早的管理部门是应急管理部管理(原国家安全生产监督管理总局),现在生效的好多的文件还是应急管理部门的,后来由于国务院部委组织架构的变化,职业病防护设施"三同时"的主管部门换成了国家卫生健康委,国家卫生健康委有一个职业健康司具体负责该要求的推行。

除上述国家范围的基本通用法律条款外,各级地方政府还会出台地方相关的细则法规,比如浙江省出台《浙江省安全生产条例》作为细化的执行要求,又如,浙江省 2016 年出台了《浙江省冶金等工贸行业建设项目安全设施"三同时"监督管理暂行规定》,并在 2017 年做了部分修改。所以中小企业在实际操作实践"三同时"工作时需要结合所在地地方法规具体的规定。

1. 建厂项目不做"三同时"的后果

"三同时"工作是中小企业建厂过程中最容易被忽略的一项工作，我们见过多个在"三同时"上出问题的中小企业，越是规模小的企业出问题的可能性越大，总结起来产生这种疏忽的原因如下。

第一，中小企业在建厂的阶段一般不会配置专职 EHS 这样的资源。这主要是由于中小企业资源紧张，专职 EHS 这样的人员配置一般会在工厂正常运营后才会配置。法律规定公司超过 100 人才需要强制配置专职 EHS，没有 EHS 的关注，面对其他更重要的工作，"三同时"这样的工作被疏忽就显得很正常了。

第二，建厂厂长不熟悉"三同时"流程和存在侥幸心理。建厂厂长不熟悉"三同时"的工作内容和具体工作流程，经常将"三同时"和其接触比较多的运营阶段的安全、环保和职业卫生日常常规的管理工作混淆，错误地认为这些工作可以在项目竣工后后补。甚至有些厂长认为租赁的厂房房东已经做过"三同时"就不需要自己再做了，这些错误的理解加上侥幸心理就会导致其错过最好的时间段。

第三，做"三同时"需要花费费用。除了烦琐的工作流程，做"三同时"还需要费用，而且费用是比较可观的（详见第三章第四节），中小企业可能在预算阶段没有计划这样的预算，或者有预算也会被公司管理层冻结观望。

不重视或疏忽会给中小企业带来巨大的风险。首先按照法规要求，企业在建厂阶段不做"三同时"会面临着如下的处罚。一是罚款，比如对于没有做安全设施"三同时"的新建项目，按照相关法规可以处 5000 元以上 3 万元以下的罚款；二是停产整顿，尤其是那些高安全风险的特殊行业，比如化工厂，停业整顿不到位的还要处 50 万元以上 100 万元以下的巨额罚款；三是被责令限期改正，这意味着交完罚款该做的还需要补做，补做的成本就会变高，因为这个时候建好的厂房可能需要被破墙翻地。除了这些行政处罚，若因为"三同时"有问题且导致了相关的事故，可能企业法人或者现场负责人还需要承担刑事责任。

对中小企业来讲，因未做"三同时"而未取得政府相关的批复文件可能会影响企业获得特定客户的订单业务，更重要的是以上的这些行政处罚都会记录到企业的档案里并公示，这正是那些要求百分百合规并立志上市的中小企业最不能接受的。

如果中小企业没有做到"三同时"或者"三同时"没有做到位，被监管部门发现，那么企业会被行政处罚且会被要求整改整顿，此时建厂项目的工期成本都会比在项目初期就规划好的情况大大增加。所以从建厂项目管理来讲，为避免在事中和事后去补做"三同时"，尽量在项目规划前期就考虑进去，并在项目设计阶段就开始执行，这样不仅完全合规而且对建厂项目影响是最小的。

2. 谁去做"三同时"

中小企业建厂项目"三同时"的具体实施按照如下的原则来处理。

（1）无强制资质要求且有能力就自己做；

（2）有强制资质要求不管有无能力做都需要委托第三方做。

具体的法规会规定相关的资质要求，比如，2017年5月1日施行的《建设项目职业病防护设施"三同时"监督管理办法》规定负责建设项目投资、管理的单位是建设项目职业病防护设施建设的责任主体。有能力的企业可以独立完成，无须使用第三方。而安全"三同时"则要求"生产经营单位应当委托具有相应资质的安全评价机构，对其建设项目进行安全预评价，并编制安全预评价报告"。从事这些工作必须是具备一定专业知识的被政府部门认可的专业机构。

但在实践中，我们建议中小企业直接使用项目所在地有资质的第三方咨询公司。在下一节我们看到各个"三同时"的流程还是比较复杂的，不是专业人士可能花费较大精力还搞不定，有些环节还需要聘请外部的专家做专家评审，这样的资源是中小企业的员工所不具备的。

第二节 "三同时"流程与实践

前文我们提到，一般的租赁厂房建厂的"三同时"包括3个部分的内容：职业病防护设施、安全设施、环境保护设施，其中最重要的就是环境保护设施"三同时"，本书第三章第二节中，我们展示和注释的最新版本的《项目可行性研究报告模板》里的第七部分项目影响效果分析的第三个分析点就是生态环境影响的分析。在《可行性研究报告》里对项目环境的分析是笼统的，提及的措施也未细化，而对这些内容的具体细化和系统研究就体现在环境保护设施"三同时"流程中。

1. 环境保护设施"三同时"

完整的环境保护设施"三同时"工作包括2个步骤：环评和建设后验收。不同行业和企业受其生产工艺特点影响工作量的差异较大。

环评是指环境影响评价的简称，具体指对建设项目可能造成的环境影响进行分析、预测和评估，提出预防或者减轻对环境不良影响的对策和措施，并对这些对策和措施进行追踪和检测的方法和制度。整个环境保护设施"三同时"的流程如下。

（1）根据《建设项目环境影响评价分类管理目录》选择中小企业所在的行业分类以及代码。表9-1是由中华人民共和国生态环境部定期发布，在其网站上可以公开查询。确定了后再根据行业分类和代码选择报告类型，本书以汽车制造业为例。

表9-1 建设工程施工监理服务计费规则

项目类别	环评类别			本栏目环境敏感区含义
	报告书	报告表	登记表	
三十三、汽车制造业 36				
71　汽车整车制造　361；汽车用发动机制造　362；改装汽车制造　363；低速汽车制造　364；电车制造　365；汽车车身、挂车制造　366；汽车零部件及配件制造　367	汽车整车制造（仅组装的除外）；汽车用发动机制造（仅组装的除外）；有电镀工艺的；年用溶剂型涂料（含稀释剂）10吨及以上的	其他（年用非溶剂型低VOCs含量涂料10吨以下的除外）		

环评类别分为报告书、报告表以及登记表三种类型。这三种类型的环评要求不一样，相应的工作量也不一样，咨询费用也不一样。这三种环评类别的相关差异见表9-2。

表9-2 环评类别差异表

政府管理方式	登记表	报告表	报告书
	备案登记	公示审批	公示审批
操作流程	1. 开工前企业如实填写环境影响登记表； 2. 提交环保部门； 3. 施工期间落实措施，确保达标，自觉接受监督； 4. 施工结束后继续采取定义的措施	1. 绘制人员现场勘察并收集材料，如需要还需环境检测； 2. 编制报告表； 3. 主管部门和专家参加评审会议，提出整改意见（可选）； 4. 整改完成，网站公示； 5. 主管部门审批批复	和报告书基本一致，但是需要市级生态环保部门审批
责任承担	承诺制度，出问题企业承担一切后果	编制单位和企业共同负责	编制单位和企业共同负责
一般对象	环境影响较小的建设项目	有污染风险但较轻微的项目	有特大产能或污染严重的项目

（2）中小企业准备相关材料。

（3）在资料齐全无误的前提下，咨询公司开始编写项目环境影响评价文件。不同的文件完成时间不一样，登记表可能一周就可以完成，报告表的初稿编制时间约为50天，报告书可能需要3个月的时间。

（4）登记表需要上传提交至政府报备网站，填写无误后打印，再加盖公司公章，这样完整的备案登记表就完成了，以后检查时就可以出示该表格；报告表初稿装订完成后送环境保护局审核，如果有必要，环境保护局需要让中小企业组织会议评审，在评审会议上专家会提出整改意见，更改完成后政府再审核，审核通过后报告的电子版在环境保护局网站进行公示，公示9个工作日后环境保护局出具审批意见。

（5）登记表下载后，报告表和报告书中经政府相关人员审查批准后，才能纳入工厂建设计划并投入施工。同时企业需要保证落实防治环境污染和生态破坏的措施以及环境保护设施投资概算，这些措施主要是对废水、废气、噪声以及其他危固废的相关处理。

（6）建厂项目完成后，其配套建设的环境保护设施必须与主体工程同时投入试运行。企业试生产后6个月内（最迟不超过一年）还需完成环境影响评价竣工验收，环评验收通过后"三同时"完结。这样才能转入正常生产运营的环节。

整个过程在准备相关资料以及填写环评表格时,一定要注意项目规模的问题,尤其是那些分阶段投资的中小企业。提供资料和填写表格时需要预估在本厂最大的规模,比如,现在投资一条线,产能100万/年,3年后预计在该厂房内投资达到三条线,产能300万/年。填写产能规模的时候最好填写300万/年,而不是100万/年,原因如下。

第一,对环评来说,100万和300万产能的工作量差异不大,也意味着付给第三方的费用是一样的。不存在填写100万产能来降低环评成本的说法。

第二,如果只填100万产能,那么在增加第二条线时需要重新做环评,意味着需要把本章所有的步骤(第1步到第6步)再走一遍,再增加第三条线也是一样,而直接写300万产能的时候,后面的两次扩产都只需要将验收的步骤(步骤6)重复一遍皆可,无论是时间还是费用,都能节省很多。

如果工厂投产后工厂地址、产品、主要工艺和生产规模没有变化,建厂阶段的环评批复文件就一直有效,不需要重复评估。可能需要每年定期处理的就是排污许可证等。

2. 办理排污许可证

和环境保护设施"三同时"经常配套出现的一个任务是中小企业的排污。我国企业排污实施的是许可证制度,国家对排放到自然界的污染物进行总量控制,排污许可证就是唯一的许可凭证。如果企业有证就可以排污,如果没有就不能排污,不然被发现了就会被惩罚,严重的会被责令停产或者查封、扣押其生产设备。即使有证,排出去的量也不能超过排污许可证定义确认的量。

排污许可证是指作为排污单位的中小企业向当地环境保护行政主管部门提出申请后,环境保护行政主管部门经审查确认后向企业发放的允许排放一定数量污染物的凭证。排污许可证属于环境保护许可证中的重要组成部分,一个工厂建成,该证必须完成申请。法律层面,规范和指导的法律是在 2023 年 12 月 25 日由生态环境部 2023 年第 4 次部务会议上审议通过，自 2024 年 7 月 1 日起施行的《排污许可管理办法》。

申请排污许可证的步骤有三步：确定管控方式、排污许可数据汇总、申报和取证。

第一步，确定管控方式。不是每个企业都需要取得排污许可证，每个企业情况不同，处理方式也不一样。具体查询管控方式是需要根据《国民经济行业分类和代码》《固定污染源排污许可分类管理名录》这两个文件判断。这两个文件基本每年都在更新，搜索这两个文件时直接找最新版本。《固定污染源排污许可分类管理名录》定义了我国管理不同排污情况的三种管控方式。

国家根据排放污染物的企业事业单位和其他生产经营者（简称"排污单位"）污染物产生量、排放量、对环境的影响程度等因素，实行排污许可重点管理、简化管理和登记管理。

对污染物产生量、排放量或者对环境的影响程度较大的排污单位，实行排污许可重点管理；对污染物产生量、排放量和对环境的影响程度较小的排污单位，实行排污许可简化管理。对污染物产生量、排放量和对环境的影响程度很小的排污单位，实行排污登记管理。

实行登记管理的排污单位，不需要申请取得排污许可证，应当在全国排污许可证管理信息平台填报排污登记表，登记基本信息、污染物排放去向、执行的污染物排放标准以及采取的污染防治措施等信息。

所以需要申请取得排污许可证的只有被确认的简化管理和登记管理的排污单位。同时《固定污染源排污许可分类管理名录》还对每个行业做了具体的定义，见表 9-3。

表 9-3 《固定污染排序许可分类管理名录》截表

序号	行业类别	重点管理	简化管理	登记管理
一、畜牧业 03				
1	牧畜饲养 031，家禽饲养 032	设有污水排放口的规模化畜禽养殖厂、养殖小区（具体规模化标准按《畜禽规模养殖污染防治条例》执行）	-	无污水排放口的规模化畜禽养殖厂、养殖小区，设有污水排放口的规模以下畜禽养殖场、养殖小区
2	其他畜牧业 039	-	-	设有污水排放口的养殖场、养殖小区

这份文件里的"纳入重点排污单位名录的"可以参照中小企业所在省的专门发文。在《固定污染源排污许可分类管理名录》里会有定量的定义，比如年使用 10 吨及以上溶剂型涂料等，这些条件结合下一步的排污许可数据就可以确定真正的管控方法。

第二步，排污许可数据汇总。这个工作比较专业，目的是在正式提交政府排污数据前中小企业内部通过某些方法汇总核实合理的数据，数据的合理性意味着在排污种类上要全面正确，在排污量上不多不少，预计量多了会影响后续工作，预计量少了可能会面临处罚。

在实际操作中，对标同等规模的行业内企业可以获得相对可靠的数据。有些工艺的排放和采用的设备有关系，设备供应商也可以提供比较可信的排污数据。

第三步，申报和取证。排污信息申报是在统一的"全国排污许可证管理信息平台－公开端"在线填写。该平台可以通过关键字搜索，如图 9-1 所示。

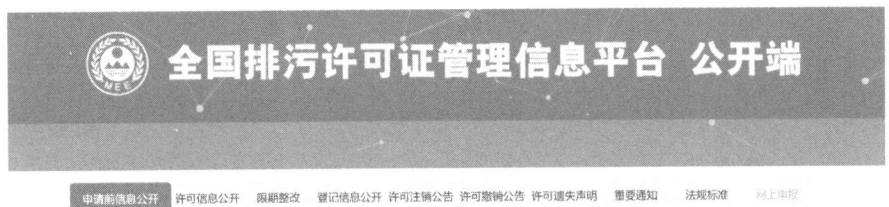

图 9-1　全国排污许可证管理信息平台截图

该平台需要企业负责人使用公司营业执照注册和登录，需要提供的相关信息较多，不过网站有详细要求。

在填写时需要注意如下几点。

（1）污染物排放标准需要执行最新标准，不能照搬批复。

（2）填报时会发现几个文件标准要求不一致，这种情况下需要统一从严执行，从新执行（严格程度一般为"国标＜地标＜行标"），同时标准在更新，注意参考标准是否为最新版。

（3）项目排污许可证申请表为全国排污许可证管理信息平台系统自动生成，在页面"提交申请处"下载。下载后打印并加盖企业公章，这样就可以换取最终的纸质版许可证书了。填报者将信息填报完整后还需根据所提交的区或省环境保护局提出的审核意见进行修改，直至通过省环境保护局审核。

采取排污许可登记的企业也需要登录同样的平台填写相关信息，但是需要的信息比申请排污许可证要少很多。在系统上填写《排污登记表》后，平台会自动生成编号和回执，这个打印出来就可以使用了。

这个网站在建厂完成后，工厂的日常运营中还需要定期登录填写执行报告，这个时候，如果没有专业的 EHS，建厂厂长需要定期登录填写。

排污许可是和环评工作密不可分的，但是时间顺序上不能搞错，尤其是环评、排污许可、验收的顺序不能打乱，否则会面临不同的惩罚。下面是 3 个时间节点。

（1）环评要在项目建设前完成，完成的标志是拿到环评批复，环评批复上的时间必须在项目开工之前，如果先建设项目再办理环评，这个现象叫"未批先建"。

（2）排污许可证需要在项目建设完成后设备调试前完成，拿到纸质版排污许可证就算完成，如果没有拿到排污许可证就开始生产，这个现象叫"非法排污"，设备调试也称"试生产"。

（3）取得排污证后开始环保竣工验收，竣工验收要在取得排污许可证后的三个月内完成，特殊情况不能超过一年，如果没有验收就一直生产，这个现象被称为"未经验收投入使用"。

注意：拿到排污许可证到验收结束需在 3 个月内完成，特殊情况不超过 1 年。

总结一下顺序：环评→拿到环评批复→项目开始建设→项目建设完成（竣工）→申请排污许可证→拿到排污许可证→验收，项目开始设备调试（试生产）→取得验收备案文件。

3. 安全设施"三同时"

安全设施是指生产经营单位在生产经营活动中用于预防生产安全事

故的设备、设施、装置、构（建）筑物和其他技术措施的总称。建设项目安全设施"三同时"的具体要求：生产经营单位新建、改建、扩建工程项目的安全设施，必须与项目主体工程(厂房建设)同时设计、同时施工、同时投入生产和使用。

同时设计：就是工程设计单位在编制建设项目初步设计文件时，同时编制其中的安全设施设计文件部分，保证安全设施设计按照有关规定得到落实。

同时施工：就是建设施工单位在对建设工程项目施工时，必须同时施工安全设施工程。建设施工单位不得先完成主体工程，再进行安全设施施工，或者有意减掉安全设施工程，只完成主体工程（厂房建设），留在以后补充完成。

同时投入生产和使用：就是主体工程（厂房建设）在投入生产和使用时，必须同时确保安全设施工程投入生产和使用。安全设施工程没有投入生产或者使用的，主体工程不得投入生产或者使用。

《建设项目安全设施"三同时"监督管理办法》（简称《管理办法》）第二条明确要求"经县级以上人民政府及其有关主管部门依法审批、核准或者备案的生产经营单位新建、改建、扩建工程项目安全设施的建设及其监督管理安全设施"三同时"要求。这样就正式界定了一个需要做安全设施"三同时"的范围，中小企业可以自我检查是否符合。当然地方政府的细化要求和规定也一样适用，有些地区的准入工作流程和国家的要求差异比较大，严格意义上按照《管理办法》是不需要做"三同时"的，但是在后续运营中因为各种情况被要求做类似的工作。

安全设施"三同时"要求凡是新建、改建、扩建的建设项目，从可行性研究至竣工验收、投入生产和使用，都必须严格按照"三同时"要求进行建设与管理，安全设施投资纳入建设项目概算。大致的流程如图9-2所示。

	可行性论证	施工前	试运行/竣工验收	正式运行
危化品项目	● 安全预评价报告（有资质单位） ● 安全条件审查意见书（安监局,有效期两年）	● 安全设施设计专篇（有资质单位） ● 安全设施设计审查意见书（安监局）	● 试生产（使用）方案（专家审查） ● 安全验收评价（有资质单位） ● 安全设施竣工验收报告（专家评审）	● 安全生产许可证（验收后10个工作日内申请） ● 每3年1次安全（现状）评价（有资质单位） ● 电气、消防等设施的定期检测
一般项目	● 安全生产条件和设施综合分析报告（自行组织）	● 安全设施设计（有资质单位） ● 安全设施设计审查报告（自行组织）	● 安全设施竣工验收报告（自行组织）	● 电气、消防等设施的定期检测
	安全条件审查	安全设施设计	安全设施验收	检测和评价

图 9-2 安全设施"三同时"流程

由上图可知，项目所在的行业以及对安全的要求差异导致使用的流程是不一样的。《建设项目安全设施"三同时"监督管理办法》中规定的危化品项目的定义如下。

（一）非煤矿矿山建设项目；

（二）生产、储存危险化学品（包括使用长输管道输送危险化学品）的建设项目；

（三）生产、储存烟花爆竹的建设项目；

（四）金属冶炼建设项目；

（五）使用危险化学品从事生产并且使用量达到规定数量的化工建设项目（属于危险化学品生产的除外）；

（六）法律、行政法规和国务院规定的其他建设项目。

除了上述 6 种危化品项目原则上都可以被看成一般项目。有些中小企业在界定的时候会有些模糊，尤其是第五条和第六条，比如一家半导体中小企业的工厂就用到了大量的化学品。但无论如何，工作的第一步就是判断中小企业的行业属性。尤其需要说明的是第二条生产、储存危险化学品（包括使用长输管道输送危险化学品）的建设项目，对于这个定义每个地方政府的判断尺度不一，大多数工厂都会使用一些危险化学品，比如，用酒精来做现场5S，这样在实际操作中就涉及存储危险化学品，但是该条款没有定量的描述，所以，判断的尺寸无法标准掌控。中小企业和第三方服务公司在判断该项目时需要慎重描述一些事实,"使用酒精用来做设备保养"和"使用微量酒精来做设备保养"的差异就可能导致不同的结果。

安全设施"三同时"的过程也可以按照建厂项目的过程分成四个阶段:可行性论证阶段、施工前、试运行/竣工验收以及正式运行阶段,每个阶段的工作分别对应安全条件审查、安全设施设计、安全设施验收和检测与评价。

首先对于一般项目,在可行性论证阶段的安全条件审查,中小企业需要自行组织对其安全生产条件和设施进行综合分析,形成书面报告备查。这就意味着不需要找有资质的咨询公司,使用类似的模板,普通的 EHS 人员就可以完成该工作,而在施工前的安全设施设计阶段,这个时候需要找有资质的第三方(一般是设计院)做安全设施设计,编制安全设施设计,企业需要按照要求提供资料。

使用以上材料时,有资质的公司会按照一定的要求输出《项目安全设施设计》,该设计输出的内容是有标准要求的。在安全设计完成后,中小企业需要自行组织审查第三方有资质的公司提供的安全设施设计,重点关注设计的合理性以及公司的预算费用的落实情况,整个设备运行过程和结论需要形成书面报告备查。

建设项目安全设施的施工应当由取得相应资质的施工单位进行,并与建设项目主体工程同时施工。在施工过程中施工单位需要做好如下与安全相关的工作。

(1)临时用电方案;
(2)对危险性较大的分部分项工程依法编制专项施工方案;
(3)评审和验算以上方案。

同时,使用监理的项目,监理也需要审查施工组织设计中的安全技术措施或者专项施工方案是否符合工程建设强制性标准。在工厂竣工验收阶段,中小企业也要自行组织对于安全设施的验收,验收的过程和结论做好书面记录以备后续审查,更重要的是在后续日常的使用中还需要对安全设施（比如电气设备、消防设施等）做定期的点检和保养。到此为止，一般项目的安全设施设计就形成了闭环。同时，中小企业应当按照档案管理的规定，建立建设项目安全设施"三同时"文件资料档案，并妥善保存。

一般项目在安全设施"三同时"过程中形成的报告、记录等文件在工厂没有重大工艺变更的情况下是一直有效的，不需要定期重复做。但是工厂在做重大改造时是需要重新做的，具体的触发条件可以和专业第三方服务公司确认。

和一般项目对应的危废品项目数量不多，但是还是存在的，尤其是在化工行业中。如果中小企业的项目被定义为危废品项目，招聘一个专职的 EHS 人员是一个比较实际的方案，不同于一般项目的一次性工作，危废品项目安全设施评估工作涉及内容多、专业性强、时间长，关键是后续生产运营后安全工作的任务量还是比较大的，所以，招一个专业的 EHS 人员可以大大减轻建厂工厂的工作量。

整个危废品安全设施"三同时"过程里，有大量的工作需要有资质的单位完成，同时对不同的工作产出也有多次政府主管部门的审批和验收。在论证阶段就需要有资质的服务方做《安全预评价报告》，其分析给出生产现场危害因素引发事故的可能性及其严重程度的预测性结论，并提出对策措施和建议，用以指导建设项目的初步设计。形成的预评价报告书需要提交给项目所在地的安全生产监督管理部门做安全条件审查，当地安全生产监督管理部门收到递交的申请后需要在 5 个工作日内按照流程做出受理或者不予受理的决定，并书面告知中小企业的经办人；对已经受理的项目安全设施设计审查申请，安全生产监督管理部门应当自受理之日起 20 个工作日内做出是否批准的决定，并书面告知申请人。20 个工作日内不能做出决定的，经本部门负责人批准，可以延长 10 个工作日，并应当将延长期限的理由书面告知申请人。

如果中小企业的项目安全设施设计审查没有被批准的，中小企业和第三方服务机构需要对设计方案进行整改后可以向原审查部门申请再审。

安监部门出具的安全条件审查意见书的有效期是 2 年。

获取安全条件审查意见书后,设计院委托有资质的单位做安全设施设计专篇,安全设施设计专篇完成后,中小企业应当按照相关规定向当地安全生产监督管理部门提出审查申请。

安全生产监督管理部门收到中小企业的申请后,需要在收到申请后 5 个工作日内做出受理或者不予受理的决定,书面告知中小企业申请人;对已经受理的建设项目安全设施设计审查申请,当地安全生产监督管理部门应当自受理之日起 20 个工作日内做出是否批准的决定,并书面告知申请人。20 个工作日内不能做出决定的,经部门负责人批准,可以延长 10 个工作日,并应当将延长期限的理由书面告知申请人。

审核通过后,进入施工环节,施工过程中一定要按照设计专篇里设计的安全设施施工。施工完成后需要组织有资质的单位进行三个步骤的验收。

试生产方案。在工厂刚建设好的阶段一般是比较有风险的,相当多的事故就发生在这个阶段,毕竟是安全设施第一次使用。试生产方案必须是经过专家审查的,企业可以从政府的专家库里选择专家组织这样的专家审查。专家审查中发现的任何问题都必须得到整改和落实。试生产方案评审通过后可以开始正式的试生产,试生产过程中肯定还会发现新的安全设施或者安全问题,这些问题也必须得到记录和整改落实。

安全验收评价。结合试生产情况,企业还要聘请有资质的单位做正式的安全验收评价。安全验收评价是在项目竣工后、试生产运行正常后,正式投产前按规定程序开展。安全验收评价程序一般包括前期准备;编制安全验收评价计划;安全验收评价现场检查;编制安全验收评价报告;安全验收评价报告评审。

安全设施竣工验收。结合相关资料,企业需要最终输出企业安全设施竣工验收报告,同样需要相关的专家做评审。

不同于一般项目,在正式生产阶段,危化品项目的企业在正式运行阶段的工作比较多,而且这些工作大多数都是轻质要求的。

取得安全生产许可证。在验收后的 10 个工作日内企业必须向当地安监部门申请，当地的安监部门需要在企业申请提交后的 45 日内审查完毕。安全生产许可证有效期是三年。取得安全生产许可证企业还需要满足其他的条件，比如专职安全人员配置到位，安全经费落实，需要的证书和资质落实到位，比如企业主要负责人和安全生产管理人员通过考核，特种设备人员通过操作考核取得作业资格证书。

定期安全现状评价。现状安全评价是需要每 3 年做一次的，中小企业需要委托有资质的第三方做，对有些需要获得安全生产许可证才能生产的企业，在许可证有效期届满前申请办理延期手续时，必须提交由具备相应资质的中介服务机构出具的合格的安全现状评价报告。

安全设施定期维护和检测，尤其是对安全风险较大的设施设备的维护一定要落实到位。

4. 特种设备管理

在建厂安全管理流程中，另一个重要的活动是对特种设备的管理。特种设备是如下在生产型工厂中比较常见的设备和设施。

（1）锅炉；

（2）压力容器；

（3）气瓶；

（4）压力管道；

（5）电梯；

（6）起重机械；

（7）场（厂）内专用机动车辆的设计。

关于特种设备的法律依据是自 2014 年 1 月 1 日起施行的《中华人民共和国特种设备安全法》，同时，2023 年 4 月 4 日国家市场监督管理总局令第 73 号公布，自 2023 年 5 月 5 日起施行《特种设备生产单位落实质量安全主体责任监督管理规定》详细规范定义了使用上述各种特种设备的详细要求。特种设备在投入使用前或使用后 30 日内中小企业需要向当地质监部门注册登记取得使用登记证书，同时设备操作者需要通过考核和认证，取得操作证书。特种设备的主管单位是质量技术监督局。

在新工厂建设阶段，对特种设备的处理可以参考如下两个原则。

尽量找替代设备避免使用特种设备。 对于使用频率低的特种设备，比如叉车可以使用外包以及共享的方式避免直接投资，尤其是在市场供给充足的情况下。如果无法避免，可以采用让房东投资的形式来减少中小企业责任范围。

人员和设备一起规划。 特种设备的使用除了设备本身的校验检验以及登记许可证外，还需要其使用者具备一定的资质——参加培训、通过考核、取得证书。所以有设备的情况下，一定要同时考虑相关人员的配备。

5. 职业病防护设施"三同时"

和前文介绍的环保设施"三同时"以及安全防护设施"三同时"一样，职业病防护设施"三同时"是指建设项目职业病防护设施必须与主体工程同时设计、同时施工、同时投入生产和使用。同样，职业病防护设施所需费用应当纳入建设项目工程预算。

《中华人民共和国职业病防治法》规定，职业病是指企业、事业单位和个体经济组织等用人单位的劳动者在职业活动中，因接触粉尘、放射性物质和其他有毒、有害因素而引起的疾病。凡是符合法律规定的疾病才能称为职业病，因为在生产劳动中，接触生产中使用或产生的有毒化学物质、粉尘气雾、异常的气象条件、高低气压、噪声、振动、微波、X射线、γ射线、细菌、霉菌；长期强迫体位操作，局部组织器官持续受压等，均可引起职业病，一般将这类职业病称为广义的职业病。对其中某些危害性较大，诊断标准明确，结合国情，由政府有关部门审定公布的职业病，称为狭义的职业病，或称法定（规定）职业病。

具体的定义参见《职业病危害因素分类目录》（简称《目录》），该《目录》从粉尘、化学、物理、射线等方面列出了可以导致职业病的因素。

国家根据建设项目可能产生职业病危害的风险程度出台了《建设项

目职业病危害风险分类管理目录》，其将建设项目分为职业病危害一般和严重2个类别，并对职业病危害严重建设项目实施重点监督检查，如图9-3所示。当然该《目录》还规定各个省级安全生产监督管理部门可以根据本地区的实际情况，对建设项目职业病危害分类管理目录做出补充规定，但不得低于国家安全生产监督管理总局规定的管理层级。

序号	行业编码	类别名称	严重	一般
3.1	—	热力生产和供应（燃煤、核能）	√	
3.2	—	热力生产和供应（其他）		√
（二）	D45	燃气生产和供应业		
1	D451	燃气生产和供应业		
1.1	—	燃气生产	√	
1.2	—	燃气供应		√

图9-3 《建设项目职业病危害风险分类管理目录》截图

职业病防护设施"三同时"和安全设施"三同时"的流程大体一致，在流程的具体操作上，职业病危害一般和严重的项目的评审要求有区别：危害等级一般的项目只需要组织专业人员进行评价，而危害等级严重的项目则需要外单位专业人员进行评审，一般是从当地政府的专家库中选取。

以上就是"三同时"的大体流程，中小企业为了避免后续的行政处罚和其他企业经营上的风险，一定要按照流程准时开始和保证质量的完成。但是，有些企业如果未按照相关规定准时或者按流程落实"三同时"的要求，可以采取以下措施进行整改和补救。

（1）意识到该问题的中小企业应该立即停止相关建设项目的施工或生产活动，以避免可能的安全风险。

（2）企业应对其生产条件和设施现状进行综合分析评价，并委托有资质的设计单位对企业相关设施的设计是否符合相关设计标准、规范进行诊断，出具《企业安全设施设计诊断报告》《企业环境保护设施设施设计诊断报告》《企业职业卫生设施设计诊断报告》3份报告，编制单位对报告负责。

（3）如果报告中认定企业存在设备、设施、装置、构（建）筑物和其他技术措施有不符合安全生产、环境保护和职业卫生条件的事项，企业应制定整改方案，并按照方案进行整改，直到符合安全生产条件为止。

（4）在整改期间，企业应加强现场管理和监督，确保施工现场和生产场所的相关安全，防止发生各种事故。

（5）如果企业无法自行完成整改，可以寻求专业机构或专家的帮助，以确保整改工作的质量和效果。

（6）最后，企业应向相关部门报告整改情况，并接受相关部门的监督和检查，确保企业相关设施"三同时"的要求得到全面落实。当然，这些情况汇报必须基于企业内部的决策。

如上步骤全部结束后，企业可以复产，以上过程的所有记录必须按照要求妥善存档，以备后续各种检查。

第三节 其他许可内容

除了环保设施、安全设施和职业病防治设施"三同时",在建厂项目中还经常涉及的审批流程,还有能评、消防设计审核和验收备案以及防雷装置设计审核和竣工验收流程。这 3 个流程不是每个项目都有要求,因为项目性质不同,处理方式也有差异。一些拿地新建工厂的项目可能还涉及稳评(社会稳定风险评估)和工矿用地土壤和地下水环境现状调查。

1. 能评说明

是否需要做能评一般是根据《中华人民共和国节约能源法》或者地方法规,比如《浙江省人民政府关于印发浙江省固定资产投资项目节能评估和审查管理办法的通知》的相关要求。一般项目在可行性研究阶段就可以确认项目大致的综合能耗(一般是类似不超过 1000 吨标煤的形式),再按照这个能耗由有资质的能评咨询公司编制节能评估报告文件,并向主管部门进行备案登记。

和环评一样,能评报告有 3 个类别,分别为节能登记表、节能报告表和节能报告书。一般选择的标准参见地方规定。当然,每个地区(一般是以市级为单位)在具体数字上会有细微的差异,具体的数字需参考当地的具体政策。

能评工作是所有许可项里最容易的工作,所以专业服务机构收费也比较少,但是能评信息对企业运营却有重要的意义。

项目准入要求。能评具体的数字会决定项目是否符合国家和地方的法律、法规、规划、产业政策、行业准入条件以及相关标准、规范等的要求,这会影响企业是否能在当地落地。

节能评估要求。是指根据相关法规、标准,对投资项目的能源利用是否科学合理进行分析评估，有些绿色工厂这样的认证也需要能评报告，这会影响企业是否能拿到补助。

企业电力扩容。原始厂房如果电力不满足使用要求，则需要申请电力扩容，扩容流程也是基于能评数据的。

第三方服务公司在做能评分析时，一般需要企业提供如下的文件：

项目建设方案的节能分析和比选，包括总平面布置；选取节能效果好、技术经济可行的节能技术和管理措施；项目能源消费量、能源消费结构、能源效率等方面的数据。

在报送可行性研究报告或项目申请报告时，一同报送节能评估文件给节能审查机关审批。节能审查机关委托有关机构进行节能评审，并形成评审意见。审查机关对节能评估文件进行审查，发放审查意见。在项目投入生产使用前还要进行节能验收。

节能登记表报告装订后上报发改局备案，正常情况下一周内完成备案，节能登记表属于备案类，不是审批类，因此投产后无须政府进行节能验收，企业自主验收后报备即可。

2. 消防设计审核说明

消防设计审核比较特殊，因为一般情况下没有单独的审核许可流程，而是捆绑在其他的工作流程中，但是不可否认，无论是购地新建厂房还是租赁装修厂房，厂房的消防设计和验收都是最重要的。《中华人民共和国消防法》规定，项目新建、扩建、改建（含室内外装修、建筑保温、用途变更）等建设工程（按照国家工程建设消防技术标准需要进行消防设计的建设工程）都应该办理消防行政许可。

消防的设计从一开始就需要委托专业的有相应资质的设计单位进行设计。工作的第一步就是确认项目种类是属于特殊建设工程还是其他建设工程。不同的工程使用的许可流程是不一样的。建厂项目在计划阶段应该联系政府消防机构，确认应该执行何种消防行政许可流程。具体的分类标准在《建设工程消防设计审查验收管理暂行规定》中有详细规定。

……

（四）总建筑面积大于二千五百平方米的影剧院，公共图书馆的阅览室，营业性室内健身、休闲场馆，医院的门诊楼，大学的教学楼、图书馆、食堂，劳动密集型企业的生产加工车间，寺庙、教堂；

（五）总建筑面积大于一千平方米的托儿所、幼儿园的儿童用房，儿童游乐厅等室内儿童活动场所，养老院、福利院，医院、疗养院的病房楼，中小学校的教学楼、图书馆、食堂，学校的集体宿舍，劳动密集型企业的员工集体宿舍；

……

可以看出，按照上述规定的第四条和第五条，和大多数中小企业相关的是劳动密集型企业。关于劳动密集型企业定义的标准是没有一个标准的官方定义的，这与企业所在地的经济发展状况相关。实际上，同一地区随着经济发展和自动化水平提高，劳动密集型企业的界定标准也是需要适时调整的。一般以同一个劳动场所超过30人就可能被定义为劳动密集型场所。具体的标准还是要询问当地办事窗口。

特殊项目在图纸设计完成之后，中小企业需要申请专门的消防设计审查，还需要获得消防设计审查验收主管部门出具的书面审查意见，然后才能申请施工许可证。一般在每个县市都会有专门的审图中心，审图中心负责审查设计公司提交的消防设计图并出具意见，一般情况下，消防设计审查验收主管部门应当自受理消防设计审查申请之日起15个工作日内出具书面审查意见，而其他建设工程只需要在申请施工许可证时提供满足施工需要的消防设计图纸及技术资料即可。住建部门对其他建设工程实行备案抽查制度，抽查的比例每个地方政府要求不一，有些地区抽查比例是5%，有些地区的抽查比例高达20%。

在消防施工阶段，任何类型的项目都需要按照设计图施工。

在工程验收阶段，对于需要审批的特殊项目，中小企业需要申请消防验收，消防设计审查验收的主管部门组织现场验收后出具消防验收意见。对于其他的备案项目，从工程竣工验收合格之日起7日内进行竣工验收消防备案，消防设计审查验收主管部门出具备案凭证，以供政府消防机构随机抽查。消防的验收较为复杂，详见本书后续验收章节。

3.防雷设计审核说明

和消防设计审核不一样，防雷设计审核不是每个建厂项目都会遇到，即使涉及也有可能被整合进了其他设计里。雷击作为最常见的自然灾害之一，其对建筑的攻击性非常大，因此包括厂房在内的建筑在设计时要考虑雷击的因素，做好防雷感应设置、避免攻击性雷电、雷电波侵害等问题。我国出台了一系列的规范和标准来指导防雷设施的设计、验收和检测，比如《中华人民共和国气象法》等。防雷的主管部门是气象局和住建部门。

在中小企业的建厂项目中，如果是拿地新建工厂的在建设过程中，基本不涉及防雷设计和审核。这种情况下，中小企业需要做的事情有如下两件。

（1）和房东交接厂房所在建筑工程施工图审查和竣工验收材料。这些材料可能包括《防雷装置验收意见书》以及上一次防雷检测报告；

（2）定期做防雷检测。按照《建筑物防雷装置检测技术规范》(GB/T 21431-2015) 规定，所有投入使用的防雷装置需要每年进行一次常规防雷检测，这个文件在做安全审核时都会用到。

对于拿地新建工厂项目，首先需要确认项目防雷装置的行政许可审批部门和审批流程，如果涉及气库、油库、化学品仓库等，则由气象部门审批和验收，如果是其他一般的工程项目由住建部门负责，一般工程项目的防雷装置设计审核、竣工验收许可，整合纳入建筑工程的施工图审查、竣工验收，不单独做专项。

本章提及的各种流程里都会涉及相关的许可文件。这些文件有些是过程文件，有些是最终批复文件，所有的这些文件都需要永久保存。有盖章或签字的许可文件的原版应保存在中小企业的档案室，有些场合下需要使用文件的原件，有条件的话可以将这些文件的扫描版保存在公司的公共盘中。办理许可需要的其他相关审批文件，如立项批文、规划许可、消防竣工验收报批图纸等，也应永久保存。

第四篇 建设准备篇

第十章 建厂施工许可

当包括"三同时"在内的设计工作完成后，建厂工作就准备进入实质性的现场施工阶段。但是按照法规，我们还需要取得中华人民共和国建筑工程施工许可证（以下简称"施工许可证"），才算是施工的最终许可。在建设界有一个"四证"的说法，意思是根据《中华人民共和国建筑法》等法律规定，在进行工程建设之前，应当取得"四证"，即国有土地使用权证、建设用地规划许可证、建设工程规划许可证和建筑工程施工许可证。前面三个证都是和拿地新建工厂有关，而只有最后一个建筑工程施工许可证租赁建厂也需要准备。

第一节 施工许可证

我国目前对建设工程施工条件的许可分为开工报告和施工许可证两种形式，开工报告一般是针对重大政府投资项目。根据《政府投资条例》规定，重大政府投资项目应按国务院规定审批开工报告，取得开工报告审批手续后，方可开工建设。所以，中小企业一般采用施工许可证来获得施工许可。

施工许可证是由县级以上人民政府建设行政主管部门依法核发，确认建筑工程符合施工条件并准予施工的法律凭证。"施工许可证"制度是我国出台比较早的一个制度，1979年，我国就开始要求建立"开工报告"制度，后面"开工报告"制度逐渐演变为现在的"开工报告"和"施工许可证"两种行政许可模式。《中华人民共和国建筑法》《建设工程质量管理条例》和《建筑工程施工许可管理办法》等法律法规都在强调"施工许可证"制度的强制执行。

以上的法律、行政法规和规章通过列举方式确定了应办理施工许可证的工程项目范围，但上述规定具有原则性和概括性，对判断特定的工程项目是否需要办理施工许可证意义不大。实际操作时，我们可以使用如下排除法来决定自己的项目是否需要办理施工许可证。

第一步，依法排除特殊豁免项目。汇总中央级的各类法律规定如下5类特殊工程的开工是不需要办理施工许可证的。

（1）文物保护工程；

（2）军事房屋建筑工程；

（3）抢险救灾工程和临时性房屋建筑；

（4）农民自建的低层住宅；

（5）已获得开工报告的。

第二步，限额以下的豁免项目。

《中华人民共和国建筑法》第七条第一款明确了应办理施工许可证的例外情形是国务院建设行政主管部门确定的限额以下的小型工程，但该法并未规定限额以下的小型工程的概念和判断标准。但是住房城乡建设部在其颁布的《建筑工程施工许可管理办法》第二条第二款明确了限额以下小型工程的判断标准为"工程投资额在30万元以下或者建筑面积在300平方米以下的建筑工程，可以不申请办理施工许可证"。需要注意的数字是"工程投资额在30万元以下或者建筑面积在300平方米以下"，且这两个条件的关系是"或"，意味着只要满足一个条件皆可。

同时，法律也允许各地住建部门根据当地实际情况对限额进行调整《建筑工程施工许可管理办法》，比如，浙江省调整后的规定放宽到"工程投资额在200万元以下或者建筑面积在1000平方米以下的建筑工程"。具体所在区域的具体标准请到网站上查询或者咨询政府窗口。

我们理解了这些法律条文，就可以在操作上获得"合法"和"合理"的"空间"来缩短办理流程的时间，比如，一个租赁面积只比豁免面积大一点的厂房可以通过部分面积不装修来避免办理施工许可证，楼梯、仓库等区域是比较容易的"突破点"，但是一定要注意刻意的"拆解"

和"分解"项目规避办理施工许可证的行为是违法的。

申领施工许可证必须在现场开工之前,意思是在施工准备就绪之后,组织现场施工之前。法律对未取得施工许可证或者为规避办理施工许可证将工程项目分解后擅自施工的,由有管辖权的发证机关责令停止施工,限期改正。对建设单位处以工程合同价款1%以上,2%以下的罚款;对施工单位处3万元以下的罚款。对于建设单位隐瞒有关情况或者提供虚假材料申请施工许可证的,发证机关不予受理或者不予许可,并处1万元以上3万元以下罚款;构成犯罪的,依法追究刑事责任。

空白施工许可证的模板如图10-1所示。

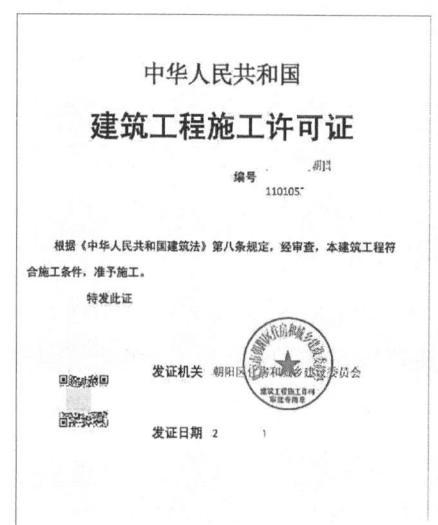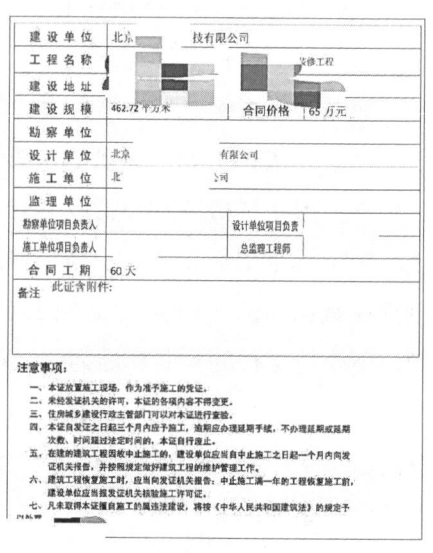

图10-1　施工许可证模板

每个区域因为政策、模板不同会有细微的差异,一般在首页会有一个生成的二维码以方便在数据库中查询信息。一般在封面还要加盖发证机关的公章,发证机关一般是当地住房和城乡建设局或者行政审批部门等。

在模板右页可以看到建设工程相关的信息,这些信息也是在办理施工许可证时,根据中小企业提供的信息生成的。

建设单位是中小企业的基本信息,工程名称根据信息填写生成,建设地址、建设规模(一般是装修面积)一定要和项目备案表的地址一样,合同价格来自和施工单位签署的合同。

勘察单位和监理单位在厂房装修项目里不一定有，而设计单位和施工单位一定要与合同一致。相关负责人实际填写就可以，合同期需要考虑如下开工日期以及建设日期灵活填写。

我们都希望项目取得施工许可证后就立刻开工，但是实际上有一定数量的工程项目会由于各种情况取得施工许可证却没有立刻施工的，法律也规定建设单位应当自领取施工许可证之日起3个月内开工。因故不能按期开工的，应当在期满前向发证机关申请延期，并说明理由。延期以两次为限，每次不超过3个月。既不开工又不申请延期或者超过延期次数、时限的，施工许可证自行废止。所以一个项目在取得施工许可证后9个月内还不能施工，取得的施工许可证就自动失效了。

建筑工程在施工过程中，施工许可证上提及的任何信息变更（如建设单位或者施工单位发生变更）都应当重新申请领取施工许可证。

在实际操作中，经常会有建厂厂长将厂房所在地物业颁发的完全不具备任何法律效用的施工许可证和符合法律要求的施工许可证混为一谈，尤其是比较小的改建、扩建工程。这种"搞笑"的错误背后有些是因为不了解流程的无知，但也有不愿意走合法流程的侥幸心理作怪。

第二节 施工许可证申领和使用

涉及施工许可证的流程一般有申请、延期和变更。一般的办理地址都是在当地县级的行政服务中心的企业服务窗口，一般办理部门是住房城乡建设局，在一些地区也可以在线办理并提交相关的材料。

1. 申请施工许可证

首次申请办理施工许可证提交的材料会因为新建工程和改建工程（包括扩建工程）而不同。本书以下内容以浙江省的要求为例，其他地区的政策流程以及需要的材料可能会有细微的差异，最终还是以项目所在地的流程为准。

《中华人民共和国建筑法》规定，申领施工许可证需要具备如下条件。

（1）已经办理该项目的用地批准手续；

（2）依法取得了建设工程规划许可；

（3）需要拆迁的，其拆迁进度符合施工要求；

（4）已经确定了建设施工单位；

（5）有满足施工要求的资金安排、施工图纸以及技术资料；

（6）有保证工程质量和安全的具体措施。

新建项目需要提交的材料包括《建筑工程施工许可证申请表》并加盖单位公章以及法人印章；《建设工程规划许可证》《建设资金已落实承诺书》；

改扩建项目需要的材料和现建项目完全一样，只是个别表格的内容有细微差异。

2. 延期施工许可证

延期施工许可证只需要在办事窗口填写《建筑工程施工许可证变更、

延续、注销申请表》，并加盖单位公章以及法人印章即可。

3. 注销施工许可证

注销施工许可证只需要在办事窗口填写《建筑工程施工许可证变更、延续、注销申请表》并加盖单位公章以及法人印章即可。

上述几种关于施工许可证的办事流程中，国家要求当地政府的项目审批系统的数据需要向办事者开放和共享。这意味着上面流程里需要的一些文件不需要办事者提供，而可以直接使用政府系统里保存的数据，比如，准入、消防和规划等文件。按照要求，办事者提供符合要求的文件资料后，7天后会收到颁发的施工许可证，同时，从2021年开始，全国范围内全面实行施工许可电子证制度，通过政府系统网上申办的电子施工许可证和纸质施工许可证具有同等的法律效力，但是，我们还是建议中小企业将电子版本的施工许可证打印出来张贴在施工现场备查。

第十一章 建厂人员规划与招聘

工厂运营离不开人员，中小企业工厂的建厂和后续运营更离不开人员。因为前文介绍的中小企业的特点导致中小企业面临包括人员在内的资源紧张的问题，建厂项目叠加建厂完成后的工厂运营使其用人的情况更加复杂，因此建厂厂长更需要在工厂人员规划与招聘上花时间。适合中小企业的人员规划和招聘不仅能保证建厂项目的圆满完成，还能对工厂建成的后续生产运营有很大的帮助。

第一节 建厂人员规划招聘策略

首先，我们需要说明的是，本节所阐述的中小企业的人员规划和招聘并不是严格意义上的人员规划和招聘，而是一套适合中小企业特点的人员方案。人员规划是识别出中小企业，无论是建厂还是运营需要的能力并排序，作为解决优先级的依据；招聘是广义的招聘，除了直接签署雇佣合同，还可以通过其他方式保证具备能力的人能被中小企业聘用，最终做到每件事情都有人负责，有问题能升级到解决的人，让人员不成为中小企业的瓶颈。不同于一般意义上的人员规划，招聘是用人部门和人力资源部门配合完成的，本节的规划和招聘的参与者是建厂厂长、人力资源部门、采购等其他部门共同完成的。

1. 中小企业人员规划招聘的范围

一个工厂建设项目开始于内部的实际需求，结束于工厂开始顺利运营。任何的人员规划和招聘都需要考虑实际情况。曾经一个中小企业的创始人理解工厂建设和生产运营必须是两批人，工厂验收完成后，工厂建设的人员撤退，公司再招聘一个全新的运营团队。在他的认知里，建厂的人是"建筑队"——只会建厂，不了解生产的设备、工艺。而后续招聘的工厂运营团队也不需要了解建厂的相关知识，他们的切换就像打响指一样简单。有这样想法的人要么是真不懂，要么是参考了分工明确的大公司的运营表象。这样的模式在中小企业完全无法实施，原因如下。

第一，中小企业的工厂在运营时有些专职功能职位的工作量是不饱和的。由于公司规模小，中小企业不可能像大公司一样设置一些专门的岗位，往往都是一人多岗，哪怕是一些专业要求高的岗位，比如，中小企业的厂务工程师一般还会兼着设备工程师，甚至还要担任安全工程师。虽然这样的设置可能在用人效果上不是最好的，但如果不这样设置的话，在建厂阶段招聘一个全职的厂务工程师，那么，建厂项目完成后转入工厂运营后的工作量肯定是不饱和的，刚建成的工厂设备的维护任务一般不多，这样对公司来讲，如果这个厂务工程师不能兼其他工作就会是个浪费，中小企业显然是不愿意承受这样的浪费的。

第二，两组人在切换时存在交接上的漏洞，不利于工厂后续的顺利运营。中小企业由于各种情况总是在任务交接上有很多问题，往往换了一个人，新来的人大概率就需要从零开始。发生人员交接时，我们看到需要交接的内容繁多、零碎，不系统。无论是接口程序还是任务状态，除了文档交接，和相关干系人的交接同样重要。有一个中小企业为了扩建其生产线就花了几个月的时间通过各种额外的渠道获取工厂建成时的各种批复文件和原始图纸，等扩建项目完工后偶然发现需要的这些文件其实就"悄悄"地躺在公司公共盘的某个文件夹里。

所以，中小企业人员规划和招聘需要覆盖建厂以及建厂后的运营，将两个阶段的工作综合考虑。规划之前，我们先来看一下工厂需要的岗位角色，我们按照工厂建设和工厂运营两个阶段分别阐述同一个角色在不同阶段发挥的作用。

表 11-1 工厂建设和运营阶段的岗位角色配置

工厂建设阶段		工厂运营阶段	
建厂厂长	建厂总协调 政府事务对接 团队规划和招聘 运营规划和设计	工厂厂长	运营总负责人 问题解决推动者 运营资源规划 其他工作
厂务	设计和设计评审 设计院对接 施工现场监督 厂务验收	厂务	厂务设施维护
工艺	布局设计 产品工艺设计 设备确认	工艺	产品工艺设计 产品工艺维护 生产工艺优化
设备	设备设计 设备选型 设备采购 设备安装/验收	设备	设备维护 设备维修
采购	设备类采购 建厂服务类采购	采购	设备采购 原材料采购 运营服务类采购
质量工程师	不一定涉及	质量工程师	质量系统维护 生产现场质量工作
物流	物流设计 仓库设计	物流	仓库管理 收发货
计划	不一定涉及	计划	客户对接 材料采购 生产
安全	安全/环保"三同时" 厂房设计参与	安全员	安全系统维护 现场安全保证
生产	不一定涉及	生产	生产执行

从表 11-1 里我们可以看到如下的规律:

第一,大多数角色在不同阶段的工作发生了显著的变化。在建厂阶段的工作以设计、规划工作为主,以各种形式参与建厂工作,而工厂运营后的工作按照流程作业或维护相关的工作,这样工作的主要目的是稳定的产品交付。两个不同阶段的同一个角色工作内容以及工作性质的变化就是我们人员规划和招聘的难点。

第二,不同阶段的工作又存在一定的关系。工厂运营阶段的工作实际上是执行建厂阶段的设计,这个阶段的工作受到设计阶段产出的制约。我们可以将两个阶段的工作看成一个角色的"一体两面"。

这些角色具体配置的人员数量和任务要求、工艺种类、设备类型、设备数量以及难易程度有关系。建厂期间对工艺和设备的任务要求基本上不高，毕竟有供应商存在，而且在这个阶段数量不会太多，一人负责几台设备甚至一条线的情况也都存在，而在生产开始后，对工艺、设备的要求变高、细化和深挖会是这个阶段的常态，因为类似产品的不良率、设备利用率等指标在运营阶段开始变得重要起来。

2.中小企业人员规划招聘的原则

我们将建厂人员规划和招聘分开阐述，毕竟实际的人员招聘需要考虑建厂项目实际的情况。规划好的人员可能因为各种情况最后不会被招聘，但是规划还是很重要，因为规划人员是工厂运营计划的第一步，不规划人员就谈不上思考过运营，建厂项目也是。

中小企业工厂人员规划的原则是坚持长期规划，短期灵活调整。任何工作的成功都离不开高质量的规划，而且规划必须是基于长期的，短期的规划缺乏全面性、系统性、主动性和连贯性。这样招聘的人员貌似解决了当下的问题，但是长期看，这样的人无论是能力匹配还是招聘的时机都不是最优的。长期这样操作，最后的结果就是有了一堆不符合组织长期发展的人员，这样的现象在成熟的大企业中基本问题不大，但是在中小企业里却是一个长期的成本负担。

长期的人员规划具有如下的特点。

①完全是基于能力需求的规划。非常熟悉和了解产品、工艺、设备的状况，才能系统地描述这些需求，有些问题是成熟度提高的路上必须面对的问题，我们不需要过分关心。

②动态地看待能力需求。工厂不是一成不变的，人员需要的能力也是随着规模变化、新产品的导入而变化的，建厂厂长一定要看到这个变化的趋势，提前布局和准备。

③基于成长的趋势规划人员。同样，人也是成长的，尤其是在一个长期规划的环境中每个人都会随着工作的累积而经验变丰富，能力变强。建厂厂长一定要看到这种变化，根据变化及时调整，这样的调整不仅能

在人均产出变化中节省人力需求，工厂团队的成熟度也相应地提高了。

短期灵活调整规划则能洞察各种情况的变化，可灵活地调整能力需求，以采取各种方法弥补变化带来的波动，这些变化包括如下的情况。

①建厂项目的状态。实际建厂过程中的变化，比如，建造供应商能力和成熟度不如预期的，建厂项目需要经验充足的人补充协助。

②样品生产的状态。产品设计的变化加大了样品生产的难度，需要某些工艺或设备上能力较强的人来攻关。

③现有人员变动的。尤其是人员调岗或离职，这样的变化需要建厂厂长及时评估带来的影响。

中小企业工厂人员招聘的原则是短期招聘灵活处理，长期招聘追求性价比。显然长期的人员需求无论是稳定性还是性价比的考虑，签署劳动合同肯定是最佳的方案。但是解决短期的需求外，除了直接招聘，中小企业还有如下的方式灵活处理人员需求。

①劳务合同。我们可以和有合作意向的人员直接签署劳务合同，合同里约定时间和需要解决的问题，对方负责开票和缴纳人个人所得税，这种适合短期且任务明确的人力需求，比如，处理外部专家的短期攻关服务。

②劳务公司间接处理。这种方式和上一种类似，但适合由于各种情况不方便直接签署劳务合同的人员，这个方式下合同主体、开票主体是劳务公司，这样的灵活性更强了。

③直接签署服务合同。这种方法适合有合作意向的人或公司的情况，这样就避免了处理税务等问题。

类似这样的灵活方式还有现有供应商代付的方式。无论采用哪种方式处理都需要注意两个问题：第一是将任务和验收标准定义清楚，这些会保证工作的质量；第二是注意合规处理，任务中数据安全的管控和对方敏感身份的处理同样重要。

第二节 建厂人员规划招聘实践

在实际规划人员时，规划者需要非常熟悉厂务设计和工厂运营模块的知识，一般建厂厂长对工厂运营的问题不大，但是对厂务设计有时候还需要请教相关的供应商，如下三个问题的答案就可以解决所有的疑问。

一个具备什么经验的人在建厂时可以参与建厂工作？

这个人需要熟悉哪些设备？

工厂交付后这个人的主要工作又有哪些？

新工厂人员规划和招聘的目的是每件事情都有人负责，有问题能找到解决的人。所以，我们按照如下步骤进行新工厂人员规划和招聘。

第一步，列出能力分类。我们可以按照需求将新工厂需要具备的能力分为4类：厂务、设备、工艺和其他。厂务是指和厂务有关的能力技能；设备是指和生产线设备有关的能力与技能；工艺是指和生产流程与方法有关的技能与能力；其他是除了上述分类以外的其他技能与方法。需要说明的是上述分类方法没有重要度排序，只是基于处在建厂前期展望需要的能力与技能的情况而已。

第二步，细化能力列表。只有能力分类是不够的，颗粒度太大没有规划的意义，也无法指导后续的招聘。细化能力列表时需要注意以下几点。

关注长期需求，忽略临时需求。长期需求是指会一直存在的能力与技能需求，在建厂期间和运营期间都需要，比如电力设备的维护就是一个长期需求，而对洁净室测试验收的技能则不是长期技能需求。

重要的技能可以相对细化，非重要的则一带而过。重要的能力和技能会直接影响建厂项目的成败和工厂运营后的指标达成。所以，细化这些技能是值得的，因为细化后的技能可能来源于多个人，而没有细化的只能是一个人。

第三步，将技能来源按照三个层次罗列。本着每件事情都有人负责，有问题能升级找到解决的人的目的，我们将能力和技能的来源分成 3 个层次：第一层次，现场处理。这是直接在现场工作的人，一般是作业员、技术员等，他们是第一手接触见证或接触问题的人，他们相关技能的培训一般也是围绕这些问题展开的，按照统计，这一层次的人可以解决 70% 的问题。第二，内部升级者，一般情况下，第一层次的人无法处理或解决，可以升级给第二层次的人解决，这样的人来自公司内部，一般是工程师或者内部专家，这一层次的人一般可以解决 25% 的问题。第三层次的人是外部的专家，一般是供应商的应用或售后人员，当内部资源无法解决问题的时候，他们会成为问题的"最终终结者"，一般 5% 的问题会需要升级给他们解决。

第四步，在每个技能方格里填上相关的人名。填写对应人名时内部的直接填写人名，毕竟内部的人都熟悉，而外部的需要填写人名和联系方式，考虑到可能的人员变动，所以在填写外部专家时加上另一个联系人则会更加有效，一般是销售人员，作为联系的备份以及售后问题升级的对象。

表11-2 ××××工厂技能规划（××××年××月××日更新）

分类	技能	解释	现场处理	内部专家	外部专家	备注
厂务	消防维保	消防设施的定期维护和损坏维修 处理消防相关的政府事务	张三	NA	王五××××××××××（售后） 赵六××××××××××（销售）	建厂阶段需要
厂务	厂务一					
厂务	厂务二					
厂务	厂务三					
工艺	焊接工艺	焊接工艺规范维护，新产品焊接工艺设计 现场焊接工艺问题的解决	张三	李四	王五××××××××××（售后） 赵六××××××××××（销售）	
工艺	工艺一					
工艺	工艺二					
工艺	工艺三					
工艺	工艺四					
设备	折弯机	折弯机维修/保养/升级改造 折弯工装设计和维护	张三	招聘（2025年3月）	王五××××××××××（售后） 赵六××××××××××（销售）	建厂阶段需要
设备	设备一					
设备	设备二					
设备	设备三					
设备	设备四					
其他	质量系统	建立和维护质量系统 客户审核接待	张三	NA	王五××××××××××（售后） 赵六××××××××××（销售）	
其他	其他一					
其他	其他二					
其他	其他三					

注：1. 工厂厂长定期和在人员变动的情况下更新该表格；

2. NA代表不需要该层次的能力；

3. 目前没有合适人选的情况下如果后续需要招聘填写招聘时间（细化到月份）。

中小企业的人员招聘可以按照表 11-2 人员规划表格的信息分阶段和时间进行招聘，招聘的工作由人力资源部门和建厂厂长一起完成。

在人员规划时需要考虑到岗的时间，因为这涉及到岗后的培训话题，我们无法指望一个中小企业的新员工入职后立刻就能进入工作状态。高质量的岗前培训有许多的好处，除了新入职员工在岗前培训后能迅速地进入工作状态，还能有效地做好建厂后期的验收和交接工作，这对建厂工作也有很大的好处。培训这样的话题碰上新公司建厂就变得非常有意思。由于在建厂阶段好多培训还不具备条件，所以，我们更需要利用各种手段达到培训的目的。

这些培训计划制订的责任人是建厂厂长，新工厂员工的岗前培训可以使用如下的方式进行。

类似工厂的培训。找到一个生产同样或者类似产品的工厂，安排相关人员在现场学习,这种方式比较适合生产相关的人员，比如，工艺、设备、生产、质量等。这样的培训效果是可以保证的。

供应商端的学习。在建厂之前，有些工作在供应商端已经开始了，比如,生产线设备供应商在中小企业工厂施工之前就开始了生产线的设计、制作、装配和调试工作，工厂具备设备进入的条件，供应商就可以将设备搬到中小企业开始最后的调整。设备和工艺最适合这样的培训，因为有些工作本身就是安排在这个阶段的，比如，新设备的预验收等。因为在设备调试阶段就介入，所以培训的效果是最好的。除了生产线供应商，一些主要设备的操作、调试和保养培训也适合设备和生产人员进行。

交接中培训。这个是适合厂务的培训。参与施工，了解施工的过程，熟悉设备和设施的安装可以帮助后续的维修，学习设备和设施的调整有利于后续使用问题的解决，更重要的是，在施工过程中产生了大量的过程文档，这些文档会成为后续使用和政府检查的重点。这种提前整理和交接会帮助后续的工作。

第十二章 建厂施工计划

目前为止，现场具备了施工的条件，施工供应商的合同已经签署，并且做好了施工的准备工作，建厂相关的流程已经跑完，并且获得了施工许可证，建厂各方需要的相关的人员也到位了。实际上万事俱备，还欠东风——施工计划。为了后续现场施工的顺利进行，我们还需要在正式开工前准备一份现场施工计划。

第一节 建厂施工计划

编制并得到施工各方认可的施工计划是现场施工开始后现场所有人、所有单位都需要遵守的统一的计划。这些人或单位包括设计院、施工单位、监理单位、供应商和第三方配套等。

现场施工计划在建厂项目的整个项目周期中都可以得到具体应用并发挥出人意料的作用。

在项目启动之初，我们可以利用甘特图来制定详细的项目计划。这包括确定项目目标、分解工作任务、估算每项任务所需的时间和资源等，这一过程不仅能够帮助项目经理建立起完整的时间框架，还能够及时发现潜在的风险点，为后续工作的顺利开展打下坚实基础。

伴随着建厂项目的推进，我们可以用详细的施工计划作为监控工具来跟踪项目的实际进度，当我们发现某些任务出现延期或超支等情况时，可以通过调整甘特图来重新分配资源或安排任务顺序，以保证整体项目的按时完成，定期更新的甘特图也是向客户报告项目状态的重要依据之一。

同样，在项目即将结束时，项目计划发挥着重要作用，它可以帮助项目经理检查是否有遗漏任务需要补充；通过对整个项目周期内的甘特图进行对比分析，可以总结经验教训，为今后项目的管理提供参考。

同时，项目计划也是建厂厂长向公司管理层做汇报的好工具，做好项目计划并做好及时的状态更新，就不需要再做额外的汇报材料了。

编制施工计划的主要责任者是在现场管理的建厂项目经理，可以是中小企业的建厂厂长，也可以是专职的现场项目经理。但是实际操作时，如果不是 EPC 总包项目，一般的流程是施工单位的项目经理编写草稿版本的施工计划，然后转移给现场项目经理，项目经理召集相关人员当面讨论，获得全部同意后，现场的项目经理开始按计划施工。如果是 EPC 总包项目，这个事情就变得简单了，总包方的项目经理则需要承担所有现场协调的工作，中小企业的项目经理只需要"盯"住总包方的项目经理就可以了。下面的内容是基于非 EPC 总包项目。

编制现场施工计划基本有如下几步。

第一步，编制和共享通信联系清单。这一步是容易被忽略的，但是不做这一步会显著影响项目的进度，因为整个项目的沟通不顺利了。这个工作只能由中小企业的项目经理来完成，将那些涉及建厂的各个干系人的联系方式汇总做成通讯录，主要的干系人最好能有两个可供联络的人，以防特殊的情况出现。这样的联系清单可以张贴在施工现场的多个位置。除了这个清单，我们还可以建立一个包括所有人员的微信群。

第二步，清楚标识项目的里程碑。项目的里程碑是指项目里不能更改或者更改比较困难的一些事件，常见的里程碑包括但不限于：

（1）计划好的重大项目的完工时间。比如，项目竣工剪彩的日期、开工仪式的日期等。

（2）计划好的重大过程时间。比如，核心设备入场时间、试生产样品产出日期等。

（3）核心资源可用的日期。比如，协调谈成的核心设备服务人员来服务的时间，比如一些国外设备，协调比较不容易。

（4）合理计算得到的关键节点。这些节点的主要作用是将项目切割成多个小项目，以达到分段管理的目的。

除了标识出这些节点，更重要的是这些节点要让参与项目的每一方的每一个核心人员都能清晰了解。只有保证每个节点按时实现，项目最终的目标才会最终完全顺利达成。

第三步，分解列出每一项主要任务以及各项主要任务之间的顺序关系。梳理每两个节点之间的重要事件，梳理这些事件时，需要中小企业建厂厂长协调所有的参与者一起头脑风暴式整理和汇总。

这个时候还需要使用一些有效的工具来帮助完善施工计划图，比如甘特图。甘特图又被称为“横道图”，是一种用表和图相结合的进度计划表现形式，建厂活动的时间用表格形式在图的上方横向排列，建厂的具体内容则用表格形式在图的左侧纵向排列，而图的主体部分是以横道（进度线）表示该活动从开始到结束的时间，横道进度条对应的位置与时间坐标系对应，横道进度条的长短表示该建厂活动的持续时间。

这个阶段分解具体工作颗粒度的大小比较重要。工作颗粒度太小，工作任务分解的工作量太大，做甘特图的人很容易迷失在细节的工作中而失去对全局的掌控，一般人做这种颗粒度小的工作分解很容易坚持不到最后而中途放弃。而工作颗粒度太大，现场施工计划粗糙且无法有效地指导现场的具体施工，这样的计划很快会被现场遗忘掉。一个合适的颗粒度是分解到第三层，时间可以精确到 4 小时。如图 12-1 所示。

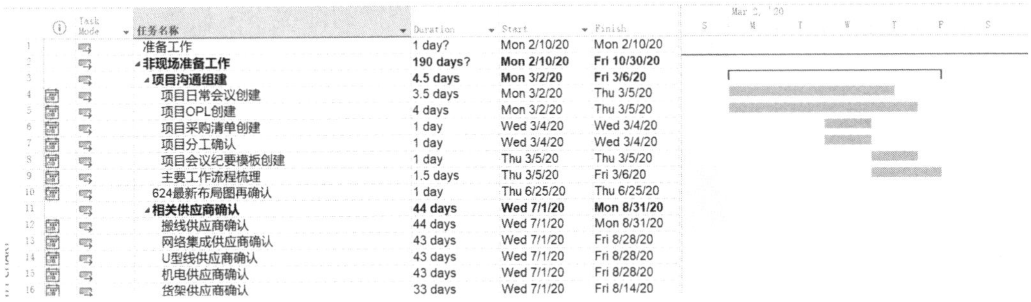

	任务名称	Duration	Start	Finish
1	准备工作	1 day?	Mon 2/10/20	Mon 2/10/20
2	**非现场准备工作**	**190 days?**	**Mon 2/10/20**	**Fri 10/30/20**
3	**项目沟通组建**	**4.5 days**	**Mon 3/2/20**	**Fri 3/6/20**
4	项目日常会议创建	3.5 days	Mon 3/2/20	Thu 3/5/20
5	项目OPL创建	4 days	Mon 3/2/20	Thu 3/5/20
6	项目采购清单创建	1 day	Wed 3/4/20	Wed 3/4/20
7	项目分工确认	1 day	Wed 3/4/20	Wed 3/4/20
8	项目会议纪要模板创建	1 day	Thu 3/5/20	Thu 3/5/20
9	主要工作流程梳理	1.5 days	Thu 3/5/20	Fri 3/6/20
10	624最新布局图再确认	1 day	Thu 6/25/20	Thu 6/25/20
11	**相关供应商确认**	**44 days**	**Wed 7/1/20**	**Mon 8/31/20**
12	搬线供应商确认	44 days	Wed 7/1/20	Mon 8/31/20
13	网络集成供应商确认	43 days	Wed 7/1/20	Fri 8/28/20
14	U型线供应商确认	43 days	Wed 7/1/20	Fri 8/28/20
15	机电供应商确认	43 days	Wed 7/1/20	Fri 8/28/20
16	货架供应商确认	33 days	Wed 7/1/20	Fri 8/14/20

图 12-1　合适颗粒度的项目计划

第四步，按照时间排布并优化任务安排。将分解列出来的工作包按时间顺序排布，再检查这些工作和项目主要里程碑是否有冲突，如果有冲突就想办法调整。不同于没有具体计划的现场施工需要在施工开始后才能找到缩短工期的机会，其实在制订详细施工计划时，我们就可以找到这些缩短工期优化的机会。我们可以通过如下的方法达到施工优化的目的。

（1）**赶工**。赶工又被称为"加班"，是最简单的能缩短工时的方式之一，是指通过投入更多的人员、工具和工作时间等资源的方法加快施工速度，从而达到缩短工时的目的。到项目进度出现问题时，赶工是最容易想到的方法，增加额外人手机器、延长现有人员的工作时间等都是比较容易想到和做到的。但是我们需要清楚的是，赶工只是在时间上加速了项目进度，赶工会带来额外的成本，比如需要支付额外加班费用。

（2）**前置**。前置是经常被忽略的一种缩短工时的办法，一个活动任务又可以拆解成多个小的活动任务，比如机电安装工作可以分解为安装前的准备工作、原有设施的拆除工作、安装工作和安装后的收尾工作，但是真正占用现场的任务只有拆除和安装，准备工作可以在现场正常生产时提前进行，这样就不需要等到生产停线了再进行了。每一个任务都有前置工作，也就存在被优化的机会，前置的方法只是优化了任务的操作时间，不存在额外的费用。

（3）**并行**。并行是一个最有效的缩短工时的办法，建厂项目里有很多可以从串行调整到并行的任务，这些任务之间不存在场地冲突、时间先后、人员冲突等制约因素。比如，在做好防护的前提下，设备的落位和机械调整就可以和设备机电动力安装同时展开，无尘车间的静置可以和环氧地面施工后的固化重合。所有的重合工作需要精确和巧妙的规划，也不会带来额外的成本。

（4）**提高优先级**。提高优先级是一种瓶颈出现后经常使用的综合方法。有些情况下，建厂项目出现重大进度问题，而出问题的瓶颈显而易见的，攻克和解决这个瓶颈就会改变项目被动危险的局面，这个时候可以将该瓶颈工作的优先级提高，从而引起整个建厂项目所有人的关注，所有的资源都向这个任务倾斜，能采取的任何措施都可以用上，哪怕是调整其他施工任务等。这个方法是个系统的、综合的方法，采用该方法会带来较多的负面影响，无论是项目范围还是成本的变动。

第二节 建厂施工计划控制

编写现场施工计划是一回事，现场实际的执行和项目进度的发展又是一回事。毕竟施工计划是事前的，是基于经验的完美计划推演，而现场实际的实施又受到各种因素的影响。认识到这些影响因素并能提前做准备，就能在编制计划时更加现实，在影响因素出现时也能从容处理。影响施工进度的内外部因素以及处置方法见表 12-1。

表 12-1 影响施工进度的内外部因素以及处置方法

内/外	具体影响因素	提前处理方法	发生后处置方法
外部	相关单位协调配合问题（人问题） 到位不准时，配合方等待较多； 任务沟通不到位，配合方等待多； 任务完成有问题，后续方等待返工	编制公示现场联络表； 项目施工微信群； 提前通知项目施工计划； 入场前三次确认状态； 提前一天具体再确认	现场每日早会； 定期主要干系人会议； 升级出问题方管理层； 临时调整现场施工计划
外部	项目投资有问题 资金不到位，供应商不发原材料； 分期款不到位，施工方减人或停工； 甲方现金流断裂	和财务检查资金状况， 有保证再开工； 提前确认首付款到位再开工； 准时验收，准时请款	和财务确认付款状况； 和施工方沟通付款； 无法避免，索性全部停工
外部	设计问题 图纸尺寸错误，和现场不配套； 详细图出图不及时，现场施工等待； 材料选择错误，无法施工	设计院提前检查图纸； 施工方技术提前复核图纸	现场更改，多方确认； 同时走变更流程
外部	配套资源问题（人以外资源问题） 已付款的材料不能准时到位； 现场需要的动力（水电气）有问题； （租赁）工具到位不准时	参见协调问题	升级出问题方管理层； 临时调整切换备份
外部	现场施工条件变化问题 原始场地未达到施工条件； 前置施工完成条件不具备； 自然条件变化（气候等）	多次提前确认	升级出问题方管理层； 临时调整切换备份； 无法避免，索性全部停工
内部	技术失误 施工方案选择不当； 安全措施不到位； 新材料新工艺成熟度有问题	设计院提前检查图纸； 施工方技术提前复核图纸； 提前试验确认； 提前演练	安全问题，直接停工； 现场更改，多方确认； 同时走变更流程； 重大问题找不到解决方案，索性全部停工
内部	施工组织失误 施工顺序编排不合理； 实际施工进度和计划进度相差太大； 到位员工技能水平不满足； 现场管理混乱（物资失窃等）	参见协调问题； 多次提前确认	参见协调问题； 现场更改，多方确认； 同时走变更流程； 重大问题找不到解决方案，索性全部停工
内部	不可预见失误或问题 规划变更等政府变化； 洪水、地震等自然灾害； 重大事故（安全等）； 重要参与方主动/被动违约； 原材料涨价等； 政府重大活动的停工	有可能提前确认	安全问题，直接停工； 重大问题找不到解决方案，索性全部停工； 联系保险公司； 联系政府相关部门

现场施工计划的控制可以分为两部分：施工进度计划的检查和施工进度计划的动态调整，只有做好这两部分工作，才能保证项目进度计划。

施工进度计划的检查和调整

检查现场实际的施工进度。检查现场实际的施工进度不是一次性的现场检查就可以的，而是需要定期和长期的追踪。这个进度的获得可以是施工计划控制的输入和前提。进度数据包括如下要素。

（1）工作完成情况。对照施工计划上当前的任务，之前的任务应该全部完成。这个需要配合现场实际的情况以及完成质量等因素考虑。

（2）完成的面积。施工完成的面积是最直观的，比如，地面完成环氧的面积、墙面粉刷的面积等，这些是最直观的，通过目视就可以得到的信息。

（3）完成的质量。现场的质量是最隐蔽的，也是最容易导致重工的一个因素，除了现场测试，我们可以和现场的监理人员确认，通过查阅过程验收文件也可以获得。

对现场的观察和检查的时间点与检查频率和施工项目的类型、规模、施工条件以及实际施工情况有关系。建议考虑如下情况。

（1）固定频率。按照任务颗粒度的大小，我们每天、每周、每双周到现场观察和检查项目进度。这样可以保持项目进度状态的持续更新。

（2）关键施工节点。对包括重点施工工序、重要节点的工序，我们可以安排固定频率外的额外现场观察和检查。我们可以安排事前观察和检查以确认现场施工条件的具备情况，也可以在施工过程中和施工后去现场观察和确认施工效果。

对在现场收集到的实际施工进度数据，我们要做必要的整理和统计，从一些零碎的信息去判断项目任务完成的情况，尤其是没有完成的，我们需要按照工作量判断项目实际的进度，用百分比的形式表现出来。这个完成的任务与当前任务完成的百分比需要和原始项目施工计划对比，这就是实际进度和计划进度的比较。在项目管理工具里有常用的横道图比较法，S 形曲线比较法、香蕉曲线比较法等比较方法。按照比较结果，我们可以得到三种项目状态。

项目进度正常。这个是最完美的进度状况，项目现场施工不需要调整，只要按正常的计划进度继续施工。

项目进度提前。这种情况不能只表示乐观，更要看到背后的原因：如果是按照计划施工，但是项目进度确实提前了，则需要去检讨之前项目计划时进度估算的科学性；如果是施工加大了资源投入导致的项目进度提前，则需要去决定下一步施工的节奏，毕竟可能配合资源的进度可能跟不上。对项目提前的情况，我们可能还要检查项目成本是否因为资源额外的投入而超出计划的预算。

项目进度滞后。这种结果代表着项目可能面临失败的风险。出现项目进度滞后的情况，一定要分析滞后背后的原因，根据原因决定如何补救和提速，其解决方法参见上一章节。

在实际的建厂项目中，建厂厂长在施工现场的管理不是唯一的工作，其他事情烦琐。这种情况下，准确掌控现场的进度状态的方法有如下几种。

（1）每日早会。无论是现场还是线上，每天工作开始前的一个短会可以让所有人回顾前一日的工作内容并对当日的工作计划有清楚的了解。

（2）群里汇报。除了早会，每日工作群的汇报也可以达到同样的效果，每日结束时各个干系人提供简短的进度汇报。

（3）现场安排施工员。由于建厂厂长无法保证出现在施工现场，所以在现场安排一个施工员就是一个好的选择，除了监控施工进度，其还可以负责安全管理和质量验收。

第三节 现场施工准备

要想做好一个建厂项目，现场开工前的准备工作质量显得尤为重要，因为准备工作是建设施工的重要前提，任何不充分的准备都会带来施工工作的中断和不连续，尤其在项目开工后的初期。这就需要施工方提前准备，将开工准备工作落到细处、实处。为确保建厂项目的顺利，建厂厂长可以要求施工方的项目经理汇报和现场检查确认后再同意正式开工。本节我们使用建厂厂长熟悉的人、机、料、法、环来梳理这些准备工作。

1. 人员准备

开工前，整个项目会整理出包括各方在内的项目领导机构，各方都需要指定其在该项目里的主要协调人，有些地区的政府会要求建设项目领导机构的信息公示在项目现场醒目的位置，以供紧急联系使用。同时，各个参与方或每个分包方都会提供其项目各工种的人员名单和联系方式，有些比较大的工程还需要在工地进出闸口录入每个人的个人信息，实现刷脸出入工地。

对于确定的施工人员，建厂厂长或现场项目经理需要做如下的重点检查。

（1）检查每一个人的保险购买情况，按照施工合同购买合适的保险，尤其注意那些短期的灵活用工人员。

（2）有条件和必要，中小企业可以将工人信息提供给备调公司做个初步的犯罪记录排查，工地有贵重设备的情况下可以要求相关单位换人。

（3）对于保密要求高的项目，我们需要对所有可能涉密的施工人员进行涉密培训并签署相关协议。

（4）做好开工前的入场教育培训工作。这些培训涉及安全、纪律、技能和现场沟通等，有些地区的政府在开工后会重点检查这些培训记录。

(5) 重点和特殊岗位人员的资质确认。比如，安全员、特种设备操作员、电工等是检查的重点，检查证书是否有效。

(6) 人员需要使用的劳保用品需要在入场时同时到位。

2. 机器准备

施工现场的机器包括如下。

(1) 施工需要的能源设备，如发电机、压缩机、水泵、临时用电箱等。

(2) 现场物料周转设备或车辆，如翻斗车、自卸车、物料员通勤车等。

(3) 生产过程需要使用的大型设备，如砂浆机、钢筋折弯机、举升机等。

(4) 生产工序需要使用的构件和制品，如混凝土模板、脚手架构件等。

(5) 施工需要的工具，如撬棍、登高梯、小型切割机等。

(6) 施工过程中的各种实验和检测仪器，如水平仪器、泄漏测试仪等。

有经验的施工方会关注工地的三大材料（钢材、木材和水泥）和项目使用到的特殊材料，围绕这些关注点去准备机器设备；有经验的供应商也会用特殊的方法去解决琐碎的辅料和工具缺失的问题，比如，一些供应商会使用装满常用工具和辅料的厢式货车或者放置在工地的物品集装箱来保证常用的辅料和工具的连续供应，那些缺一个物品就需要现场物料员跑一趟当地市场的供应商的施工效率是可想而知的低效。

这些设备在准备阶段需要注意检查如下几点。

(1) 检查设备的状态，尤其是那些使用时间长的设备，需要逐一提前检查设备状态。

(2) 检查特种设备的监督合格证以及点检记录，保证设备状态良好。

(3) 检查确认检具和校具的校验合格状态，按照项目计划完成日期确认校验状态。

(4) 常用设备保养和维修的人员和工具、材料准备情况。

(5) 关键设备的维修联系人，尤其是异地施工的供应商，提前确认当地维修资源。

（6）设备的操作规程需要提前准备，打印和粘贴在需要的位置。

3. 物料准备

施工物料主要是建筑材料，由于各种情况，我们不能指望整个项目的建筑材料在项目开工阶段就全部到位，而是需要按照施工进度计划的要求分批准时到位，这些工作的现场负责人是物料员。如下的一些细节可以帮助物料员做好物料的准备检查。

（1）核心供应商的物料供给是否存在问题，检查施工方或总包方和供应商的供货合同和付款情况。

（2）重要的和特殊的物料需要考虑备份供货渠道。

（3）物料的存放场地需要考虑到位，尤其是水泥等材料的防护也需要提前准备。

（4）检查存放物料场所的安全性，保证不发生失窃等问题。

（5）物料的装卸周转工具需要提前准备。

（6）物料的状态标识需要保证，至少需要设置一个不良物料隔离区防止混料。

4. 方法准备

方法准备主要是施工方对设计方案以及施工方案的理解情况。这主要依靠设计院、施工方的技术人员的专业知识和经验。在施工准备阶段，设计院一般会和施工方做几轮技术交底，明确施工步骤、施工难点等关键信息。施工方内部也需要进行多轮的、基于设计方案和施工图的评审。这些评审需要关注如下几点。

（1）主动与设计院结合，配合设计方案评审施工图。

（2）依据施工图去施工现场多轮勘察，关注现场现有施工的限制因素。

（3）关注新技术、新材料、新工艺的使用。

(4)重点关注现场安全、环保、职业卫生"三同时"的防护措施落实情况。

5. 环境准备

施工现场的环境准备是指工地周围的环境以及施工人员的生活环境。工地周围的环境关注周围的自然环境,考虑施工是否顺畅以及对周边可能的影响并采取相关的措施。施工人员的生活环境主要是施工人员的住宿和饮食安排是否存在卫生等风险。这些准备工作需要关注如下几点。

(1)工地区域拆迁等是否完成,是否具备入场施工的条件。

(2)工地出入是否方便,工地是否实现"四通一平"。

(3)拜访工地附近居民,调查施工的扬尘和噪声是否会影响他们。

(4)工地施工的电、水等是否具备。

(5)施工临时建筑的安全性和实用性。

(6)工地生活设施是否满足要求。

(7)安装监控和报警设备,监控物料和人员安全。

以上的准备工作全部完成后,施工单位就可以入场施工了。

第五篇 现场施工篇

第十三章 建厂施工管理

我们取得施工许可证后,第一批装修材料入场到厂房以及生产设备安装完成等待验收的过程就是建厂施工的阶段。这个阶段的所有工作都是在施工现场进行的。在这个最烦琐的阶段,建厂厂长需要精确地理解并把握自己的职责,毕竟在法律上建厂厂长是建设方的代表,区别于施工方的现场项目经理。建厂厂长在这个阶段需要做到"尽建设方的本职、驱动好施工方项目经理的责任,协调好监理方的监督",保证项目施工"不出安全事故、不出质量事故和预算不超支"。

第一节 建厂施工的内容

建厂施工可以按照施工内容的不同分为 2 种类型:厂房建设施工和生产线施工。对于租赁厂房来说,厂房建设施工主要是指对厂房内部和外部进行的改建、扩建、安装、装修、装饰和厂房设备设施安装等各种施工。生产线施工主要是围绕厂房内的生产设备、设施、相关配套等进行的运输、落位、安装和调试等施工工作。

建厂施工环节是整个建厂项目里最重要的一个步骤,一方面是实现前面所有阶段的各种设计结果和效果,另一方面要准备施工结束后的验收。在施工环节过多的不合格施工会影响交付后续的使用和抬高项目成本,过多的纠正重工又会耽误工期。在施工过程中,各个供应商或者承包商的现场项目经理才是施工现场的直接管理者,中小企业的建厂厂长承担的角色实际上是监工和各个模块的项目经理的协调者。各个模块的施工内容以及现场每个角色的分工职责是建厂厂长在具体管理协调前需要了解的重要内容。

1. 厂房施工包含的主要内容

租赁厂房的工程施工依据施工对象、施工技术和管理特点可以分为厂房内部施工、厂房外部施工以及装修装饰三类工程。各类施工工程包含的具体施工内容不同,但施工过程中需要遵循的基本原则是相同的——按图施工,设计和施工图纸也是后续各种验收的依据。在厂房施工阶段,现场的主要负责人是总包单位或者各个分包单位的项目经理,建厂厂长的主要责任是监工。

(一) 厂房内部施工

厂房内部施工是指对厂房建筑物内部环境的相关处理和再造。这个厂房建筑可以是单个也可以是多个,厂房内部施工主要工程有以下几个方面。

(1) 拆除工程

拆除工程是根据设计图纸对厂房原有的结构、设备、设施、内部线路、表面材料等进行拆除、整理和清理的工作任务。这是对原有厂房改造的主要工作内容,也是工厂内部施工工作开始后的第一项施工工程。有些工作量大、原有厂房施工技术要求高、原有设备设施复杂、施工安全性要求高的拆除工程需要由专业的具备拆除资质的工程企业完成。拆除工程需要注意两个问题:现场防护和垃圾清运。

现场防护是贯穿整个拆除工程始终的一个重点,尤其是分租的情况,任何邻居工厂的正常运营都不愿意被新邻居的装修影响。

拆除工程还需要考虑噪声、废水这样的防护,避免给邻居们带来干扰。拆除工程中的另一个重要但容易被忽略的工作是拆除下来的建筑和装修垃圾的收集、运输、消纳处理。任何拆除工程都会产生大量的垃圾,这些垃圾无法在施工现场做回填处理,也不能长期存放,所以需要施工单位做集中处理,而这些垃圾的集中处理是有标准的流程和场地的,而且是收费的。这也是相关部门监控管理的重点。所以,这个处理过程也必须合法、合规地进行,不然很容易会被相关部门处罚。

(2) 扩建工程

扩建工程是根据住建部门已经审批的厂房施工详细图纸，对厂房的内部进行的增加功能区的施工工程。扩建的部分包括楼层、钢施工（平台、梁、柱、钢梯）、内部结构加固，隔墙再造、专业洁净室建造等，这些都是有关厂房内部主体结构的相关施工内容。在厂房施工中经常会扩建的功能区域有排烟机房、补风机房、水泵房、IT机房、更衣室和卫生间等。

(3) 水电工程

水、电工程是根据设计施工图纸对厂房内的强弱电路、给排水管线（网）、污水管线、消防水管等进行铺设，对消防泵房及水管、普通照明、采暖、应急照明、防雷等设施进行安装施工。有些厂房可能还涉及生产使用的工艺水处理措施，比如，冷却水、纯水，还有可能涉及变压器、空压机、发电设施。这些工作的专业性要求极高，除了专门的供应商施工，施工现场还需要有专门的协调，保证合理的施工顺序。

(4) 暖通工程

暖通工程是根据设计施工图纸对厂房内的空调系统、供暖系统、排烟系统以及补风系统等设施进行管道铺设、安装调试等。对温度和湿度要求比较极端的厂房可能还涉及辅助温湿度设施施工，比如，在东北恒温车间就需要使用燃气辐射采暖这样的辅助暖通系统来保证厂房在冬天温度的稳定性。这些工作的专业性要求极高，和水电施工等存在交叉。

(5) 消防工程

消防工程是根据住建（消防）部门审批核准的消防图纸进行的改造、安装等。消防工程包括对厂房内自动报警、自动灭火系统进行管路铺设和设施安装工作。消防工程是专项工程，具备专项工程施工资质条件的工程承包商才能施工。消防过程中使用的材料、器械必须经过消防部门检验合格后，方能使用，检验报告等资料需要报消防部门备案。即使是租赁厂房，有些消防工程施工也很复杂，可能涉及消防水池（箱）这样复杂的施工，这些消防工程是项目验收时的重点。

如果厂房在租赁前是个原始消防合格验收的厂房，那么可能的消防工程会是如下两种类型之一。

消防升级改建。这是指将低防火等级的厂房改建升级，比如将戊类的厂房改造成丙类厂房，这样的改建有时候需要一个专门设计和施工，单独验收。这些可能涉及增加喷淋、加装消防水箱等较大规模的施工。

消防普通改建。这些消防改建一般不需要单独施工和验收，主要工作是按照图纸改建消防，比如，喷淋由上改下，按图和规范增加喷淋头等，这些施工一般都比较小型。

（6）室内装修工程

室内装修工程是指根据厂房装饰工程设计图纸，对建筑物内部的墙体、屋顶、门窗、地面等进行施工。室内装修工程的主要施工内容包括隔断工程、门窗工程、吊顶工程、抹灰工程、粘贴工程、地面处理以及暖通、新风、洁净设备的终端实施的安装。这些工程的产出大多数是表面可见的，决定了实际的功能、装修风格和档次。这些工作一般是装修公司最重视的工程内容。

（7）智能化工程

智能化工程是根据厂房设计图纸对厂房网络、门禁、广播系统、安防监控、考勤以及其他智能化系统等设备、设施进行安装、调试的施工工作。智能化工程是公司整个信息化系统的一部分，需要由专业具备专项资质条件的工程承包商施工。这个工程需要让公司的IT部门深度介入，甚至直接负责。

（8）室内设备安装工程

室内设备安装工程主要是指对厂房设备设施的安装，而厂房设备是指附属厂房但不属于生产设备范围的设备，比如，电梯设备（包括电梯、客梯）、风淋门、配电房、监控报警设备等，这些设备一般都是标准设备，需要协调设备原厂或有资质的第三方安装和调试。

（二）厂房外部施工

厂房外部施工是指对厂房外围环境的修改与再造，其主要的分项工程内容有以下几个方面。

(1) 主体扩建工程

主体扩建工程是依据住建部门已经审批的设计施工图纸对厂房外部进行增加楼层、新建附属设施建筑、连廊等厂房主体结构的施工。常见的厂房外附属设施包括固、危、废处理建筑,消防机房、建筑物外逃生楼梯、车库,气瓶安装底座、墙体管道等。

(2) 屋顶安装工程

屋顶安装工程是指在厂房屋顶进行的防雷工程、光伏太阳能面板施工、雨水系统、女儿墙修改再造工程、设施安装工程。放置在楼顶常见的设施包括空气压缩机、空调系统、新风系统、排抽风系统等。这些安装设备一般都是标准设备,需要有专业的供应商配合装修公司完成。

(3) 钢结构工程

厂房外部的钢结构工程主要是指厂房入口的钢结构雨棚、天井加盖钢结构盖板的工程施工。钢结构是专项工程,涉及安全问题,必须由有专业资质的承建商施工。

(4) 地面施工

厂房外部的地面施工包括绿化再造、卸货平台建造、地面加固、排水整改、路灯、安防相关、车位划分等工作内容。

(三) 装修装饰施工

装修装饰工程是指对和生产不相关的公用区域、设施或设备的施工工作,主要是指对大厅和外墙面的施工内容,主要包括如下几个方面。

(1) 外立面装饰工程

外立面装饰工程是指根据厂房外立面施工图纸对厂房外立面进行拆改整修、涂料涂刷、各种照明设施安装和调试、公司 Logo 安装和室外智能化设备的安装调试,外立面装饰工程有时候会涉及幕墙的施工。外立面是代表公司形象的,但是实际情况下一些厂房在使用 4~5 年后就会出现破损、渗污、发黑、开裂、漏水、划痕等现象,看起来特别破,严重影响了企业形象和工人的生产环境。所以,利用装修的时机重新装饰外立面是很多公司的选择,设计时一定要和公司对外宣传一致,比如,VI、

CI等。这个施工和下面的大厅施工是需要公司管理层确认效果后再施工的工程项目。

(2) 大厅装饰工程

大厅装饰是指对工厂大厅进行的专项安装工程。大厅是公司形象的直接展示，大厅一般包括地面、吊顶、墙面、空调、门窗、前台、照明以及公司展示内容。这样的装饰工程需要专门的设计，需由公司负责对外宣传部门介入，最好能得到公司最高层的效果确认。

(3) 脚手架工程

脚手架工程是为了外墙立面施工便利、安全设立的辅助设施工程。可能的施工方式有三种：脚手架施工、吊篮施工和长臂吊施工，无论哪一种施工方式，施工工程的规范和质量都会直接关系到施工人员的生命安全。脚手架工程应该由有专业资质的承包商搭建。

在厂房施工完成后设备进入前，会安排对厂房的彻底保洁，有些工程还涉及测试验收，比如，无尘车间等。保洁测试完成后会进行内部局部验收，然后就可以进入生产线施工的阶段。

2. 生产线施工包含的主要内容

按照施工步骤和施工对象的不同，可以将生产线施工分为生产设备搬运、生产设备落位和安装、生产设备调试和生产的其他施工。在生产线施工阶段，建厂厂长相比上一个厂房建设阶段会介入得比较深，一是因为生产线设备很难找到一个总包，二是因为这些也是建厂厂长最熟悉的环节，而且靠近了运营使用环节。

(1) 生产设备搬运

生产设备搬运一般需要找到专业的第三方供应商来完成，需要转移到新厂房内的设备需要在各个地点打包、装车、运输和解包到新工厂。这些设备搬运动作需要在建厂厂长的统一指挥下按照一定的顺序到达工厂，在搬运过程中需要做好对搬运设备以及厂房设施的防护。这些施工中可能会涉及安全风险等级比较高的吊装作业，建厂厂长一定需要特别注意。

(2) 生产设备落位和安装

解包完成的设备需要按照工厂布局确定落位位置，等全部设备落位完成无异常后，可开始一系列的连接、安装和调整。常见的工作按照时间顺序有设备水平调整、设备固定、动力连接施工、设备间连接施工、动力测试等。设备落位和安装的工作一般需要设备的售后安装人员和厂房的机电供应商配合完成。

(3) 生产设备调试

生产设备的调试是指在落位安装固定完成后进行的一系列调试，这些设备调试的目的就是让设备达到生产的状态。按照时间顺序设备调试的内容有设备外接设施检查、设备机械检查、设备电气检查、上电、动作顺序确认、精度和重复性调试、试运行确认等。这些调试工作一般由设备供应商的售后安装人员完成。这也是中小企业的技术人员学习的最好时机。

(4) 生产其他施工

生产其他施工是指对生产配套设备设施的施工。这些设备设施包含仓库货架、实验室设备、生产线工作台架、IT设备等。一些可视化和美化的工作也会安排在这一步，比如地标粘贴、区域和工位牌的悬挂、工厂标语粘贴等。这些施工的优先级可以放在最低，因为其他的施工有变化，这些施工可能也需要调整。这些辅助设施的施工一般由供应商以及中小企业团队共同完成，这些工作作为整个建厂施工的收尾工作，完成后就要开始下一阶段的验收工作了。

第二节 建厂施工的组织

建厂施工的组织由建设方、设计方、施工方、监理方、分包方、供应商等多方参与，围绕现场的建设条件和既定的项目建设计划，遵循客观自然发展规律，应用科学的管理理论进行从施工准备到竣工验收的全过程的组织管理活动。施工组织一般是现场的项目经理完成，项目经理可以是一个人统一负责，也可以是每个模块一个项目经理。在平行项目组织中，项目经理可以是中小企业的建厂厂长，也可以是中小企业聘用的第三方人员，比如咨询公司的顾问。总包项目，项目经理一般来自总包方，也可以是一个总包方或者多个承包方。

在实际项目中，作为甲方的中小企业建厂团队一般由于知识和经验不足而无法胜任现场项目经理的工作，所以现场管理依赖现场的项目经理，这也是施工合同或者咨询合同里规定的内容。即使这样，中小企业的建厂团队也需要了解基础的现场施工组织的方法。

第一，了解一致的组织方式。这有助于甲方从现场的项目经理处获得项目的状态，比如进度、质量等。这些状态信息既有利于从宏观上掌握整个项目的状态，也有利于建厂团队给自己的领导汇报项目状态。

第二，有利于甲方的决策。施工现场的一些情况需要甲方做决策，比如增减项、现场重大变更等，没有现场的信息配合专业的技术和知识，任何甲方也不会贸然做出任何决策。

现场的项目经理每个人负责不同的工作内容，但是他们的职责和权限却是大同小异的，因为相关的法律和规范都已经做了详细的定义。

在《建设工程项目管理规范》《建设项目工程总承包管理规范》《建设工程施工项目经理岗位职业标准》等文件里明确定义施工现场项目经理的职责。经过梳理可以总结为如下内容。

项目经理的身份是具备任职条件，代表其所在公司在建设项目中得到中小企业委托负责管理施工现场项目管理的责任人。首先，项目经理必须是专业人士，有所负责区域的专业知识以及相应的工作经验，最好能取得相关的证书作为证明，比如二级建造师等。其次，项目经理是代表其所在的公司并得到其公司授权的，这样他才能调动和协调项目需要的其公司内外部的资源。最后，项目经理也是得到了中小企业的认可，这样的信息需要体现在施工许可证上。

在操作上，供应商的现场项目经理是中小企业建厂团队的第一联络人，任何沟通都是直接完成或者通过项目经理完成的。现场项目经理管理水平的高低直接决定了项目的结果，所以，建厂厂长需要和供应商的现场项目经理维持较好的关系，保持沟通渠道的通畅。建厂厂长和供应商现场项目经理的"磨合"需要在现场施工开始前就要充分和到位，这样项目开始施工后，沟通的问题就不会出现。同样，当建厂厂长发现和现场项目经理的沟通存在问题或者项目经理的能力存在问题的情况下，建厂厂长需要果断地要求供应商更换现场项目经理。

项目经理的职责体现在施工现场安全管理、施工文件管理、施工方案管理、现场质量保证、协调现场沟通。

施工现场安全管理。现场项目经理需要建立安全管理体系，协调配备专职的现场安全管理人员，落实安全生产责任制，重点管控施工现场有重大安全隐患的作业工序，比如登高、用火、吊装、临时用电等，如果不幸发生事故后需要第一时间在现场处理。

施工文件管理解释。项目经理需要按照经过审核合格的施工设计文件和施工技术规范施工，施工文件的保存、更新和组织合适资源的解读是现场项目经理的重要工作，项目经理需要高频和设计院沟通和互动。

施工方案管理。现场项目经理需要负责施工组织、项目管理实施规划、施工进度计划、环境安全保护计划、质量保证措施和专项施工方案的编制、实施以及相关的变更维护。

现场质量保证。施工现场的质量保证包括材料和施工两个模块的质量保证。材料是指对进入施工现场的施工材料、构配件、设备和设施的检验、检测和验证；施工质量是指检查监控施工过程中的施工工艺是否符合工艺规范要求。这些工作的成效最终体现在项目的验收结果上。

协调现场沟通。现场项目经理需要建立和健全施工现场各方之间的沟通机制，主持工地的例会，比如每日早会等，保证项目现场问题的及时解决。

在建厂项目过程中，施工方会组织多次的技术交底，可以是专门的会议，也可以是现场的直接口头交接。技术交底对工厂人员来说比较陌生，但是在建设项目的实施阶段却比较重要。技术交底是施工单位非常重要的一项技术管理工作，是施工方案在施工现场的延续和完善手段，也是工程质量预控的最后一道关卡。其目的是使参与工程施工的技术人员与工人了解其所承担的工程项目的特点、设计意图、技术要求、施工工艺及应注意的问题。

技术交底的作用是使参与施工活动的每一个技术人员，明确本工程的特定施工条件、施工组织、具体技术要求和有针对性的关键技术措施，系统掌握工程施工过程的全貌和施工的关键部位。参与工程施工操作的每一个工人可通过技术交底了解自己所要完成的分部分项工程的具体工作内容，操作方法、施工工艺、质量标准和安全注意事项等，做到施工操作人员任务明确，有序施工，以减少各种质量通病，提高施工质量。

在施工过程中，我们会碰到不同类型的施工技术交底，主要有如下几种类型：施工组织设计交底；分项工程施工技术交底；设计变更技术交底；测量工程专项交底；安全技术交底。

各种交底工作都不是一次性的，往往是随着项目的施工进度在不同的阶段进行不同类型、不同形式的技术交底。参与的人员除了施工单位外，设计、监理和供应商单位也可能按照需求参与交底过程。建设项目的交底工作就像生产型企业的日常早会、日常技术培训会议和新技术采用前的专门培训会议，建筑施工还会采取一些特殊的形式,比如挂牌、样板、示范操作等。

第十四章 厂房建设施工管理

厂房建设施工和生产线施工一起构成了工厂现场施工的主要内容,但大多数建厂厂长更加熟悉生产线施工,而对厂房建设施工现场的管理缺乏经验。这些施工的组织和管理都依赖现场施工的项目经理,他们会给建厂厂长项目状态进行定期更新。本章重点阐述对施工现场的管理,甲方的中小企业需要知道一些施工现场的管理知识,比如施工的安全、质量和成本。了解这些施工管理的基础知识有利于建厂厂长和相关方的沟通。

第一节 施工现场安全管理

有工厂运营经验的建厂厂长肯定熟悉每个工厂建立的安全体系,比如 ISO 45001 体系,这些都是一套全面、系统管理工厂安全的流程和规范,类似于工厂平时的安全管理,建厂施工现场的管理大同小异,差异只是施工带来了一些特殊的法规要求,施工现场风险因素比较集中,相关风险发生的概率变高了。

1. 安全生产许可证制度

安全生产许可证制度在本书安全设施"三同时"的章节中详细阐述过,相关法规规定一些特定类型的生产企业必须要取得安全生产许可证才能进行生产经营。而作为厂房建设乙方的建筑施工企业就是有强制要求的企业类型之一。安全生产许可证是和建筑企业资质联系在一起的,取得建筑施工资质证书的企业,必须要申请安全生产许可证,方可开展相应的工程业务。

《建筑施工企业安全生产许可证管理规定》是指导该许可证申请、使用、撤销等程序的法律文件。初创企业在做建厂项目招标时，需要将投标方获得安全生产许可证和企业资质一样作为投标的硬性要求。在相关的网站上我们也可以查询各家企业提供的证书的真伪。法规规定，建筑施工企业取得安全生产许可证应当具备一系列的安全生产条件，比如安全制度建设、组织架构、资金投入、安全培训、工伤保险等。

那些熟悉企业安全体系的建厂厂长看到以上要求是不是非常熟悉？其基本和工厂安全体系的要求一致，只是把生产改成了施工而已。这也意味着施工方其实已经有了一套和工厂安全体系类似的管理流程，大家在现场关于安全的沟通是有共同语言的。建厂厂长可以像自己平时管理工厂安全一样去要求施工现场的施工方以及监理。

当然，在招标阶段和入场施工的初期，建厂厂长就有义务去检查投标企业和施工方的安全生产许可证，主要是因为施工方没有安全生产许可证施工会被定义为重大安全隐患，而安全生产许可证是有 3 年的有效期的，有些施工企业会忘记提前办理延期手续，也有一些施工企业因为发生安全事故等被暂扣、吊销了安全生产许可证。

下一步我们需要明确在施工现场出现的主要角色的安全职责，理解清楚这些才能更好地在施工现场管理安全。

2. 施工单位以外各单位的安全责任

工厂建设施工的安全管理责任不是施工单位的，而是建厂项目涉及的所有单位共同的责任。这些责任不是中小企业和中标的单位签署一份安全协议就可以重新划分和随便转嫁的，因为相关的法律法规早就严格界定清楚了各方需要承担的责任。这样的条款出现在《中华人民共和国建筑法》《中华人民共和国安全生产法》《建设工程安全生产管理条例》等法律法规里。我们将除了施工方以外各方的责任归纳总结如下。

中小企业作为甲方或建设单位的安全责任除了上文提及的安全设施"三同时"，还有如下的安全责任。

（1）确保所提供材料的真实度、准确度和完整度；

（2）不得对有关单位提出违法要求，不得随意压缩合同工期；

（3）编制工程概算时应当确定安全作业环境和安全施工所需要的费用；

（4）不得要求施工单位购买、租借、使用不符合安全施工要求的安全防护用具、机械设备、施工机具及配件、消防设施和器材；

（5）在申请施工许可证或者开工报告批准时应当提供有关安全施工措施的资料；

（6）应当将拆除工程发包给具有相应资质等级的施工单位，并将拆除工程施工的有关资料报送有关部门备案；

（7）依法办理特殊作业的申请批准手续。

建设单位的安全责任主要集中在流程资料的提供和对施工方的管理上，如果建设单位违反了上述的要求，将会受到相应的处罚。这些处罚按照规定从限期改正到被追究刑事责任。在实践中，往往在施工现场发生安全事故，大多数事故都可以追溯建设单位的责任，尤其是第（1）条、第（5）条责任条款里关于提供资料的质量要求。在操作上，有些材料的准备和提交是施工方代建设方准备和提交完成的，建设方只在终端上操作流程以及签字盖章，但这些不会构成建设方安全责任的转移。建厂厂长除了自己需要有强烈的安全意识，还需要让建厂团队的每一个成员都清晰地了解以上的要求，尤其是可能涉及利益交换的第（4）条。

设计单位的安全责任主要关注工厂相关的设计过程，主要和安全相关的内容集中在法规标准的使用、考虑施工安全、新材料工艺和技术的使用等。施工安全和质量是无法分开的，比如对新材料工艺和技术的使用也是施工质量的重要要求。和建设单位一样，设计单位也会受到相应的处罚，还有可能被吊销资格证书并依法承担赔偿责任。

和设计单位类似的还有工程监理单位，监理单位的主要职责是检查现场的安全隐患管理等。工程监理单位应当审查施工组织设计中的安全技术措施或者专项施工方案是否符合工程建设强制标准，且在施工过程中，监理单位发现施工存在安全事故隐患的，应当要求施工单位整改；情况严重的，还可以要求暂停施工，并及时报告建设单位；如果施工单位拒不整改或者不停止施工的，工程监理单位还应及时向有关部门报告。

在施工现场除了如上几个单位，还有一些施工辅助的单位。这些辅助单位的工作和现场安全管理密切相关，比如机械设备供应商，尤其是涉及安全的脚手架、吊装起重施工的供应商。《建设工程安全生产管理条例》定义了其安全责任。

为建设工程提供机械设备和配件的单位应当按照安全施工的要求配备齐全有效的保险、限位等安全设施和装置。出租的机械设备和施工机具及配件应当具有生产（制造）许可证、产品合格证。出租单位应当对出租的机械设备和施工机具及配件的安全性能进行检测，在签订租赁协议时，应当出具检验合格证明。禁止出租检测不合格的机械设备和施工机具及配件。

3. 施工单位安全生产责任

在现场施工的主要是工程承包的施工方，想要了解施工单位的安全管理，我们先要熟悉施工单位的安全生产管理组织与责任体系。施工单位安全生产组织包含企业主要负责人、项目负责人、专职安全生产管理人员、施工作业人员四个层次，每个层次对安全生产的责任都不一样。

法律规定的施工企业主要负责人包括法人、总经理、分管安全生产的副总经理、分管生产经营的副总经理、技术负责人、安全总监。施工单位的主要负责人依法对本单位的安全生产工作全面负责。施工单位需要建立健全安全生产责任制度和安全生产教育培训制度，制定安全生产规章制度和操作规程，保证本单位安全生产条件所需要资金的投入，对所承担的建设工程进行定期和专项安全检查，并做好安全检查记录。企业的主要负责人需要和项目负责人签订安全生产责任书，明确项目安全生产考核目标、奖惩措施。企业安全生产的主要负责人还需要和分包企业签署安全生产协议。我国的施工现场带班制度规定，企业负责人需要定期带班检查，每月检查时间不少于其工作日的25%。企业负责人的安全责任主要是其企业层面的责任。

不同于施工企业主要负责人对其单位的安全生产全面负责，项目负责人对项目的安全生产全面负责。法律规定：施工项目的项目负责人应当由取得相应执业资格的人员担任，对其所负责项目的安全施工负责，全面负责项目的安全生产管理，落实安全生产责任制度、安全生产规章制度和操作规程，确保现场安全生产相关费用的有效使用，并根据项目的特点组织制定安全施工措施，消除安全生产的隐患，及时、如实地报告安全生产事故。我国的施工现场带班制度规定，项目负责人每月带班生产时间不少于当月施工时间的80%。

法律规定：施工企业应当设立安全生产管理机构、配备专职安全生产管理人员。不同资质的建筑企业需要配备不同数量的专职安全生产管理人员，比如，特级建筑施工总承包资质的企业固定不少于6人，而二级和二级以下资质的同类型企业则不少于3人。再回到项目上，不同的项目配备的专职安全生产管理人员数量也不一样，比如装修工程的面积达到1万m^2以下的工程不少于1人，1万~5万m^2的工程不少于2人，面积越大，配备的专职安全管理人员越多，超过一定面积的还要按照专业配备。对于采用新技术、新工艺、新材料的高难度项目，这些专职安全员的配置还可以从数量以及专业上相应地提高要求。

项目负责人对项目安全生产管理全面负责，而现场专职安全生产管理人员则负责对安全生产进行现场监督检查。发现安全事故隐患，应当及时向项目负责人或其单位的安全生产管理机构汇报。在项目施工现场，现场的专职安全生产管理人员对于违规指挥、违章操作的，需要立刻制止。

施工企业专职的安全生产管理人员不是企业任命或者认证的，而是由当地的安全生产管理机关或者其委托的机构通过审查认可的，一般需要完成固定时长的理论学习并且考核通过才能取得证书，而且证书是有期限的，需要定期去同样的机关续证。建设主管部门（一般是住建部门）在颁发施工许可证时需要检查工程专职安全管理人员的配备情况。专职安全管理人员在项目现场的履职情况也是各种安全检查的重点。

以上的这些负责人信息和联系方式一般需要公示在施工现场，尤其是在醒目的入口位置，每个城市都有不同的公示格式要求，这个也是政府部门检查的重点。

4. 施工作业人员安全生产的权利和义务

施工员是施工现场直接作业的人员，他们的操作会产生安全隐患，他们是安全事故的直接受害者，他们也会第一时间发现安全隐患，他们中的一些人员也是消除隐患的责任人。相关的法律法规规定了现场施工作业人员享受表14-1中的权利并需要履行的义务。

表14-1 现场施工作业人员享有的权利

享有的权利	需要履行的义务
使用劳动防护用品权； 获得工伤保险的权利； 依法签约权； 知情建议权； 监督拒绝权； 紧急避险权； 获得赔偿权	遵规守法，服从管理； 正确佩戴和使用劳动防护用品； 接受安全生产教育； 事故隐患的报告义务

在有些施工现场存在分包的情况，并且存在一个施工现场有多个分包商的情况，这种情况下分包和总包的安全责任是如何定义的？《中华人民共和国建筑法》《建设工程安全生产管理条例》《中华人民共和国安全生产法》等法律法规早就有了清晰的定义，施工现场的生产安全由建筑施工企业负责。实行施工总承包的，由总承包单位负责。分包单位向总承包单位负责，服从总承包单位对施工现场的安全管理。分包单位不服从管理导致生产安全事故的由分包单位承担主要责任。在同一个场所存在多个分包单位施工，各个分包单位之间的施工活动可能会涉及对方安全的，双方或多方需要签订安全生产管理协议。

现场施工工种多，作业员人数多，需要项目经理和安全员不停地通过早会等形式强调安全的重要性，直到他们有基本的安全意识，判断现场具备基本安全意识的条件如下。

（1）所有人每天能准时出席安全早会，了解新工人进入施工前必须进行安全教育。

（2）进入施工现场，知道戴好安全帽，扣好腰带，了解登高操作必须系好安全带。

（3）能做到施工现场不穿拖鞋、高跟鞋、草鞋，严禁赤脚赤膊操作。

（4）能做到酒后不做任何操作。

（5）知道特殊工种的存在，能说出工地上的特殊工种，清楚特殊工种需要特殊人员才能操作施工。

（6）工具用好后能随时装入工具带，有个基本的 5S 习惯。

（7）清楚不能随意开动施工机械。

5. 厂房施工现场常见的安全隐患

厂房施工存在临时性，这就加大了施工现场安全隐患的管理难度，无论是在隐患数量、原因复杂度和伤害严重度上，都需要我们比正常的工厂运营安全管理投入更多的管理精力。这两种安全管理的基本方法是一致的，主要是针对现场安全隐患的管理，所以我们需要搞清楚的就是在厂房施工过程中不同于工厂运营的新的安全隐患。这些特殊的隐患可以总结为高处坠落、临时用电、消防等。建厂厂长还有必要了解这些隐患，因为建厂厂长需要经常去施工现场，现场安全管理水平的高低就可以直观地从现场隐患的管理上判断出来。

6. 施工现场高处坠落风险防范

高处坠落的隐患在施工现场处处可见，高处坠落事故的发生率最高、危险性极大，是建筑施工现场的"第一杀手"。高处坠落事故是高处作业不规范引起的，凡在坠落高度基准面 2m 以上（含 2m）有可能坠落的高处进行的作业均称为高处作业。2024 年 10 月 22 日，央视报道了湖南衡阳一处工地发生一起小学生坠井死亡事故，让人痛心不已。

高空坠落事故可以分为两种，一种是人员坠落，比如人从高处跌落至地面产生伤害；另一种是物体从高处坠落，从而伤害到人和物品，比如从脚手架上坠落的砖头带来人员被"爆头"的伤害。坠落隐患在施工中非常常见,分析原因无非有如下几个方面。

(1) 作业人员的不安全行为

比如身体本身的疾病、安全用具佩戴问题、违规操作等。

(2) 物品的不安全状态

临边、洞口、操作平台等周边安全防护设施设置问题。

(3) 管理的缺陷

安全生产组织机构不健全、安全生产规章制度未落实、安全生产投入不足等。

(4) 环境因素

现场施工条件、自然条件等不利于施工。

对于坠落隐患,施工单位需要做好如下几点防范措施。

(1) 施工现场的各种临边作业场所应设置防护栏杆,并应符合相关规定。

(2) 洞口作业场所应采取防坠落措施,并应符合相关规定。

(3) 电梯井口应采取防坠落措施,并应符合相关规定。

(4) 操作平台应符合相关规定。

(5) 安全网质量应符合现行国家标准《安全网》(GB 5725-2009)规定,安装和使用安全网应符合相关规定。

(6) 凡在2m及以上的悬空作业人员,应佩戴安全带,安全带及其使用除应符合现行国家标准《安全带》(GB 6095-2021)的规定外,还应符合相关规定。

(7) 高处作业应设置专门的上下通道,作业人员应从专门的通道上下,上下通道根据现场情况选用钢斜梯、钢直梯、人行塔梯等,各类梯道安装应牢固可靠,并应符合相关规定。

(8) 作业场地应保证照明充足,遇有冰、霜、雨、雪天气时应采取防滑措施。

(9) 建立健全各类安全生产制度并落实到位,确保安全生产投入到位。

（10）加强对作业人员的安全教育培训工作，提高作业人员的安全意识。

以上是严谨的防护要求条款，每个条款下也有具体、量化和细化的要求。

（1）安全带除应定期检验外，使用前应进行检查，织带磨损、灼伤、酸碱腐蚀或出现明显变硬、发脆及金属部件磨损出现明显缺陷或受到冲击后发生明显变形的，应及时报废。

（2）安全带应高挂低用，并应扣牢在牢固的物体上。

（3）缺少或不易设置安全带吊点的工作场所应设置安全带母索。

（4）安全带的安全绳不得打结使用，安全绳上不得挂钩。

（5）安全带的各部件不得随意更换或拆除。

（6）安全绳的有效长度不应大于2m；有两根安全绳的安全带，单根绳的有效长度不应大于1.2m。

（7）安全绳不得用作悬吊绳，安全绳与悬吊绳不得共用连接器。新更换的安全绳的规格及力学性能应符合要求，并应加设绳套。

这些要求非专业人士不容易理解，有兴趣的读者可以在网上搜索和上述条款配套的图片，也可以参考《建筑施工安全要点图解》，该书图文并茂，更易理解。

有些情况下，租建厂房施工不涉及上述的全部风险，但是高空坠落也是租建厂房建设的最大风险，为了预防施工过程中高处坠落事故的发生，确保施工安全，施工单位必须高度重视对施工作业人员的安全教育培训工作，降低各类事故的发生概率。同时，建设单位代表的建厂厂长也需要定期做现场的安全检查。

7. 施工现场临时用电风险防范

施工现场的用电管理是个专业且系统的话题，现场任何原因导致的触电事故对人的伤害一般都是致命的。除了触电伤害，电还会带来火灾等其他事故，所以无论是建设方还是施工方，都不会在现场用电的管理上有任何的松懈。典型的施工现场对用电的安全管控一般包括如下这9个部分。

(1) 变压器防护；

(2) 配电房；

(3) 电线、电缆敷设；

(4) 外电防护；

(5) 配电箱（柜）；

(6) 楼层用电布设；

(7) 供电系统；

(8) 接地与防雷；

(9) 人员资质。

如果是新建建厂项目，施工现场会涉及全部的管控内容，而租建厂房装修现场的用电管理相对而言就简单了很多，毕竟租用现成的厂房就避免了一些从零开始的用电施工。变压器施工，一般验收合格的园区就已经有单独的变压器。租建工厂只有在电力扩容的时候才涉及变压器施工，而且变压器施工涉及安全风险比较高的高压施工，所以施工一般是由供电局组织的专业施工队完成的，施工完成后会将入户电缆接入企业的配电房，整个过程企业方基本不用参与，而建筑的接地和防雷在原始厂房建设时已经完成，并且这些也是厂房施工验收的一个部分，所以，在没有较大更改的情况下，一般也涉及不到。

租建厂房的电力施工内容一般基于原有厂房的用电条件匹配，中小企业布局要求对原有的配电箱（柜）和电线电缆做变更处理。这些变更处理包括新建配电箱（柜）、移位配电箱（柜），电线电缆重新敷设以及电气设施的加装和移位等工作。施工现场比较大的隐患是临时用电。

临时用电是指在正式运行的电源上所接的非永久性用电，一般是使用移动开关箱、插座临时搭接电源提供照明、施工工具使用以及设备调试使用。工厂建设过程中有大量的临时用电，尤其在施工的初期，临时用电作业是施工现场的八大危险作业之一，也是工厂建设现场最常遇到的危险作业。我们国家甚至出台了专门的规范指导施工现场的安全用电。

临时用电的第一个问题是电线的架设，越是复杂的施工电线架设也越复杂。电线架设不规范不仅会带来触电风险，还有可能导致如坠落等其他风险。临时用电电线架设是有具体要求的。

临时用电的另一个问题是外电防护，外电防护主要是指装修的脚手架、作业棚、塔吊等装置需要按照要求和电线做有效的隔离，这些隔离体现在材料和与电线之间的距离等也都是有要求的。

在租建厂房电力线路改造的过程中，按照规范原有的墙内线路是不可以利旧使用的，必须重新在墙内开槽敷设新的符合设备用电规范的线路，但是租赁精装修厂房且经过用电评估可以利旧的情况下为了降低装修成本，有时候也会利旧原有线路。但常对有些细节做些局部修改，比如增加插座、移动部分用电设备的位置等。在这些施工过程中经常出现的问题就是墙体施工会破坏墙内原有的线路。这些施工主要是开洞，这个问题有时候也会发生在墙体内的水管上，这种破坏不仅会带来复原维修的额外工作量和成本，处理不好还会导致触电等事故。精装修厂房在装修中可能发生这样的事故，如何避免这种问题，主要通过如下的额外检查。

（1）施工之前切断墙内线电路的电源，切断水源并放净水管内的水，这样就可以避免发生事故后损失扩大。

（2）尽量寻找原有厂房装修施工的图纸，这样有利于找到合适的开孔位置避开墙内的线路。我们可以通过所在城市的城建档案馆查询原有厂房竣工图纸，详细内容见本书的第十七章内容。

（3）如果无法找到原有厂房的竣工图纸，团队按照一般的设计和施工规范判断规范的施工线路，在此基础上再判断开孔位置。

（4）在施工前做好预案，一旦开孔时破坏墙内管线，按照预案处理，减少对正常施工的影响。

电力施工还需要关注施工人员的资质，毕竟电力施工是专业性非常强的施工种类，电工证还有强电和弱电之分。在装修现场经常存在因为临时用电而降低对人员要求的情况。对电力施工人员的常见要求如下。

（1）电工作业人员必须经过安全培训和技术考核，持证上岗。安装、巡检、维修或拆除临时用电设备、设施，必须由电工完成，并应有专人监护。

（2）电工接受施工现场电气安装任务后，必须认真领会落实临时用电安全施工组织设计（施工方案）和安全技术措施交底的内容，施工用电布设必须按临时用电平面布置图进行。临时用电工程须经编制、审核、批准部门和使用单位共同验收合格后，方可投入使用。

（3）项目经理部须为电工作业人员配备符合国家标准的电工作业安全防护用品，电工作业人员在作业时应正确佩戴劳动防护用品，使用专用电工工具。电工作业时，必须穿绝缘鞋、戴绝缘手套。

8. 施工现场消防风险防范

建厂施工现场的消防管理是现场管理的一个重要内容，消防专业性强、涉及面广、条件复杂，需要现场各方落实责任，并健全消防管理制度，强化隐患排查和消除。

项目本身（比如厂房的消防设计、施工、验收）都要按照《中华人民共和国消防法》的相关规定执行，这些规定大体可以总结如下。

（1）建设工程的消防设计、施工必须符合国家工程建设技术标准。建设、设计、施工和监理单位依法对消防设计、施工质量负责；

（2）建筑材料和施工辅材的防火性能必须符合国家标准，如果没有国家标准，必须符合行业标准；

（3）特殊的区域使用不燃或者难燃的材料；

（4）施工单位需要按图施工，不得改变设计和选用的材料施工；

（5）严格按照国家和地方规定组织验收。

施工现场的消防安全因为施工临时性的特点变得更加复杂，2009年公安部和住房城乡建设部总结了当时典型的施工过程中的多个重特大火灾事故并下发了《关于进一步加强建设工程施工现场消防安全工作的通知》。该文件都是指导施工工地消防安全的重要文件。一些当地政府在其基础上又发文细化了相关的要求。

以上的内容大多数是偏向现场的安全管理，较少涉及施工技术相关的安全，实际上对于危险系数较大的施工，施工单位需要编制专项工程施工方案，而且在建厂过程中，我们很有可能会涉及这些施工方案。《建设工程安全生产管理条例》明确规定施工单位需要对以下达到一定规模的危险性较大的分部分项工程编制专项施工方案，并需要验算和各方批准才可以进行施工。

（1）坑基支护与降水工程，租赁建厂基本不会遇到；

（2）土方开挖工程，租赁建厂较少涉及；

（3）模板工程，如果修改涉及承重的混凝土施工就会涉及；

（4）起重吊装工程，基本都会涉及，尤其是现场用到起重机以及厂房是在楼上的设备吊装；

（5）脚手架工程，厂房外立面有大面积施工就会涉及，因为涉及登高作业；

（6）拆除、爆破工程，爆破基本不会涉及，而拆除则比较常见，一般对原有厂房承重结构的修改就可能涉及；

（7）政府认为的其他危险性较大的施工。

以上施工的专项工程施工方案只需要建设方、施工方和监理确认即可，如果这些工程的危险程度变高，比如基坑变成深基坑，还需要组织专家进行论证和审查。这种工程被称为"危大工程"，租建建厂的项目一般不会涉及，如果涉及，可以参考《危险性较大的分部分项工程安全管理规定》来处理，这样工程的施工组织复杂程度要比普通工程高。大多数城市都要求建设单位在施工现场公示"危大工程"，如图14-1的公示模板。

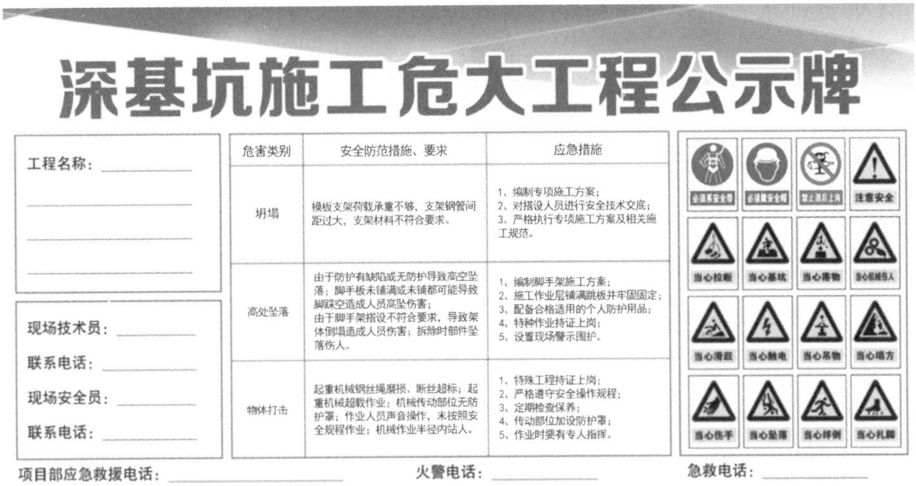

图 14-1 "危大工程"公示模板

对建厂厂长来说，施工方提交的专项施工报告提及需要特殊管控的专项施工就是项目施工过程中安全风险最高的一类施工，也是最容易出安全事故的一类施工。在租赁建厂的模式下，这样的施工在整个施工过程中占比不会太大，常见的可能是拆除、搭建脚手架和起重吊装，所以建厂厂长需要额外重视这些施工并采取额外的管控手段，常见的管控方式如下。

第一，重视专项施工方案的检查。一般的施工单位的专项施工方案都是模板化的，比较简单且通过复制粘贴完成的，施工时在简单的施工方案上再打个折扣，基本上不会被重视。建厂厂长可以根据上述要求的基本内容检查施工方的施工方案，并在理解的基础上进一步要求其细化和优化。

第二，注意施工方案里非安全的一些细节。专项施工方案主要是为了安全考虑，但是在保证安全的前提下，一些其他的细节也需要考虑。本书作者曾经看过一份《吊装作业的施工方案》，一个半天的设备吊装作业需要用 15 页 A4 纸来打印施工报告，连吊装范围内的绿化以及吊车所在地的地面的防护都考虑了多个方案，甚至报告中附有缩短作业节约成本的多个建议。

第三，施工时最好能亲自到场监督。读多遍报告提意见，建厂厂长不如到现场去和安全员一起监督专项施工作业，作为甲方的建设方的到来本来就体现了对专项作业的重视，也给了现场施工人员一些压力，这样按照报告作业就能减少风险事故的发生。

第四，重视施工作业开始前的全员会议。举行一个涉及全部作业人员的施工前会议是施工方经常会忽略掉。一个简单的会议让所有参与方都清楚这个施工的特殊注意点对于安全施工尤其重要，建厂厂长可以在施工开始前要求施工方举行这样的会议。

第二节 施工现场质量管理

施工质量是指建设工程施工活动及其产品质量，即施工使得工程的固有特性满足建设单位的要求，并符合法律、法规、技术规范标准、设计文件以及施工合同规定的要求，包括在安全、使用性能、耐久性能、环境保护等方面满足所有明示或隐含能力的特性综合，体现在工厂的适用性、安全性、可靠性、经济性和环境协调性五个方面。

和安全一样，大多数施工企业也有一套标准的质量体系，比如 ISO 9001 质量体系等，这也意味着建厂厂长在和施工企业讨论质量问题时有共通语言，工厂的质量管理的理念也可以使用在建厂项目中。一系列的法律法规非常清楚地定义了建厂项目中各方的质量义务和责任。

1. 建设单位的质量义务和责任

《建设工程质量管理条例》明确规定了建设单位作为甲方的质量责任和义务。

（1）建设单位应当将工程发包给具有相应资质等级的单位。

建设单位不得将建设工程肢解发包。

（2）建设单位应当依法对工程建设项目的勘察、设计、施工、监理以及与工程建设有关的重要设备、材料等的采购进行招标。

（3）建设单位必须向有关的勘察、设计、施工、工程监理等单位提供与建设工程有关的原始资料，原始资料必须真实、准确、齐全。

（4）建设工程发包单位不得迫使承包方以低于成本的价格竞标，不得任意压缩合理工期。

建设单位不得明示或者暗示设计单位或者施工单位违反工程建设强制性标准，降低建设工程质量。

（5）施工图设计文件审查的具体办法，由国务院建设行政主管部门、国务院其他有关部门制定。施工图设计文件未经审查批准的，不得使用。

（6）实行监理的建设工程，建设单位应当委托具有相应资质等级的工程监理单位进行监理，也可以委托具有工程监理相应资质等级并与被监理工程的施工承包单位没有隶属关系或者其他利害关系的该工程的设计单位进行监理。

（7）建设单位在开工前，应当按照国家有关规定办理工程质量监督手续，工程质量监督手续可以与施工许可证或者开工报告合并办理。

（8）按照合同约定，由建设单位采购建筑材料、建筑构配件和设备的，建设单位应当保证建筑材料、建筑构配件和设备符合设计文件和合同要求。

建设单位不得明示或者暗示施工单位使用不合格的建筑材料、建筑构配件和设备。

（9）涉及建筑主体和承重结构变动的装修工程，建设单位应当在施工前委托原设计单位或者具有相应资质等级的设计单位提出设计方案；没有设计方案的，不得施工。

房屋建筑使用者在装修过程中，不得擅自变动房屋建筑主体和承重结构。

（10）建设单位应当严格按照国家有关档案管理的规定，及时收集、整理建设项目各环节的文件资料，建立、健全建设项目档案，并在建设工程竣工验收后，及时向建设行政主管部门或者其他有关部门移交建设项目档案。

通过以上法律条文我们可以看到建设单位作为建厂项目的总牵头单位和建厂质量第一责任人，承担着重要全面的工程质量职责，对保证工程质量有主导的作用。和安全工作一样，建设单位的主要责任和义务主要还是体现在资料提供、使用监理以及项目相关的手续流程上，同时，其对项目验收和归档也提出了明确的要求。涉及存在利益交换的情况，建厂厂长和其团队成员一定要谨慎。建设单位发生质量违法行为需要承担从罚款、停工以及刑事责任的对应处罚。

2. 设计单位的质量责任和义务

《建设工程质量管理条例》明确规定了包括勘察和设计单位在内相关方的质量责任和义务：

（1）从事建设工程勘察、设计的单位应当依法取得相应等级的资质证书，并在其资质等级许可的范围内承揽工程。

禁止勘察、设计单位超越其资质等级许可的范围或者以其他勘察、设计单位的名义承揽工程。

禁止勘察、设计单位允许其他单位或者个人以本单位的名义承揽工程。

勘察、设计单位不得转包或者违法分包所承揽的工程。

（2）勘察、设计单位必须按照工程建设强制性标准进行勘察、设计，并对其勘察、设计的质量负责。注册建筑师、注册结构工程师等注册执业人员应当在设计文件上签字，对设计文件负责。

（3）勘察单位提供的地质、测量、水文等勘察成果必须真实、准确。

（4）设计单位应当根据勘察成果文件进行建设工程设计。

设计文件应当符合国家规定的设计深度要求，注明工程合理使用年限。

（5）设计单位在设计文件中选用的建筑材料、建筑构配件和设备，应当注明规格、型号、性能等技术指标，其质量要求必须符合国家规定的标准。

除有特殊要求的建筑材料、专用设备、工艺生产线等外，设计单位不得指定生产厂、供应商。

（6）设计单位应当就审查合格的施工图设计文件向施工单位作出详细说明。

（7）设计单位应当参与建设工程质量事故分析，并对因设计造成的质量事故提出相应的技术处理方案。

勘察和设计单位的质量职责和义务主要是其资质确认和其使用的强制标准在勘察和设计过程中的应用。设计单位发生质量违法行为需要承担从罚款、吊销资质证书以及刑事责任的对应处罚。

3. 施工单位的质量责任和义务

(1) 施工单位应当依法取得相应等级的资质证书，并在其资质等级许可的范围内承揽工程。

禁止施工单位超越本单位资质等级许可的业务范围或者以其他施工单位的名义承揽工程。禁止施工单位允许其他单位或者个人以本单位的名义承揽工程。

施工单位不得转包或者违法分包工程。

(2) 施工单位对建设工程的施工质量负责。

施工单位应当建立质量责任制，确定工程项目的项目经理、技术负责人和施工管理负责人。

建设工程实行总承包的，总承包单位应当对全部建设工程质量负责；建设工程勘察、设计、施工、设备采购的一项或者多项实行总承包的，总承包单位应当对其承包的建设工程或者采购的设备的质量负责。

(3) 总承包单位依法将建设工程分包给其他单位的，分包单位应当按照分包合同的约定对其分包工程的质量向总承包单位负责，总承包单位与分包单位对分包工程的质量承担连带责任。

(4) 施工单位必须按照工程设计图纸和施工技术标准施工，不得擅自修改工程设计，不得偷工减料。

施工单位在施工过程中发现设计文件和图纸有差错的，应当及时提出意见和建议。

(5) 施工单位必须按照工程设计要求、施工技术标准和合同约定，对建筑材料、建筑构配件、设备和商品混凝土进行检验，检验应当有书面记录和专人签字；未经检验或者检验不合格的，不得使用。

(6) 施工单位必须建立、健全施工质量的检验制度，严格工序管理，作好隐蔽工程的质量检查和记录。施工单位应当在隐蔽工程隐蔽前通知建设单位和建设工程质量监督机构。

(7) 施工人员对涉及结构安全的试块、试件以及有关材料，应当在建设单位或者工程监理单位监督下现场取样，并送具有相应资质等级的质量检测单位进行检测。

（8）施工单位对施工中出现质量问题的建设工程或者竣工验收不合格的建设工程，应当负责返修。

（9）施工单位应当建立、健全教育培训制度，加强对职工的教育培训；未经教育培训或者考核不合格的人员，不得上岗作业。

施工单位作为现场施工的执行单位不仅要按照图纸施工和按照检验要求做好来料检查和施工过程的相关检验，还要承担对于其分包单位的质量监督的义务。否则，施工单位也将承担一系列的处罚。

4. 工程监理单位的质量责任和义务

（1）工程监理单位应当依法取得相应等级的资质证书，并在其资质等级许可的范围内承担工程监理业务。

禁止工程监理单位超越本单位资质等级许可的范围或者以其他工程监理单位的名义承担工程监理业务。

禁止工程监理单位允许其他单位或者个人以本单位的名义承担工程监理业务。

工程监理单位不得转让工程监理业务。

（2）工程监理单位与被监理工程的施工承包单位以及建筑材料、建筑构配件和设备供应单位不得有隶属关系或者其他利害关系，不得承担该项建设工程的监理业务。

（3）工程监理单位应当依照法律、法规以及有关技术标准、设计文件和建设工程承包合同，代表建设单位对施工质量实施监理，并对施工质量承担监理责任。

（4）工程监理单位应当选派具备相应资格的总监理工程师和监理工程师进驻施工现场。

未经监理工程师签字，建筑材料、建筑构配件和设备不得在工程上使用或者安装，施工单位不得进行下一道工序的施工。

未经总监理工程师签字，建设单位不拨付工程款，不进行竣工验收。

（5）监理工程师应当按照工程监理规范的要求，采取旁站、巡视和平行检验等形式，对建设工程实施监理。

对于监理单位，在施工过程中负责对材料和施工质量起到监督的作用，建设工程监理应该实行总监理工程师负责制。和设计单位一样，监理单位发生质量违法行为需要承担从罚款、吊销资质证书以及刑事责任的对应处罚。

5. 施工质量控制

和建厂厂长熟悉的生产质量控制方法一样，施工质量控制也可以分为三个阶段。这三个阶段分别是事前预防、事中控制和事后控制。施工的质量管理工作主要是在工程项目施工安装和竣工验收阶段。

事前预防一般是在施工前的施工准备阶段编制周全的质量计划。这些计划的内容一般包括质量策划、管理体系、岗位设置等。施工单位通过这些计划将施工技术和质量管理活动建立在有充分能力、条件保证和运行机制的基础上，明确每个施工参与方的质量职责。事前预防还有一个主要的工作就是设置施工质量控制点，找出施工过程中的薄弱环节并制定有效的控制措施和对策。这些内容和工厂的质量策划基本相同。这些工作一般是施工方和监理方共同完成，建厂厂长需要签字确认某些内容。

事前预防的一个重要工作内容是对施工原材料的质量控制，施工原材料的质量控制贯穿采购、进场、存储和使用等多个环节。对施工材料的来料检查类似于工厂的进料检查。

事中控制是施工单位或监理单位在施工作业过程中进行的自我控制或由他人监督控制的控制方式。常见的控制方式是自我控制。自我控制是指作业人员按照图纸施工过程中按照该工序对应的施工要求的自我约束行为，一般有施工过程中按照图纸施工和施工完成后的自我检验，这些实际上是可以做到100%控制的，这也是实现质量目标的主要方法。他人监督控制是施工者接受来自于组织内安排的其他方的检查检验，这些其他方包括施工方的其他人员，也包括项目监理、质量监督这样的政府机构。这些事中控制活动类似于工厂生产过程中的过程检验和强制的产品检验。

事后控制也被称为事后质量把关，是指对上述两个质量活动的结果做评价和认定，防止不合格的工序或产品流到后续的工序。这些工作主要包括检查和确认施工缺陷；对施工偏差进行纠偏；对不合格工序和产品进行整改和处理等。

这些控制手段和工厂的质量控制基本原理一致，但是有个特殊的工作就是建厂厂长接触比较少，但对于建设过程来说尤为重要的隐蔽工程检查。这应该是施工项目特有的一个检查要求。隐蔽工程是指会被后一道工序所覆盖，施工完成后从表面无法做检查的施工项目。在涉及土建的建厂项目中，隐蔽工程项目常有如下几项。

（1）基坑、基槽。建筑物基础按设计标高开挖后，项目经理会要求监理单位进行验槽工作并现场确认土质是否满足承载力要求。验收后应尽快隐蔽，避免被雨水浸泡。

（2）基础回填。基础回填工作按设计图要求的土质或材料分层夯填，而且按规范要求，请质监站取土检查其密实性，夯实系数要达到设计要求，确保回填土不产生较大沉降。

（3）混凝土工程的钢筋。检查钢筋绑扎规格、数量、间距是否符合设计要求，接头数量和搭接长度必须符合规范要求。符合要求需要进行混凝土浇筑。

（4）混凝土结构上预埋管、预埋铁件及水电管线。混凝土结构上通常有防水套管、预埋铁件、电气管线和给排水管线等需要隐蔽，混凝土浇筑封模板前要对其进行隐蔽验收。

（5）混凝土结构和砌体工程装饰前。混凝土结构和砌体在装饰抹灰前均要进行隐蔽验收，混凝土结构需要查看所有材料的合格证和试压报告，进行现场强度回弹或钻孔取样试压，检验混凝土表面密实度及几何结构尺寸是否符合设计要求；砌体要查看原材料的合格证、砂浆配合比和试压报告等材料，砌筑方法和灰缝是否满足设计要求，砌体轴线、位置、厚度等是否符合图纸规定，并现场查验抗震构造拉接钢筋是否设置恰当。

租赁厂房的装修施工也会存在大量的隐蔽工程，尤其是在电气安装和给排水安装方面。比如，给排水管道的安装施工前需检查原有的管道是否畅通再进行施工，施工后再检查管道是否畅通。隐蔽的给水管道应经通水检查，新装的给水管道必须按有关规定进行加压试验，应无渗漏，检查合格后，方可进入下道工序施工，施工全部完成后这些管道是不可见的，这就意味着，一旦错过隐蔽之前的检验，再想做管道相关的检验就需要破墙或地面了，这样就会带来额外的成本，无论是材料、人工还是时间。所以，做好隐蔽工程的验收很重要，这也是施工合同里一个重要的条款。

隐蔽工程验收程序一般如下，当然建设方和施工方可以根据项目的实际情况约定一些特殊的条款。

（1）隐蔽工程自检合格后，应以书面形式通知监理人员和工程分管人员并注明验收时间和内容。这个工作一定要提前通知，一般需要在共同检查前提前48小时通知。

（2）隐蔽工程验收必须由工程分管人员、监理人员、施工单位施工员及其他人员等共同验收，有必要时要有下一程序的施工班组参加。

（3）特殊的施工项目，比如基底、基槽、桩基础工程还要有勘察单位、设计单位相关负责人员和相关检测单位负责人参加。

（4）隐蔽工程验收合格后，由监理人员和工程分管人员签署隐蔽工程验收记录后，施工单位方可进行下一次覆盖施工。

（5）隐蔽工程验收不合格的，经整改后必须重新验收，合格后，方可签署隐蔽工程验收记录，允许下一次覆盖施工。

（6）隐蔽工程验收不合格的，限期整改，如未及时整改将对施工单位按"相关奖罚细则"予以警告或处罚。

6. 工程建设标准

无论是工厂设计还是现场施工，都需要遵循各种标准和规范。相比设计和建设标准，建厂厂长更加熟悉生产相关的标准，这些标准的采用和实施后续要经受产品交付以及客户的检验。所以本部分重点介绍厂房建设相关标准的知识。

标准是各个领域需要统一遵守的技术要求，我国的标准分为国家标准、行业标准、地方标准和团体标准、企业标准五大类。其中国家标准又可以分为强制标准(标准是GB开头)和推荐性标准(标准是GB/T开头)，强制标准以外的都是推荐标准。行业标准、地方标准都是推荐性标准，理论上强制标准是技术和要求的底线，任何一方都必须执行，而推荐标准的要求一般是高于强制标准的。强制性标准是需要对社会免费开放提供查询的，本书附录提供了"全国标准信息公共服务平台"的快速链接，在这个平台里可以查询到所有的国家标准和其解释文本。

《工程建设国家标准管理办法》规定，如下的技术内容是强制标准的范围。

（1）工程建设勘察、规划、设计、施工（包括安装）及验收等通用的综合标准和重要的通用的质量标准；

（2）工程建设通用的有关安全、卫生和环境保护的标准；

（3）工程建设通用的术语、符号、代号、量与单位、建筑模数和制图方法标准；

（4）工程建设重要的通用的试验、检验和评定方法等标准；

（5）工程建设重要、通用的信息技术标准；

（6）国家需要控制的其他工程建设通用的标准。

从以上内容可以看到那些重要的涉及安全、卫生和环境保护的技术标准一般都是强制标准。虽然存在强制的标准，但是在建厂工作中还是会在标书等文件中列出包括强制标准在内的各种标准，本书的附录一也列出了建厂项目常用的一些通用标准。在使用这些标准时需要关注如下几点。

（1）慎用推荐标准。前文中我们提及推荐标准的要求是比强制标准高的，高标准意味着高成本，所以建厂厂长需要确认是否准备了相比强制标准高出来的预算。一般情况下，这些推荐标准的确认也会成为供应商在投标阶段的和建厂团队确认较多的内容。

（2）检查建厂项目里新技术、新材料的标准。使用了新技术、新材料或者特殊结构的项目，尤其是从国外刚引入的材料和技术，需要检查是否有相关的技术标准，最早发现这些的应该是设计方。如果没有在设计阶段就需要找国家认可的检测机构做试验、论证，取得经过专家审定的检测报告后才可以使用，这种情况下在前些年外企的工厂建设中经常遇到，现在越来越少了。

（3）除了国家相关部门以及监理方对现场强制标准的监督检查，建设方也可以通过抽查和专项检查的形式检查施工团队对强制标准的掌握情况，比如，询问现场相关的人员对相关的强制标准是否熟悉。

第三节 施工现场成本管理

在一个建设项目中，关于项目成本的内容，我们在本书第三章项目可行性研究与准入中详细讲解了建厂项目预算的相关内容，我们也提到决定了项目成本的决策和设计阶段。到了项目施工的阶段，项目的成本控制其实对整个项目成本的影响已经很小了，尤其是项目总包的情况下，项目打包价格已经确认了，合同已经白纸黑字了。

EPC 工程总承包管理模式存在于工程全过程，包括设计、材料与设备采购、施工、调试和验收等，以签订合同为依据组织施工。工程项目的成本、质量、工期等一般是工程总承包商负责的范畴，所以对项目现场成本的控制，施工方比建设方会更加重视。对施工现场的成本管理，在项目实施阶段，作为建设方的建厂厂长需要做到如下 2 点。

第一，做好自己的工作，减少项目进度延迟。建设方没有及时做好报告签核、问题确认、支付阶段款等工作，造成项目等待，极易延长项目施工工期。项目等待期间也会产生人工费、租赁费等，施工方的利润肯定会减少。长此以往，一个施工方对一个没有利润甚至亏本的项目，他们的配合以及项目的质量都会成为问题。所以，甲方要清楚这个逻辑关系，及时做好自己应该做的事不仅对项目"成本"有帮助，还有利于项目的实施。

第二，减少自己的变更，管理其他方的变更。工程总承包项目在施工过程中如果包括建设方在内的各方提出非实质性的变更设计与施工意见，这些变更会造成项目范围随意蔓延，按照流程需要各方研究、论证和给出最终的结论，这些都会产生突发性的费用，这些费用也会被归纳到项目总成本中，增加施工方的成本压力。当然，那些涉及安全、质量隐患的变更还是需要被及时提出的。

总包项目，甲方主要的关注点是减少变更，避免项目进度延迟，尽量帮助总包方实现其利润最大化，这样才能保证建厂项目的利益最大化。

第十五章 生产线施工管理

生产线施工是建厂项目里另一个重要的施工工作,不同于上一章的建设施工,不采用 EPC 总包模式的生产线施工的项目经理就是中小企业的工作人员。项目经理需要协调全体生产线施工的参与者在整个流程中按照统一的安排完成生产线施工。生产线施工需要项目经理具备高技能水平要求的原因如下。

生产线施工参与者多。工厂生产线的供应商一般包含多个不同的供应商:标准设备供应商、非标准设备供应商、信息系统供应商、产线 MRO 供应商、机电安装供应商、校验供应商等。每一个供应商可能还有多个供应商,比如,一个非标设备有多个主要元件和部件供应商,又如,不同的标准设备供应商会有负责他们设备安装的机电安装供应商。每一个供应商参与的人员又比较多,比如,同一个非标设备供应商参与到生产线施工的一般有机械工程师、电气工程师、安装工程师、文档工程师和现场项目经理等。

施工参与者接口复杂。不仅现场的各个供应商之间存在复杂的接口关系,他们还和建设施工单位存在接口关系。比如,设计院定义的开关位置决定了设备摆放的位置,有些机电安装完成后需要装修公司恢复吊顶和地面。不梳理这些复杂的接口关系会导致现场沟通变得困难和低效。

施工过程顺序要求高。新工厂的生产线是从一个全新的工厂空间中逐步施工建成的。每个施工步骤都要严格按照一定的顺序要求来组织和完成的,尤其是非离散的生产线,一个环节的生产设备不到位和有问题就会影响整个生产线设备的施工。

施工要求高。在一个全新的工厂环境中开始生产线施工会较多强调施工完成后的整体效果以及对现场的各种防护。比如,经常在施工过程中要求各个供应商统一设备的三色灯,以维持统一的效果;施工中不应该让刚完成施工的厂房有任何损伤，比如，任何人也都不愿意看到施工完成后"伤痕累累"的地面。

广义上的生产设备包括如下设备和设施。

（1）生产主设备。主要是指生产用的设备以及产品接触完成制造过程的标准和非标设备。

（2）生产主设施。主要是指和生产主设备直接相关的设施。比如氮气装置、冷水装置、纯水装置、空压机等。我们需要将厂房建设的设施区分开，比如空调新风装置、消防排风装置等。

（3）生产辅助设备。主要是指那些不和产品直接接触，辅助生产的设备，比如检验工作台、IT机柜、WMS／MES服务器、检验设备等。

（4）仓库设备和设施。主要是指仓库的设备和设施。比如包装站、打包机、货架、叉车等。

（5）其他设备和设施。比如实验室设备，样品制作设备等。

生产设备施工处理的对象就是如上的设备和设施。按照生产线施工的顺序，我们可以将生产线施工分成四个步骤：生产设备搬运、生产设备落位和安装、生产设备调试和生产其他施工。

第一节 生产设备搬运

无论是新建、扩建还是搬建，工厂建设项目都会涉及生产设备搬运，不同的是，搬运的工作内容不一样。新建是将所有设备从供应商处运输到新建的工厂，而扩建的设备可能会是部分设备，搬运内容有可能和新建一样，也有可能是从一个已有的厂房搬运到新建的厂房内，距离可长可短。搬建则是将所有设备从一个地点搬运到另一个地点，距离可长可短。

生产设备的搬运可以分成三个步骤：打包、运输和解包。每一个步骤的细节都会直接影响设备搬运的质量和效率。

第一个需要决定的问题是谁负责设备搬运？对于全新的生产线设备，设备采购合同一般会要求设备供应商负责设备运输；对于已有设备的搬运，则需要视实际的情况来确定，需要考虑的情况主要有如下几点。

搬运设备情况。原则上设备的数量、尺寸、重量、搬运条件等决定了设备搬运的难度。常规设备的情况是中小企业内部就可以处理的，而有些则需要找专业的供应商才可以，比如大尺寸的设备需要专业吊装设备才能完成。

搬运距离情况。厂内短距离的搬运中小企业就可以完成，而长距离的搬运必须用专业的车辆才能完成，这个时候专业的设备运输供应商就是一个比较好的选择。

其他情况。比如项目进度要求，专业供应商的搬运效率相比公司内部资源都比较高；雨季搬运设备需要足够的防护也只有专业的供应商才能提供。

中小企业对设备搬运的管理需要覆盖整个打包、运输和解包的全流程里，哪怕这些工作都是由专业的供应商完成的。

设备的打包需要延伸到设备供应商处管理，尤其是非标的设备。标准设备的包装也是标准化且经过各种交付的验证，一般不存在任何问题，非标设备的包装缺乏标准化和验证，风险比较大。设备的打包需要注意对设备的防护、装车的顺序以及到货时间的控制。

对生产线设备的防护除了遵守基本的防倾覆、防磕碰，还需要做到如下几点。

特殊情况的防雨。除了常规的从天气预报上了解天气情况并做好预案外，夏天搬运设备时每台设备需要缠绕薄膜做防雨处理，还需要在每辆车上配备雨布，以防止长时间下雨或者短时间强降雨淋湿设备。在苏南地区，梅雨季节更需要注意，这个防护在运输和解包的过程中都需要注意。

软连接设备的打包。软连接是指使用非硬连接的设备连接方式，比如使用电缆连接两台单体机器以及使用软排线连接测试机和夹具。这样的软连接很容易在运输过程中因为设备移动而损坏，一般需要将连接断开，设备单独打包处理。

设备的移动部件需要额外固定。设备中有些小部件，比如门、抽屉、鼠标托盘等在打包时需要额外固定，不然在搬运、运输过程中会移动，轻则损坏该部件，重则会给操作人员带来安全隐患，如图15-1所示。

图 15-1 设备的移动部件的有效固定

买保险。一般的设备打包、搬运和解包是由专业的第三方负责进行的，在这个过程中为了避免任何意外情况的发生，需要公司为设备、人员购买保险，经常购买的保险见下表。作为甲方的中小企业不仅要为自己员工和设备购买保险，还要督促和检查自己的供应商购买，甚至在现场施工的供应商也需要购买。具体购买的保险需要咨询当地的保险公司，保险公司会根据需要搬运的设备列表评估具体的报价，参考见表15-1。

表 15-1 险种及保险范围

险种	保险范围	备注
安装工程一切险	设备、设施、吊装、安装等	
运输	运输过程的意外损失	事故和碰撞
意外险	人员意外	团险

打包完毕后开始装车运输，有保险的专业运输公司问题不大，但是经常被忽略的一点是装车的顺序，注意到这点对后面工作效率的提升有很大的帮助。一般情况下，运输到位后经过解包检查，将设备搬运到生产现场落位，这个时候要求设备是按照一定的顺序进场的，只有这样效率才是最高的。给设备按照顺序编号，将编号标识在足够醒目的位置，在装车时按照和安装顺序相反的顺序装车。有些对运输中倾覆角度以及

振动要求高的设备的外包装上需要加装防震标签，如图 15-2 所示。

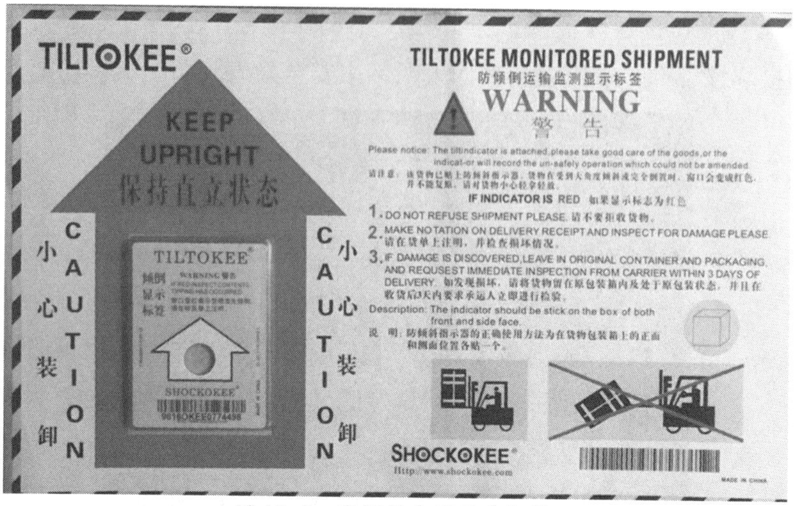

图 15-2　高端设备的防震标签

搬厂这样的工作可能会存在需要使用多辆车的情况，建议在运输那些高要求设备的车辆上安排一名中小企业的押车人员，以便随时监控运输过程。车辆到达目的地后，设备卸货一定要统一安排和调度。卸货现场需提前规划合适的面积和堆货顺序。卸货过程中要时刻关注天气变化的情况，有条件的，必须要选择在雨棚下面卸货。2011 年，本书作者曾经亲眼看到一车从德国运来的设备在雨棚外拆木箱而完全被雨淋的案例，损失不小。

设备入场后的防护。这是最重要的注意点，因为设备在入场搬运的过程中是产生磕碰、损伤最多的环节。搬运的工具、搬运路线、搬运方法等任何一个环节的疏忽都会给现场带来无法弥补的损伤，损伤主要表现在地面、货梯、墙壁等，尤其是做过处理的环氧地面，比如，一辆叉车的轮子上扎了一个钉子，叉车驶过的路线上每隔一段距离就会出现压痕，又如，叉车在即使铺了防护板的地面直角拐弯，也会留下一块擦痕。这些明显的痕迹都无法局部处理，而且都出现在比较醒目的路线上。解决这个问题的方法就是从人和加强防护上想办法。在设备搬运期间，可以设置一个专人专门负责这个"零划伤"的专案，任何搬运的工作都需要该人确认后才可以进行。一般的搬家公司有足够的经验，在搬线前提前看现场并作方案也能有效地避免这些风险。

设备解包在设备落位前进行，解包的过程需要做好照片记录，解包前的设备照片，尤其是一些关键的细节照片，比如防震标签的照片，被海关拆包查验的设备拆包前的照片等。这些及时和在恰当情况下采集的照片，以及在后续设备有争议的情况下可以成为向原厂或保险公司索赔的重要证据。解包时经常会犯的错误就是解包时丢失重要的随包装附件，有些设备的说明书、合格证书、配件备件等会固定在设备的包装内，有时候由于工作疏忽很容易连着包装材料被丢失。解决的方法是将解包拆下的包材全部暂存放置在一个区域，需要统一检查后再丢弃。还有一些特殊设备的包装需要保留，以供下一次设备搬运使用，尤其是那些超重、异形或重心偏移的设备，常会配备设备框架等，有条件的完全可以将这个框架长期保存。

第二节 生产设备落位和安装

生产线设备落位是随着设备解包发生的，但是，生产设备落位的准备工作需要在设备运输前就要完成，这些准备工作包括如下内容。

（1）设备定位标识。设备定位是落位的重要前提，设备定位的依据是生产线布局图。在设备进入生产线前，需要由非常有经验的工程师（一般是工业工程师）按照布局图在地上标出每一台设备的位置，一般以设备台面的外形投影为参照点，按顺序在地面标识出落点。这个工作可以提前开始，不能只标出起始设备的落点，最好标出所有设备和设施的落点，这样不仅可以提高设备落位时的效率，还有利于他人的核实确认。有特殊高度要求的还需要标识出设备的标高线。除了设备位置标识，还要考虑动力设施的位置，比较重要的是桥架的位置。

（2）落位场地准备。场地准备的工作包括地面平整度检查、地脚预埋、垫铁准备、灌浆准备，这些工作都是为了保证设备安装的建筑结构符合安装要求。这些工作有些是需要提前完成的，有些则是需要提前准备等待使用。有些特殊的设备还需要考虑安装沉降观察点的提前施工。

（3）施工工具准备。设备落位的工具包括卷尺、撬棒、水平仪、钢丝挂线锤、拧紧工具、气垫、冲击钻、膨胀螺丝、焊机等。

设备完全落位后需要和供应商一起检查一遍，如有位置冲突干涉以及制图时未考虑到位的情况出现，可以现场调整。检查完毕后，我们就可以开始连接、安装和调整的工作了。

在这个阶段需要考虑一个重要的问题——桥架施工和设备落位的顺序问题。桥架是为设备提供动力的设施，常见的电、气、水、网、接地等都需要通过桥架和设备连接，这样不仅能收纳众多的线管并保证了5S，还为后续检修提供了方便。桥架施工和设备落位的顺序取决于多个要素，比较见表15-2。

表 15-2 桥架施工和设备落位顺序比较

	先桥架后进设备	先进设备后架桥架
图纸精度要求	高，出问题只能重工桥架	一般，有问题现场调整桥架
施工效率	高	低
防护要求	一般/只要防护地面	要求高/需要防护设备
其他	进设备需考虑已安装的桥架位置	桥架可以按照实际情况决定位置

在实践中，只有对自己非常有信心的情况下，我们才会选择先桥架后进设备的方案，对于全新的工厂和设备来说，遗漏设备信息的情况很容易发生，这样重工的概率就会很高，所以建议中小企业在没有特别要求的情况下，选择先进设备后桥架的情况。先进设备后做桥架的一个显著弊端是桥架施工时对已经落位的设备防护不到位。防护措施除了防止施工过程中的杂质脱落，还需要防止施工人员工具和材料的脱落，如图 15-3 所示。

图 15-3　桥架施工过程中对设备的防护

设备连接是指完成对打包、运输时分开的设备部件或配件的连接。比如电源线的连接、供料单元接口的连接和主设备的固定、设备三色灯的安装、设备控制系统硬件的连接等。这个时候的连接只是设备内部的连接，不涉及电和气的连接，在这个阶段也不建议进行这样的连接，需要等到测试之后，不经过测试贸然上电会有损坏设备的风险。

设备的安装是指和设备的外接配件的连接，这些工作包括排风设备的固定和安装、除尘装置的连接、额外安全装置的连接等。这些安装是设备上电调试时必须的条件，但这样的安装不能完全固定，因为完全的固定需要在设备水平完成调整后才能进行。

无论是设备的连接和安装都需要设计一些离线的施工。这些施工包括对施工原材料（线缆、管道、辅材等）的加工，常见的加工有切割、焊接、铆接等；对现场的固定和处理，常见的有表面打磨、灌胶、喷漆、标识等。所有的这些都会对现场带来"损坏"的风险。除了设备安装需要的临时存放场地，还需要考虑安装时临时存放物料的场所。存在切割和焊接的情况下，一定要注意火灾防护，施工现场的火灾大多数在这种情况下产生。现场的防护可以使用图15-4的方案。

图15-4 现场加工的防护

设备调整主要是指对设备高度、水平以及最终设备的紧固。设备高度的调整和设备水平基本同时进行，所以，我们不仅要关注单个设备的水平，还要关注设备间直接的传输接口，比如对设备传输轨道的逐一调整，一个产品或者传输夹具能放置在轨道上，并从头到尾能做到手推无阻力是调整到位验收的条件。设备调整的最后一步是设备固定，无论是灌浆固定还是地脚固定，都要在多次确认后进行。完成固定后就可以开始设备调试阶段的工作了。

第三节 生产设备调试

生产设备的调试是对设备进行检查后通电，在通电的情况下再做各种调整确认的工作，这些工作的目的是保证设备顺利运行。

在设备通电之前对设备系统的检查尤其重要，有些检查不到位可能导致设备发生各种故障。这些检查如下。

设备外设检查。这种检查主要针对设备的各种外设，这些外设在上一个阶段可能已经连接、安装到位，有些外设需要在通电前再次检查确认，比如冷却系统的温度设置等。

设备机械检查。设备通电后，设备的机械部分就会运动归零，所以在这之前我们需要检查设备机械部分是否运动正常，传送带、链条和齿轮等是否调整到位，设备运动路线上是否有阻挡，多余的固定组件是否需要被移除，机器人移动空间是否有杂物等。

设备电气检查。需要检查的内容包括设备电气安全装置（连锁报警和停机控制系统）是否固定、设备电气接地是否正确完整、电机的相位是否正确接线。

所有这些检查项目确认无误后，设备可以通电，通电顺序按照先外设后主机，先低压再高压。设备通电时最好让设备的供应商操作，其他人保持安全距离。设备完成通电后，先由设备供应商测试相关电压、相位、电流等情况，一切正常后再开始下面的动作。

设备完成通电并设置相关程序后，就可以开始带电确认。使用调试的程序模拟设备的空跑生产，观察设备的动作设置是否和程序设置的一致、设备设计的防错装置是否能正常工作。这些确认无误后，就可以开始设备的精度和重复度测试，这些测试是生产质量的重要保证，测试结果也是设备验收的一个重要部分。需要特别说明的是，这一个步骤的调试工作必须要有中小企业的工艺或者设备人员参与，参与的目的有两个，一是确认测试过程；二是因为参与这些调整工作是一个重要的学习过程，这样的调整后续在设备使用中会经常出现。

在这个过程中，设备供应商、机电安装供应商、装修供应商和中小企业团队需要紧密配合完成。到此为止，生产线设备调试工作结束，工厂建设最主要的工作基本完成了，工厂建设进入收尾阶段。

第四节 生产其他施工

和生产有关的其他施工是指工厂里除了生产线设备外的其他设备设施的安装和调试工作以及整个工厂设备的收尾工作。生产线配套设备的安装和调试包括和生产线主设备配套的设备设施、生产运营必备的设备设施和设置、工厂仓库设备以及实验室设备等。

生产线主设备的配套设备设施包括安灯这样的生产控制系统的安装调试、IT设备的施工和调试、员工操作区域的加强照明等。

生产运营必备的设备设施和设置是指那些和生产设备无关,但是生产运营必备的一些设备设施以及设置。比如参观讲解点的特别施工和处理、生产区域物料周转的容器、周转车、不良产品收集和处置设施、员工休息区域、员工会议区域等。

工厂仓库设备主要是指仓库使用的一些设备设施,比如卸货码头的施工、各种货架、各种产品容器、拆包区域、包装设备、拆包垃圾处置区域等设备和设施的安装和调试。

实验室设备是指和进料检验、出货检验、不良分析、过程试验、设备和检具校验有关的设备和设施,一些和生产设备类似的设备也会安装在工厂中,这些设备是研发样品生产设备。

工厂的可视化和美化工作也可以安排在这一步,作为生产线施工的扫尾工作,比如各个功能区的地标粘贴、工厂区域和设备牌以及工位牌的悬挂、工厂标语粘贴等。这一步比较重要且经常会被忽略,因为这些工作最后会在一定程度上体现了工厂的档次。平时对标杆工厂的参观收集的亮点可以在这个环节得到体现,本书作者经常会使用一个行业标杆公司的供应商来完成这项工作。这个供应商只要将行业标杆公司的Logo全部换成中小企业自己的就可以了。

这些扫尾施工的优先级可以放在最低,因为其他的施工有任何变化,这些施工可能也需要调整。这些辅助设施的施工一般由供应商以及中小企业团队共同完成。这些工作作为整个建厂施工的收尾工作，完成后就要开始下一阶段验收的工作了。

第六篇 工厂验收交付篇

建厂项目现场施工基本完成后就开始进入竣工阶段,可以说竣工是施工过程的最后一道工序。依据《建设工程项目管理规范》(GB/T 50326—2017)的定义,项目竣工阶段的主要工作内容包括竣工收尾、竣工验收、竣工结算、回访保修以及管理考核评价阶段。在这些工作中,竣工验收是最重要的,工厂验收完成是建厂项目成果转入生产或使用的重要标志,也是全面考核效益、设计、监理、施工质量的重要环节。我们将竣工验收分成内部验收和外部验收。内部验收是指使用各种形式验收工厂的设计性能是否达标,内部验收关注的是实用性。这也是工厂能顺利使用的基础,而外部验收是指按照政府的政策流程要求向政府递交验收文件的过程,外部验收关注的是合规。

第十六章 内部验收

按照时间顺序，我们可以将内部验收分成三个阶段：工厂验收、工程结算验收和工厂保修确认。按照施工内容，工厂验收又可以分为工厂厂房验收和工厂生产线验收，这两个是内部验收的重点内容，而结算验收是对材料、工作量、增减费用、索赔等一系列涉及费用的确认工作，在总包项目中，这样的确认工作可以简单化，但不可忽略，而工厂保修确认是指和工厂的使用人员确认工厂各个要素的保修，以便后续运营使用。

第一节 工厂验收

不同于外部验收需要具备强制的验收条件，内部验收实际上在项目的初期就可以涉及了，因为内部验收的内容是建厂厂长和总包方双方共同商议确认的。验收内容可多可少，但一些验收工作必须是在施工过程中就需要完成的，比如，前文我们介绍的隐蔽工程验收就只能在施工过程中进行，一些生产设备验收的验收项目也是一样，比如，有些精密设备的验收需要在拆箱前检查防倾覆装置，如果发现有问题必须立刻处理而不是等到验收阶段再进行处理。所以，一个比较好的验收做法是在开工之前，双方就明确内部验收需要检查的项目，而且这些检查项目要比施工合同和生产线设备规格书上的要求还要详细，最好能有专门的表格细化这些演示验收项目。

工厂厂房设施的验收是对主要厂房建筑物、厂房建筑物的附属建筑和其他厂房设施做的关于满足规模目标、功能目标、需求目标和使用目标的检查和确认。生产线设备的验收主要是对组成生产线的每个设备的外观、设计功能、制程能力、可靠性以及控制交互的逐一确认，还有对于配合生产线的各个管理系统的配置、功能以及可靠性的核实确认。一般情况下，建厂团队可以分别设计验收表格来验收工厂厂房设施和生产设备设施。

工厂厂房设施验收时，大多数的情况下需要施工方、设备设施供应商、监理单位、甲方或者甲方聘请的第三方专家全部在现场，有些验收需要被验收方介绍、说明、演示，并对验收方的疑问问题做出解释和澄清；有些情况下需要采集留存相关记录作为验收证据，验收过程中发现的问题相关方需要及时处理，这些问题需要在整个验收过程结束之前彻底解决。如果某个验收的关键方不到场，我们可以再约时间，尤其是验收过程中发现问题或有疑问的验收项目。

实际上验收可以有多种，本书指的验收是指最终验收，验收还包括预验收、出厂验收、阶段验收等，这些验收的输出可以作为最终验收的输入，但是不能使用这些验收代替最终验收，根本的原因是最终验收的验收项目是最全的，验收的条件也是最接近生产状态的。

厂房以及设备的验收一般分为静态验收和动态验收两种。无论哪一种验收都需要在验收前先检查工厂的实际状态，清理施工残留的物料和工具，可以在工厂设置专门的存放区临时存放杂物。我们还需要对工厂做彻底保洁，有些情况下还需要静置一段时间，保证静态验收的场地状况和设备状况与正常生产时的状况一致，否则，最终验收的意义不大。

静态验收是指在不通电或者设备设施不动作的情况下做的验收，主要是通过目检或检具测量等方式确认被验收物品的符合性。这些符合性要求一般不包括复杂功能性要求，主要是外观、尺寸、数量、存在和状态等。

①测量厂房隔间的尺寸是否符合设计标准；
②检查确认动力桥架的位置是否和图纸定义一致；
③清点标识专用车位的数量是否和设计数量一致；
④检查施工过程中保留的防水材料的出厂证明文件是否符合要求；
⑤抽测部分隐蔽工程的验收记录；

⑥检查产房吊装口的安装是否符合规范；
⑦使用仪器检测仓库地面的水平度和坡度；
⑧使用流水的形式检查卫生间的地面；
⑨检查墙壁涂料的位置与色差；
⑩检查风淋门的开关状态；
⑪检查设备电气接线是否符合规范要求；
⑫检查设备位置是否按照图纸摆放；
⑬测试车间的静电是否满足规范要求；
⑭检查设备的指示灯是否为规范要求的指示灯（品牌型号）；
⑮确认设备主要框架的颜色是否为指定颜色；
⑯在厂房静态条件下完成相关测试，比如静置后的洁净室粉尘测试。

静态验收所有的检查、测试和确认都是在设备没有通电及动作的情况下进行的，所以不需要提前准备，而且这些检查确认动作基本安全，不存在机械和触电等伤害风险。动态验收是指在设备、设施通电且发挥功能作用的情况下。这个时候的验收就需要专业的人员到位并提前做如下的准备工作。

①提前通电且调整设备到工作状态，设备相关的移动部件能受控；
②设施通电且达到受控的状态，比如消防系统所有终端连接，系统稳定运行；
③相关系统连接且数据采集稳定，数据处理输出稳定；
④验收需要物料的请提前准备；
⑤相关工程师（工厂、供应商）都要在场，需要有人操作设备。

这些准备工作都是为了保证动态验收工作顺利，避免取料、设备调整带来的各种等待。动态验收一般分为四个阶段，每个阶段验收的重点不一样。这四个阶段分别为单机验收、全线验收、连系统验收和试生产。所以动态验收一般时间长，有时候需要多轮才能完成，这个需要团队成员有足够耐心。

单机验收。单机验收是指对单台机器或者子系统在通电情况下检查设备或者子系统的状态,这个时候的关注点是单机或者子系统的。

①动力连接情况:通电是否正常、电机相位是否准确、气压连接后是否报警等;

②设备本身的连接是否正常:设备本身与配套设施连接是否正常,有无报警等;

③设备基本动作逻辑是否符合设备规格定义;

④各种断电情况下,设备是否可以快速启动,这个方法可以测试设备的稳定性;

⑤设备人员是否理解设备的各种报警信息;

⑥设备文件是否准备到位,比如操作文件、保养文件等;

⑦操作人员是否能熟练操作设备;

⑧设备规范里定义的制程能力是否达到要求;

⑨设备程序是否做好备份;

⑩设备基本的标识(安全和操作提示等)是否到位;

⑪如果是特种设备,相关测试是否完成;

⑫安全工程师是否评估设备安全性;

⑬电气元件是否通过各种认证,比如 CCC 等;

⑭设备操作的人机工程是否通过评估;

⑮需要检验的仪器是否完成校验;

⑯单机不良品处理是否满足要求且合理无漏洞;

⑰车间各区域的照明是否满足条件;

⑱车间各区域的噪声情况;

⑲每个烟感模拟测试是否通过;

⑳设备设施原始供应商的相关手册是否保存到位。

全线验收是指连接各台设备后整条线或者工厂各个系统的功能、详细指标和可靠性的检查和确认。这些检查有时候需要多个供应商在现场支持。

①整线上单机之间的通信是否设置正确以及通信是否稳定;

②整线的传输和周转是否稳定，比如皮带线是否有卡阻，周转车是否到位；

③周转夹具是否做过尺寸测量；

④周转夹具是否会带来额外的风险；

⑤工厂整体的照明、噪声感官情况；

⑥设备外部的气体等供应系统是否工作正常；

⑦全线的防护是否到位；

⑧工厂的动态测试，比如温湿度、粉尘测试等；

⑨工厂各种标识是否到位，比如地标、设备标牌、区域标牌等。

连系统验收是指整线或者整系统在连接各种管理系统的模式下进行的测试和验证，主要关注系统和设备之间的连接、数据采集以及系统控制等详细功能。常见的验收项目如下。

①测试消防报警系统是否能使用；

②门禁和监控系统的连接，监控盲区的验证测试；

③考勤系统报表是否正常打印；

④设备和中控系统连接是否正常，报表是否正常生成；

⑤仓库管理系统的物料设置（位置/数量）是否准确；

⑥仓库和生产系统交割是否能顺利符合逻辑；

⑦中控屏幕数据显示是否正常，更新是否合理。

试生产是内部验收的最后一个阶段，对生产设备更加重要，当然厂务设备也可以通过较长时间不间断的运行来检查其稳定性。在设个阶段之前对生产设备的验收还是在空跑的情况下，不是在真正的生产条件下检验的，这样就无法关注设备生产真正的产出指标，而试生产就是用实际的生产来检验所有设备设施的绩效达标情况，这个过程也涉及人员技能水平的考核，一般和生产部门协商也可以作为试生产验收的一个部分，一般情况下在试生产阶段，我们关注如下的项目。

①设备、夹具、工装和物料的适配性；

②工业参数的实际调试；

③产出的指标,比如良率、利用率、换型时间等;

④生产的节拍;

⑤设备系统的实际表现;

⑥人员对设备、生产流程的熟悉程度;

⑦特种设备人员是否具备操作证书;

⑧生产的实际能耗。

  细心的人可能发现这些验收的内容和前文设备安装、调试的内容比较类似,甚至有些顺序也是一致的。确实,它们有一定的相似之处,但不同于工程师安装调试机器,机器验收是由多人参与的更加系统的过程。多人参与会对验收过程的观察更加详细。每个人的关注点不一样,验收记录的问题发现应该更多,所以这样的验收结果会更加系统和公正。

第二节 工程结算验收

结算验收是关于项目相关费用的验收，一般包括两个内容：一个是竣工结算，另一个是竣工决算，其都需要中小企业采购和财务人员的支持，如果有需要还会涉及专业做工程造价的咨询公司人员。

竣工结算在施工方或者承包人完成合同约定的施工内容后，在验收阶段的后期，建设方和承包人需要依据双方约定的合同价款，基于施工中的实际情况计算、调整和最终确定项目工程款，这个数字也会成为最终支付工程款的依据和编制固定资产的依据。在做竣工结算时，双方需要参考的支持信息如下。

①施工合同、分包合同等原始信息；
②项目竣工图；
③验收结果；
④罚款、索赔处理完结证明文件；
⑤影响项目造价的变更处理证明文件；
⑥施工过程中其他的追加和核减项信息，必须有甲方的签字确认才有效；
⑦影响合同价款的其他相关材料。

以上所有的信息汇总确认后，相关方需要编制结算报告，需要中小企业的采购、财务和施工方的签字确认，作为给施工方付款的凭证之一。如果项目是总包，这样的竣工结算可能就比较简单，没有影响特别大的追加和核减项目，基本上竣工结算这个步骤就可以省略了。

竣工结算是中小企业对外和承包方使用的结算凭证，而在中小企业内部还需要输出竣工决算报告，竣工决算是指在工程竣工验收阶段，由作为建设单位的财务汇总项目从筹建到竣工验收、交付使用全过程中公司实际支付的全部建设费用，也是整个建厂项目最终得价格，这个价格核实的作用如下。

①将有关费用转成固定资产管理；

②评价项目的经济绩效；

③项目结余物资或费用的确认；

④清理债务；

⑤税费处理；

⑥项目财务审计，有些情况下公司的审计部门会参与。

内部的竣工决算编制报告后，需要报请上级审查，报告需要完整归档备查。

竣工结算和竣工决算工作主要由公司财务、审计等部门完成，建厂厂长需要准备全面、真实的材料来配合工作。

第三节 工厂保修确认

工厂的保修检查和确认不仅是工厂验收过程的一个重要步骤，还直接关系工厂后续运营的质量，任何人都希望无论厂房还是设备设施出了搞不定的问题后，都能有供应商提供及时有效的支持。《建设工程质量管理条例》规定，建设工程实行质量保修制度。建设工程承包单位在向建设单位提交工程竣工验收报告时，应当向建设单位出具质量保证书，质量保证书需要明确建设工程的保修范围、保修期限和维保责任等。

关于保修的要求最早出现在建厂前的技术谈判中并细化在标书中，确定在最终的订单合同中。以保修为主要内容的售后服务是评判和选择供应商的三大指标之一，其他 2 个指标是技术和商务。任何供应商在报价时也会考虑建设方对保修的要求，有些供应商甚至会提供超出标准要求的保修服务从而获得订单。

一个租建工厂的保修可以分为 3 个部分：原有建筑的保修、新增施工的保修和生产设备的保修。由于建厂是在租建厂房的基础上装修的，所以有些保修范围会存在一定的重复且在认定责任时需要花精力去界定清楚。比如，厂房屋顶的漏水可能是原始厂房防水施工有缺陷，也有可能是在装修时施工损坏原有防水导致的。

原有建筑的保修条款一般会写在厂房租赁协议中，这个保修的责任单位是房东、物业或者厂房租赁协议约定的单位，而新增施工的保修责任单位是施工合同的乙方，一般是总包方或者直接施工方。这些保修的范围一般是厂房建设工程修改和新增的部分，比如，新建的墙和顶、施工安装的设备和设施等。在原有建筑和新增施工保修范围内存在一些法律强制要求的最低保修期限，2000 年 6 月生效的《房屋建筑工程质量保修办法》规定：

在正常使用条件下，房屋建筑工程的最低保修期限为：

（一）地基基础工程和主体结构工程，为设计文件规定的该工程的合理使用年限；

（二）屋面防水工程、有防水要求的卫生间、房间和外墙面的防渗漏，为 5 年；

（三）供热与供冷系统，为 2 个采暖期、供冷期；

（四）电气管线、给排水管道、设备安装为 2 年；

（五）装修工程工期为 2 年。

不在以上范围的其他项目保修期限由建设单位和施工单位共同约定。从上面我们可以看到，除了主体结构和防水，租建厂房装修的大多数保修期限是 2 年。保修期是从验收合格之日开始计算的。《建设工程质量管理条例》规定，建设工程在保修范围和保修期内发生质量问题的，施工单位应当履行保修义务，并要对造成的损失承担赔偿责任。

同时法律规定建设项目需要实施质量保证金制度，这是依据 2017 年 6 月，住房城乡建设部、财政部发布的《建设工程质量保证金管理办法》（建质〔2017〕138 号）来实行的。做法是中小企业和承包方在合同里约定一定数额的保修金，这些费用在项目验收后需要预留在中小企业，在缺陷责任期内如果承包方的保修存在问题，中小企业有权扣除相应的保证金用来支付其他方对缺陷的维修。这是个约束承包方负起保修责任的办法，保修金会在缺陷责任期到期后返还给供应商。缺陷责任期一般是双方预订的，一般不超过两年，如果不严谨地将保修金的退还条件设置为保修期结束，那么有些供应商的保修金是无法返还的，比如基建的供应商。

有一部分设备是属于装修工程范围的，比如压缩机这样的设备的保修是按照上述工程建设的约定来处理的。还有很大一部分设备是生产设备，这样的设备保修不存在强制的最低保修期限，完全是依据中小企业和供应商的约定。一般情况下生产线整线保修两年，一些核心设备或者设备的核心部件保修时间会延长，但这些都需要个别讨论达成共识。本书作者见过最长的整线保修期是 5 年，延长其提供的产线设备的保修期是设备供应商在竞争中获取加分从而获得订单的主要方法之一。

在验收时，我们需要检查验收铭牌并确认每个供应商的保修承诺，常见的保修条款如下。

①投产初期是否提供人员驻厂支持（人员数量、人员资质、7×24小时）；

②响应时间（一般是售后电话或者 800 电话 7×24 小时响应）；

③到场时间（电话确认问题后，根据距离和白夜班定义不同时间）；

④核心设备备件到货时间（根据具体情况确认）。

厂房、设备的保修都发生在验收之后的运营阶段，运营厂长应当非常清楚地意识到供应商保修是"双刃剑"：一方面，来自供应商的保修保证了工厂的顺利运营，另一方面，工厂人员过分依赖供应商的保修又会导致工厂团队能力建设的问题。在实际现实当中，因为各种情况，供应商的保修范围会被扩大，供应商会承担一些本不属于保修范围的工作，比如保养维护等。这样内部的责任人就没有了动手实践解决问题的机会，成了不折不扣的"传话筒"和"叫号器"。一旦厂房、设备出了保修期再遇到问题，强大的惯性导致正常属于工厂工程师完成的维修还需要寻求供应商的帮助，而这个时候的帮助是要收费的，这种做法提高了工厂运营的成本。一个有该问题的工厂运营厂长经过笔者的提醒后，详细分析了设备部门的费用清单才发现一些"隐秘"的费用处理方式。

用好"双刃剑"，避免带来的不良影响，运营厂长需要在内部和外部都采取相应预防措施。内部，加强对厂务、设备和工艺人员的绩效考察，重点观察他们问题解决的能力，可以设置维修响应时间这样的指标。对外，我们让供应商定期提供服务清单以及服务报告，这些内容可以用在和内部工程师的问题分析和复盘上。

第十七章 外部验收

竣工验收作为建设工程项目的最后一环,前文我们谈过建厂项目的内部验收关注设计功能的实现,而外部验收却受到政府的各种流程和政策的约束。本章就按照流程要求来梳理政府验收的各个过程。

第一节 竣工验收程序

政府定义了标准的竣工验收程序,比如,如下条件具备后才可以开始正式的竣工验收。

(1) 完成建设工程设计和合同约定的各项内容。

(2) 有完整的技术档案和施工管理资料。

(3) 有工程使用的主要建筑材料、建筑构配件和设备的进场实验报告。

(4) 有勘察、设计、施工、工程监理等单位分别签署的质量合格文件。

(5) 有施工单位签署的工程质量保修书。

我们可以看到内部验收的输出一般是上述条件的第(2)项和第(4)项,其他条件的材料在外部验收阶段还需要额外准备。我们准备材料时一定要仔细,尤其是需要注意使用政府最新版本的表格,一般在当地住建部门的网站上可以找到相关模板。实际验收中,我们常常会发现因资料的问题导致验收工作无法进行的案例。

准备好上述要求的原始材料后,我们就开始正式走验收流程。这些材料的某些内容在验收过程中可能会做格式和内容的优化。一般的验收流程可以总结为如下 10 步。

第一步:施工单位自检评定。

工程施工完成后，施工单位对工程进行质量自检，确认符合设计文件及合同要求后，填写工程验收报告申请开始工程竣工验收，并经项目经理和施工单位负责人签字后提交给监理单位。

第二步：监理单位提交工程质量评估报告。

监理单位收到施工单位的工程验收报告后，应全面审查施工单位提交的验收资料，整理已有的监理资料并进行工程现场检查，对工程进行质量评估，提交工程质量评估报告，该报告应经总监及监理单位负责人审核、签字。

第三步：勘察、设计单位提出质量检查报告。

设计单位对勘察、设计文件及施工过程中由设计单位签署的设计变更通知书进行检查，并提出书面质量检查报告，该报告应经勘察、设计单位项目负责人及单位负责人审核、签字。

第四步：建设（监理）单位组织初验。

建设单位组织监理、设计、施工等单位对工程质量进行初步检查验收。各方对存在的问题提出整改意见，施工单位整改完成后填写整改报告，监理单位及监督小组核实整改情况。初验合格后，由施工单位向建设单位提交正式工程竣工报告。这个阶段的检查验收可以将工厂验收和设备验收分开进行。

第五步：建设单位组成验收组、确定验收方案。

建设单位收到工程竣工报告后，组织设计、施工、监理、外部专家等单位有关人员成立验收组，验收组成员应有相应资格，工程规模较大或是较复杂的应编制验收方案。

第六步：施工单位提交工程技术资料。

施工单位提前7天将完整的工程技术资料交质监部门检查。

第七步：竣工验收。

建设单位主持竣工验收会议，组织验收各方对工程质量进行检查。如有质量问题提出整改意见。监督部门监督人员到工地现场对工程竣工验收的组织形式、验收程序、执行验收标准等情况进行现场监督。

第八步：施工单位按验收意见进行整改。

施工单位按照验收各方提出的整改意见及责令整改通知书进行整改，整改完毕后，写出整改报告，经建设、监理、设计、施工单位签字盖章确认后送质监站，对重要的整改内容，监督人员参加复查。

第九步：工程验收合格。

对不合格的工程，按《建筑工程施工质量验收统一标准》和其他验收规范的要求整改完毕后，重新验收，直至合格。

第十步：验收备案。

验收合格后5日内，监督机构将监督报告送项目所在地县市住建委。建设单位按有关规定报有关部门备案。

以上仅是通用验收的流程，验收的完成还需要各专项验收及有关专业系统验收全部通过，常见涉及到政府的专项验收有如下5个。

（1）消防验收；

（2）环保验收；

（3）节能验收；

（4）特种设备相关验收；

（5）工程档案与验收等。

我们将工程档案与验收内容放在下一章的工厂交付中讨论，本章将逐一介绍其他专项验收。验收的主体责任是作为建设单位的中小企业，在实际操作中，可能文件准备、跑流程、跑窗口的会是总包方或者施工方，但是他们是以建设单位的名义开始这些工作的，意味着按照建设方的名义去填写各种表格，意味着使用建设方的账号去上传文件，意味着表格签字盖章的主体是建设单位，更意味着出问题的责任单位只能是建设单位。

第二节 专项验收流程

1. 消防专项验收

非常重要的消防验收也是最麻烦的，我们实行的是双轨制，会涉及不同的政府部门，也有不同的验收流程。在2018年3月国务院机构改革之前，消防验收流程比较简单，直接找当地的消防大队一个部门就可以完成。但是在国务院机构改革中设立了应急管理部，消防的职责划给应急管理部，但是消防验收被交接给了住房城乡建设部，这样消防验收就涉及了两个部门——应急管理部门和住建部门。这样的操作流程是按照住房城乡建设部、应急管理部《关于做好移交承接建设工程消防设计审查验收职责的通知》（建科函〔2019〕52号）文件精神执行的。

消防验收的开始，建设单位先要去检查当时工厂设计时消防的处理方法，在本书第九章第三节已经阐述设计阶段消防的处理方法。

与工厂有关的基本是劳动密集型企业的生产加工车间、员工集体宿舍以及生产、储存、装卸易燃易爆危险物品的工厂、仓库。这样的建设项目在设计时需要申请消防设计审核，竣工后申请消防验收。责任单位是当地县市级住房城乡建设部，一般需要的材料如下。

（1）有关消防设施的工程竣工图纸；

（2）工程竣工验收报告；

（3）建设工程消防验收申请表。

以上特殊工程的验收一般情况下20个工作日内可以完成。除此之外的项目在政府文件中一般被称为其他建设工程，这类工程的验收受理机构还是县市级住建局，但是实行抽查备案制。这就意味着住房城乡建设局不会参与大多数建设项目的验收过程。先由建设单位自行组织相关部门验收，有了验收结果后在住房城乡建设部门备案即可。备案需要的材料一般如下。

（1）有关消防设施的工程竣工图纸；

（2）工程竣工验收报告；

（3）建设工程竣工验收消防备案申请表；

（4）消防设施检测合格报告。

以上材料递交后，住房城乡建设部门采用抽检制，如果被抽中，政府会提前公告，然后到现场进行消防检查，发现不合格，需要开具不合格通知书，企业整改后复查直到通过。一般没有被抽中的验收20个工作日内也会完成验收全过程。

2. 环保专项验收

环保的验收在本书第九章"三同时"章节中部分已涉及，本章再系统梳理一遍。环保的验收和"三同时"采用的形式有直接的关系，会有3种形式：环境影响登记表、环境影响报告表和环境影响报告书，这3种不同形式环保问题的严重度以及编制的工作量是依次增加的。

采用环境影响登记表的只需要在当地县市级生态环境局做备案，这个操作比较简单，登录当地网上备案系统，注册真实信息后在线填报相关表格就可以。结束后，备案网站会自动生成备案编号和回执，这个备案过程就完成了，这个过程基本是即办即走，非常方便。

环境影响报告表和报告书的验收采用政府审批制。这个过程时间比较长，一般法定的办结时限是60个工作日。一般的流程如下。

第一步：建设方提交申请，常用的材料要求如下。

（1）建设项目环境影响报告书（表）；

（2）关于上述文件中删除不宜公开信息的说明；

（3）建设项目环境影响报告书（表）报批申请书格式文件；

（4）公共参与说明。

需要注意的是，建设项目环境影响报告表或报告书是需要通过各种方式向社会公开的，所以需要提交的文件里的第二份和第四份文件就是为了信息公开的需要。

第二步：政府受理后公示和批复，这个时间较长，可能会涉及专家评审、听证或者公示，这些都是验收的一部分。

第三步：政府做出最终审批决定。根据公示结果及上一步的验收结果政府会做出审批决定，符合要求的政府会送达环保批文，不符合要求的政府也会送达不予审批决定。

各种初创企业由于生产需要还可能会涉及如下的环保审批，都需要在验收阶段按照政府的流程进行验收后再使用。

(1) 排污许可；

(2) 非道路移动机械编码登记；

(3) 放射性同位素转移、转让；

(4) 污染源自动监测设施登记；

(5) 危险废物管理；

(6) 辐射安全许可等。

3. 节能专项验收

节能专项验收有时候又被称为节能审查，和其他验收审批不一样，一般人不容易找到其主管单位。现实中每个地方的规定确实不一样，我们就以浙江省为例，从《浙里办》APP可以查得，该省负责节能审批的部门就有市县发展和改革局、市能源局、县市住建局，所以，在办理该业务之前一定要打听好所在地区的负责部门。

验收的流程一般是建设方提交文件、政府受理、政府审批、出具意见结论。有些地区在政府办事网站或者APP上就可以办理。

建设方需要提交的文件一般如下。

(1) 项目可行性研究报告（可行性研究是第一次提及节能的文件）；

(2) 投资项目节能报告；

(3) 节能承诺备案表；

(4) 营业执照等证明文件；

(5) 节能审查申请文件；

（6）用电平衡方案等。

对于有些项目可能会涉及节能报告专家评审，以及提交的报告修改的情况，法定办事周期是 15 个工作日。

如上就是工厂建设完成后的整个验收过程，有些验收项目是不影响工厂开工的，有些却是强制的，中小企业需要区别对待。验收完成后，我们还需要做有些仪式感的工厂交付。

第十八章 工厂交付

新建工厂的生产线和厂房验收完成后,建厂团队最后需要向公司各个使用部门和职能部门移交建厂的相关文件、物品、物料和人员关系。这些移交的完成代表着工厂实际的交付。这样工厂管理维护的职责也转移给了相关的使用部门。但是,这不是建厂项目的结束,建厂项目的真正结束是项目复盘的完成,这个复盘对于工厂的运营尤其重要,但这点往往是建厂团队最容易忽略的。

第一节 工厂交付

工厂的交付一般都要有些仪式感,比如开业庆典、投产仪式等。这些仪式性活动的背后实际上是给所有人传达了一个清晰的信号——建厂项目完成了,现在转入工厂运营的新阶段。当然交付也不只是举行个仪式,而是基于多个在仪式之前就开始的各种实际交付和交接活动,这些交接活动一般有文件交接、物品交接、物料交接、关系交接等,所有这些工作的交接完成才意味着关于工厂的相关职责的最终交付。

文件交接是最常见的一个交付活动,工厂建设过程中产生了大量的文件,在工厂建设阶段,建厂团队无暇整理这些文件,而且文件管理是任何工厂的一个重要管理内容,有些行业对文件管理尤其重视,比如,汽车和医疗行业。建厂阶段产生的一些文件在后续运营阶段会被非常高频地使用,比如工厂验收文件,不仅周期性的消防检查会检查核实,一些要求高的客户也会在业务开发阶段重点检查该文件。除了生产线相关的文件需要遵循工厂日常运营的文档管控流程,这个阶段文件交付的重点是厂房建设的工程文档。根据《建设工程文件归档规范(2019年版)》

（GB/T 50328-2014）的定义和要求，建设工程文件是指在工程建设过程中形成的各种形式的记录信息，包括工程准备阶段文件、监理文件、施工文件、竣工图和竣工验收文件。这些文件都需要相关部门收集、整理、归档、验收，最后向中小企业的相关部门移交。

归档文件的格式和形式除了有明确要求的正式文件，其他的文件不限于固定的格式，文件使用不同载体的都可以，比如正式文件、备忘录、会议纪要、录音、图片、录像，甚至还有部分样品等。归档的文件质量要求如下。

（1）纸质文件应为原件，同时录入和保留完整、清晰的复印件或照片，电子档的文件需要和纸件一致，其命名需要清晰易于查询和检索。

（2）有强制格式和内容要求的文件必须符合国家的有关要求。

（3）文件的完整性和真实性需要在移交时重点检查，工厂运营团队不能只要求有文件，还需要检查文件的质量。

（4）需要长期保存的重要文件原件需要做额外的保护处理，比如原件复印、塑封等，在使用中尽量先使用复印件，避免直接使用原件。

（5）一些需要签名和盖章的正式文件在归档移交前需要确认签名和盖章，如有遗失和不规范，需要补签和补章。

（6）签字的重要文件需要做签字确认，普通墨水、圆珠笔、铅笔等签字大约5年后就会变模糊到最终消失，需要复印、拍照，要使用不易褪色的碳素墨水或蓝黑墨水重新签字。

（7）需要加盖公章的正式文件必须按照规定加盖公章，尤其是竣工图。

归档的工程文件采用立卷的形式归档保存，立卷的具体要求在《建设工程文件归档规范（2019年版）》（GB/T 50328-2014）中有详细的规定，有经验的供应商肯定熟悉这些要求。复杂的项目由于建设周期较长，所以工程文档的收集工作需要按阶段完成，否则会遗失部分需要的文件。

工程文件移交还涉及向当地城建档案馆移交需要归档的文件，《城市建设档案管理规定》中有明确规定。针对文件电子化的趋势，2024年

1月住房城乡建设部有发文《关于新形势下进一步加强城市建设档案管理工作的通知》细化了部分要求：

城建档案管理部门要规范建设工程档案移交内容，对于加盖电子签章、具备法律效力、符合归档要求的电子文件，可不移交相应纸质档案。对于数字化扫描形成的电子文件，实行纸质、电子双套制移交。工程建设项目原生电子档案、建筑信息模型（BIM）等应一并移交。

归档文件涉及勘察单位、设计单位、监理单位、施工单位和建设单位。归档的顺序是分包单位将其收集、整理、归档的文件移交给总包单位，总包单位再移交给中小企业。所有文件的移交都需要双方在移交案卷目录上签字，单位盖章，方可交接完成。《建设工程文件归档整理规范》（GB/T 50328-2014）详细规定了各种文档保管期限以及保管部门包括需要当地城建档案馆需要保管的文件，每个城市又会有不同的规定，需要移交当地城建档案馆的材料可以在当地城乡建设局网站上查询。

物品交接是指将和新工厂有关的一些物品交接给相关使用部门，这些物品在建厂阶段是保存在施工方或者其他临时团队成员的手中，目的是施工方便。项目结束后，需要将这些物品交接给工厂的运营团队。经常交接的物品如下。

（1）各种钥匙。所有门的钥匙在安装完成后需要交接给公司的安全人员，有装修钥匙的需要当面确认并启用正式钥匙。钥匙的交接需要有第三方的见证人，备份钥匙可能是交接给不同人的。

（2）各种遥控器。大屏、空调、卷帘门、通道闸口的遥控器等。

（3）各种密码。这些密码如下。

① 各种门禁密码，需要新管理员当面修改新密码；

② 各种系统密码，需要新管理员当面修改新密码或者删去施工阶段的临时账号。

（4）各种账号。这些账号主要是用来定期获取上传信息以及缴费使用。

① 电费开户账号；

② 水费缴费账号；

③ 其他能源账号；

④ 当地安全平台账号；

⑤ 公司网络密码；

⑥ 其他需要定期登录获取信息的账号；

⑦ 设备设施供应商网站的账号。

（5）车位使用权。

（6）缴费交接尤其注意后缴费或欠费的情况。

（7）设施的各种保修卡和发票复印件等。

物料交接是将工厂建设过程中遗留的物料和工厂运营团队进行交接，需要交接的物料有直接物料，也有间接物料，这些物料的主要来源如下。

（1）建设剩余。财务上这些物料本来就是中小企业的资产，只是建设过程中没有使用完的，这些物料一般是耗材，比如油漆、玻璃胶、各种电线气管、多余的灯管等。

（2）设备设施的附件或备件。比如设备说明书、设备光盘、设备保修卡、设备保养的特殊工具、供应商随机赠送的特殊电池和易损的传感器等。

（3）建设辅助。主要是工具或防护用品，比如临时的围挡、警戒线、临时用电箱、地板防护垫、登高梯等。

（4）试生产物料。为了调试设备等领用的产品或物料。

（5）临时建筑内的物品。

这些物料需要做交接不仅是因为随意处置这些物料会造成浪费，更因为我们在后续的工厂运营中需要使用这些物料，比如工具和辅料在后续的工厂维护中需要使用，一些防护物资在后续的施工中还需要用到。直接物料交接更是生产管理的基本要求，确认这些物料的状态并保持一个准确的物料库存是生产管理最基本的要求。

关系交付是指有关工厂建设的一些供应商相关联系人和后续工厂运营团队成员互相认识并建立联系的过程，这样做的目的是在后续发生问题时运营团队能找到正确解决问题的人，这是责任交接的基础。这些交接一般是相关联系人当面认识并保留对方联系方式，常见的交接方是各种供应商和工厂运营团队之间的，因为这些涉及后续工厂的维保、保修和问题解决。交接方如下。

（1）设备供应商和工厂设备工程师；

（2）设施供应商和工厂设备工程师或工厂厂务工程师；

（3）监控、门禁供应商和工厂人事或安全工程师；

（4）信息化系统供应商和工厂设备工程师或其他工程师；

（5）固废供应商和"三同时"供应商和工厂安全人员。

这些互相建立联系的过程有些在工程验收和培训阶段就已经完成了，而有些是双方可能都没有意识到互相建立联系，尤其是处在甲方位置的工厂人员，但是因为建厂完成后，所有外部的人员都会撤离，所以正式建立联系还是相当有必要的。除了交接双方互相见面后保存联系方式，建厂厂长也可以建立一个简单的通讯录，将各个干系人的联系方式显示到一个文件中，对于供应商的联系方式，为了避免失去联系带来不便，最好做如下处理。

（1）除了一线售后人员的联系方式，再增加销售的联系方式；

（2）不仅是总包方，分包方的联系方式也可以列出；

（3）公司的固定电话或者800开头的服务电话；

（4）公司的网址以及公众号。

这样的通讯录不是一次性的，需要运营厂长定期更新，尤其是供应商有了人员变更后。共享这样的通讯录可以显著地提高工厂运营的效率。

第二节 建厂项目复盘

大多数人会忽略项目的复盘，不同于公司中一直存在的产品项目，建厂这样的一次性项目大概率在结束后就无人问津，很少有人愿意花时间专门做建厂项目的复盘。但是，我们稍微转换一个思路就可以得出完全不同的结论，因为有了建厂项目这样难得的经历，我们更需要做项目复盘，这样的复盘才显得更有意义，更有价值。我们需要重视做建厂项目复盘的原因主要有三点。

第一，整理总结汇报项目的指标。这是常规项目总结的内容，让整个参与团队尤其是公司的管理层了解建厂项目最终的指标。这些指标不仅要覆盖进度、成本、质量，还有团队的成长。获得管理层认可并增强团队成员们的参与感、荣誉感和责任感是建厂团队成员参与项目的直接收获。

第二，长期遗留任务和工厂建设下一步的计划和方案。长期遗留任务是指条件限制导致不能立刻完成的一些少量遗留任务，有些需要供应商在条件成熟的时候再完成，这个需要供应商承诺后续完成。这个阶段是团队对工厂建设最熟悉的阶段，所以规划工厂下一阶段的建设计划是属于趁热打铁式的产出，也有利于工厂的长期规划和建设。

第三，复盘工厂运营团队的能力为运营提供调整思路。从建厂到运营是一个切换，团队需要的能力是不一样的，在建厂阶段，建厂厂长可以通过团队大多数人的工作客观地评价他们的绩效，这样就可以在运营开始前决定是否需要做人员调整。这样做的目的是服务工厂后续的运营。

项目复盘的形式可以是会议的形式、也可以是工作坊的形式让团队成员多参与讨论。项目复盘的时间段是在项目交接的最后的时间段，如果有条件复盘时，可以给参与的人员提供一个建厂项目完成的纪念品或者组织一次聚餐，这样做的效果是最好的。本文的作者多次作为外部顾问主持建厂项目的复盘会议，下面按照建厂厂长的角色来分享会议的提纲。

复盘参与人员

建设方：建厂厂长、工艺部门、设备部门、生产部门、厂务部门、安全部门、公司管理层、财务人员、人事；

施工方：设计院代表、建筑单位项目经理、监理代表、分包商代表、主要设施供应商代表、生产线设备供应商代表，外部咨询公司代表；这些参与会议的干系人代表最好能邀请当时实际参与项目的各方项目经理或者主要人员，这样复盘的效果才是最好的。

主持人：建厂厂长

复盘的时间：大约2小时

详细的会议安排

(1) 建厂厂长汇报项目总结

① 展示厂房验收文件；

② 汇报项目进度的完成度；

③ 汇报项目质量的完成度；

④ 汇报项目成本的完成度；

⑤ 咨询公司的实际工时，这可能会成为和咨询公司结算的依据；

⑥ 公司和施工供应商竣工结算的情况。

这需要将该信息传给分包方，尤其是劳务承包方，避免项目总包公司欠其劳务款，其中中小企业讨薪的问题，作者碰到过两次这样的问题了，对建设方的社会影响非常不好。

(2) 公司管理层代表致辞讲话

①认可项目绩效并感谢项目团队；

②公司业务发展情况以及下期工厂建设的大体计划；

③对后续工厂运营提出要求；

④对供应商表示感谢，对其提出售后保修要求；

⑤其他。

公司管理层可能不熟悉实际情况，在会议召开前和其确认。

（3）向供应商赠送建厂成功纪念品，顺便重点提及其售后保修服务

①服务对象内容；

②保修期；

③主要服务条款。

最好安排供应商交接的内部人员向其赠送纪念品并拍照留念，短时间内能拉近关系，有利于后续售后服务的沟通。

（4）长期开户问题点

①问题产生的原因；

②供应商的关闭承诺。

一般项目都会有这样的问题点，这不影响使用和验收，但是还需要供应商负责完成，会议召开前和供应商确认。

（5）工厂扩展方案建议

①工厂优化的机会和建议；

（随着工厂生产线的扩充以及产量的提升，会存在一些改善工厂指标的机会，比如租转购的切换点、布局优化等）

②工厂下期建设的机会和建议，主要讨论内容；

③下期工厂建设可能的布局建议；

④下期工厂建设实施的注意点；

⑤基于本期项目实施的一些经验教训。

这个建议的内容，建厂厂长可以和设计院以及施工单位的主要人员提前准备，这样下一期的建设就会比较容易，这个时间段也是做这个方案效果最好的时间段。

（6）内部建厂人员的安排等。

（7）合影或者聚餐。

结束后，建厂厂长可以用会议纪要的形式将内容发给所有参与方，以备后续查用。

第七篇 自建建厂篇

第十九章 自建建厂

和租赁厂房一样,中小企业也可以通过各种方式拿地自建厂房来获得经营场所开展生产活动,但是这两种选择方式背后决策的依据是不一样的。两种建厂方式的流程在项目开始时的差异比较大,建厂厂长参与的程度和项目过程中建厂厂长详细的任务也不一样。本章会重点关注决策依据以及建厂厂长在不同模式中工作内容的差异。

第一节 自建建厂和租赁建厂再认识

自建厂房和租赁厂房都可以实现建厂运营的目的,不同的是自建厂房的产权最终是属于中小企业的。这意味着中小企业拥有该厂房的不动产证,这样就不需要像租赁厂房一样定期向房东支付房租,对厂房的设计和使用也不受房东或物业的严格限制。

如果需要做自建和租赁的决策,除了需要考虑当地政府政策支持、产业规划和企业长期发展的规划,我们更需要系统地梳理下自建建厂和租赁建厂两种方式的优缺点。

1. 自建厂房的优点

稳定性:自建厂房可以确保企业长期稳定的生产经营环境,不用担心租金上涨或被房东要求搬迁。

资产增值:随着城市发展和土地资源的稀缺,自建厂房可能会带来资产的增值,这点在工业发达的城市更为显著,遇到经营困难时,厂房作为固定资产还可以抵押贷款。

定制化:自建厂房可以根据企业的需求确定厂房的技术细节,理论上如果不违背法律的需求都可以满足，厂房可以是创业者意志的具体体现。

自主权：拥有自己的厂房意味着企业可以自主决定生产经营活动，不受租赁合同和物业的限制。

2. 自建厂房的缺点

初始投资大：购买厂房需要支付较高的首付款和贷款利息，对资金有限的企业来说可能是一个巨大的负担。

折旧和维护成本：厂房会随着时间的推移而折旧，作为产权拥有者还需要承担维修和管理费用。

流动性差：一旦自建了厂房，企业如果面临流动性风险，难以快速调整经营策略或退出市场。

3. 租赁厂房的优点

初始投资小：租赁厂房只需要定期支付租金，对资金有限的中小企业来说更容易承受。

灵活性高：租赁厂房可以根据市场需求和企业战略进行灵活调整，更有利于企业的快速扩张或转型。

无须承担折旧和维护成本：租赁厂房的折旧和维护责任由房东承担，企业只需按时支付租金。

流动性好：租赁厂房可以让企业更容易地调整经营策略或退出市场，降低流动性风险。

严格意义上来说，想拥有自己的厂房有三种实现方式：购地自建、购买厂房和定制厂房。每种操作方式的优缺点见表19-1，中小企业可以依据自己的实际情况和当地市场供给情况灵活选择。

表 19-1 三种厂房实现方式及优缺点

方式	实现方法	优缺点
购地自建	从政府或其他渠道取得土地许可证 从零开始勘察、设计、施工、验收、使用	优点： 可以100%按照中小企业的想法来实现 缺点： 全流程复杂、需要投入较大管理精力 介入方多、沟通复杂
购买厂房	中小企业在市场上寻找已经验收的厂房 交易过户取得产权证 中小企业自行设计、装修、验收、使用	优点： 流程简单、类似租赁（多了厂房交易） 缺点： 不能100%满足中小企业的想法
定制厂房	厂房在规划阶段就确定购买意向 中小企业确定厂房规格需求 建设方完成施工验收后走过户流程 中小企业自行设计、装修、验收、使用	优点： 可以100%按照中小企业的想法来实现 省去勘察、设计、建造和验收的流程 缺点： 必须在规划阶段之前就开始谈判定制

自建建厂和租赁建厂的认知差异是需要在了解厂房之外认识到的。租赁建厂，我们只需要按照本书第四章的内容去关注和认识厂房，而自建建厂却要先关注土地，再关注厂房。

土地资源一直都是我们国家非常重视的一种资源，我国作为人口较多的国家，对土地资源有着严格的利用划分，所以我们国家成立了土地资源管理局来管控土地资源的使用。政府在规划管理土地使用时将土地划分为不同的用途。一般有居住用地（R）、公共管理服务设施用地（A）、商业服务业设施用地（B）、工业用地（M）、物流仓储用地（W）、道路与交通设施用地（S）、公用设施用地（U）、绿地与广场用地（G）等。所有工厂必须是坐落在工业用地（M）上的。《城市用地分类与规划建设用地标准》（GB 50137-2011）按照对居住及公共环境的干扰程度、污染程度、安全隐患程度的不同，又将工业用地分为三类。

一类工业用地（M1）：对居住和公共环境基本无干扰、污染和安全隐患，包括以产业研发、中试为主兼具小规模生产的工业用地，如电子工业、缝纫工业、工艺品制造工业等用地。

二类工业用地（M2）：对居住和公共环境有一定的干扰、污染和安全隐患的工业用地，如食品工业、医药制造工业、纺织工业等用地。

三类工业用地（M3）：对寓居和公共设备等环境有严重干扰和污染

的工业用地，如采掘工业、冶金工业、大中型机械制造工业、化学工业等用地。

二类工业用地（M2）是工业用地中最主要、最常见的类型，我们日常讨论的比较多的也是一类和二类工业用地的厂房。但 M2 对环境毕竟还是有一定影响的，部分甚至可能会产生较大的污染，包括大气、水源、噪声等污染。因此需要将这样的用地集中规划布置在专属的工业区内，且不得与居住、公共设施等其他非工业功能区相混合。污染较严重的工业区，与其他非工业用地之间设置卫生防护绿带隔开。

根据《中华人民共和国城镇国有土地使用权出让和转让暂行条例》规定，按土地的用途分别为各种土地使用权规定最高出让年限。包括工业用地在内的工业用地、教育、科技、文化、卫生、体育用地最高使用年限为 50 年；仓储用地、综合用地或者其他用地的最高使用年限也是 50 年。至此，我们知道无论是厂房还是仓库的使用年限都是 50 年。

但这 10 年国内不少地区（主要是发达省市）为了提升土地的集约化程度、加快土地流转效率，推出了工业用地弹性年期出让的政策，把出让年限缩短到了 10~50 年（10~20 年较为常见）。这个需要结合当地用地政策做确认。

前面我们介绍到有些租赁厂房是有准入门槛的，常见的比如亩均税收这样的指标，尤其是在政府的工业园区或者比较新的产业园里。但是对于自建建厂的中小企业会有更多的准入门槛，因为在中小企业拿地建厂的时候，政府就在工业用地上提出了多个建设指标要求，常见的指标有投资强度、容积率、建筑系数和配套比例等。

4. 投资强度

投资强度是个相对指标，指项目用地范围内单位面积上固定资产的投资额。

计算公式：投资强度 = 项目固定资产总投资 ÷ 项目总用地面积

其中项目固定资产总投资包括厂房、设备和土地价款。

其实，这个指标我们在准入环节就已经涉及过，无论租赁还是自建，这也是项目准入的重要指标，是衡量开发区土地利用率的重要标准。《工业项目建设用地控制指标》按照行业分类给出了固定资产投资强度的推荐值。但这个推荐值并没有太大的参考性，因为各地基本都会在推荐性指标的基础上加码。一般来说，越是发达的城市对投资强度要求越高，比如上海某些地区对工业用地的投资强度要求可以达到1000万/亩以上；而一般的地级市只需要200万~300万/亩就可以达标。

5. 容积率

容积率也是个相对指标，是指项目用地范围内总建筑面积与项目总用地面积的比值。

计算公式：容积率 = 总建筑面积 ÷ 总用地面积

我们在前文介绍过厂房层高超过8米的，在计算容积率时该层建筑面积加倍计算。

容积率对于地块开发者来说，决定着地价成本在房屋中所占的比例大小，而对住宅来说，容积率关系居住的舒适程度。不同的工业用地的容积率要求是不同的，为了提高集约利用的水平，除了安全、消防等有特殊规定或者是行业生产工艺有特殊要求的项目外，一类的工业用地的容积率通常情况下不可低于2.0，二类、三类的工业用地容积率不可低于1.2，生产工艺类容积率不可低于0.8。当然，全国各地对具体容积率又有不同的规定，以江苏省为例，该省发改、财政、生态等多部门在2021年12月22日发布了《关于印发进一步推进工业用地提质增效实施细则的通知》（苏自然资发〔2021〕264号），该文件规定省企业鼓励建设使用高标准厂房，高标准厂房用地容积率一般不低于2.0，鼓励企业建设使用四层及以上配工业电梯的高标准厂房；各地应在准入、租金、规划建设、配套服务等方面给予倾斜支持。对于研发型生产企业，该规定要求按工业用地管理的研发项目用地容积率一般不低于2.5，主要用于研发、创意、设计、中试、无污染生产等新型产业功能以及相关配套服务。

6. 建筑系数

建筑系数主要是针对工业建筑而言的，不仅包含了建、构筑物占地面积，还包含了露天设备占地面积、固定堆场及操作场地占地面积，是使用面积（项目用地范围内各种建筑物、用于生产和直接为生产服务的构筑物总占地面积）占建筑面积的比例。

计算公式：建筑系数 =（建筑物占地面积 + 构筑物占地面积 + 堆场用地面积）÷ 项目总用地面积 ×100%。

建筑物占地面积不包括地下建筑的面积，比如地下停车场。

《工业项目建设用地控制指标》规定，一般性行业建筑系数至少要达到40% 及以上，化工制造、金属冶炼等个别行业可以放宽到30% 及以上。在满足使用要求、结构选择合理的条件下，其有效面积越大，结构面积越小，越经济。

7. 配套比例

行政办公及生活服务设施用地所占比重：项目用地范围内行政办公、生活服务设施占用土地面积（或分摊土地面积）占总用地面积的比例。

计算公式：行政办公及生活服务设施用地所占比重 = 行政办公、生活服务设施占用土地面积 ÷ 项目总用地面积 ×100%

当无法单独计算行政办公和生活服务设施占用土地面积时，我们可以采用行政办公和生活服务设施建筑面积占总建筑面积的比重计算得出的分摊土地面积代替。

根据2021 年3 月最新修订的《工业项目建设用地控制指标》，工业用地行政办公及生活服务设施用地面积≤工业项目总用地面积的7%，且建筑面积≤工业项目总建筑面积的15%，不得分割转让，但实际中往往要突破这一限制，需要一些政策上的突破。

如上四个主要指标会在工厂土地选择和相关讨论环节一再被提起，建厂厂长需要有基本的概念。

第二节 自建建厂的流程

前文我们介绍自建建厂获取厂房的三种方式：拿地自建厂房、购买厂房和定制厂房，在这 3 种方式中拿地自建厂房是流程最复杂的建厂方式，所以本节介绍的自建建厂方式就以该种方式为例。这种建厂流程主要是多了一个拿地的流程，当然设计、建造和验收的工作范围相比租赁变大了，但是这些流程基本还是大同小异的，只是需要填写的表格可能有差异而已。在这些流程中，我们看到各地最大的差异是各地准入门槛的差异，有些城市工业用地供给充分，甚至政府对有意拿地的公司还有额外的政策支持，而有些经济发达的地区，拿地的门槛会高到只有准上市公司才有机会拿到满意的地块。

严格意义上公司拿地的方式有九种，比如股权收购、合作开发、项目代建、政府勾地等，但是常用的拿地方式也只有一级土地和二级土地两种。这两种拿地方式的差异是土地的来源，一级土地是来自于政府的土地储备中心，中小企业直接去政府的平台拍卖自己中意的土地，原则上价高者得。而二级土地则是和已经获得该地使用权的个人或单位之间交易，常见来源常有三种：村集体土地转让、在建工程转让和司法拍卖，这三种拿二级土地的方式是不直接和政府土地储备中心打交道的。这两种方式可以简单理解成是新房和二手房的交易。二级土地除了可能存在的原有土地的纠纷以及开发限制条件，和二手房交易一样也需要承担土地增值税。所以，不掌握二手土地全部的信息，还是建议和政府交易拿一手土地。

从政府手上拿地不是简单等着政府的土地拍卖，许多和政府的沟通在土地拍卖之前就需要进行，因为和租赁厂房建厂一样涉及项目的准入。初期中小企业需要准备的文件有可行性研究报告和环评报告，需要打交道的政府部门一般是 4 个。

①国家发展和改革委员会审核项目准入；
②自然资源和规划局提供选址意见书；
③环境保护局提供环境影响报告书；
④规划部门核发红线图。

最终，国家发展和改革委员会会按照相关的要求并汇总以上部门的意见，综合回复项目立项结论。

1. 新建建厂每个阶段的任务差异

新建建厂和租赁建厂一样也可以分为六个同样的阶段，但是新建建厂的工作量显然会比租赁建厂的工作量大，这也意味着我们梳理出这两种方式在建厂不同阶段的差异，我们就可以在短时间内掌握新建建厂的工作内容。新建建厂的流程如图 19-1 所示

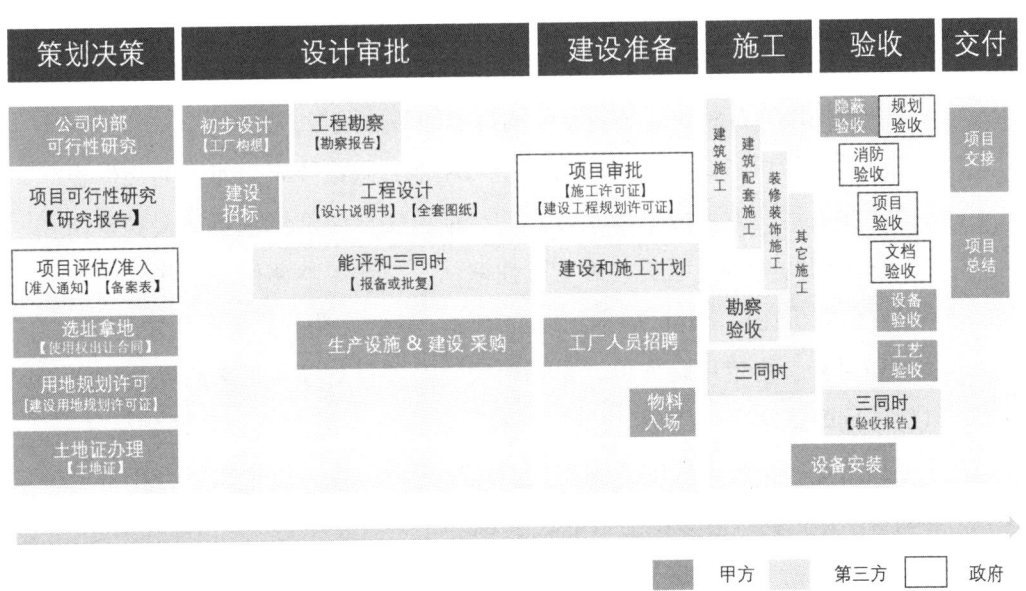

图 19-1　新建建厂流程图

2. 策划决策阶段

策划决策阶段的工作差异主要是前面阐述的拿地阶段提交的材料差异，由于租赁建厂受原有厂房的条件约束，所以可行性研究报告相对简单，但是从零开始的拿地建厂需要提供的资料显然会比租赁建厂的多，这些多出来的文件如下。

环境影响评价报告（以下简称"环评"）。作为一个从"毛坯"地块开始建设的工厂项目，环评需要查清项目所在地区的环境质量现状，针对项目本身的污染特征，预测项目建成后对当地环境可能造成的不良影响及其范围与程度，从而制定相关对策，为项目选址、空间布局、方案制定提供科学依据。这样的环评比租赁厂房建厂参考的输入会多很多，比如城市总体规划和土地利用规划等相关的规划。和租赁建厂不一样，环评内容可以包括在可行性研究报告里做概述性陈诉，新建建厂的环评报告必须专门编写。

节能评估报告。新建建厂一般厂房或厂区面积大，生产种类多，能耗相对较大，更重要的是新工厂需要独立拉线供电，涉及电量申请、供电建设等工作。和租赁建厂这些工作其实是房东在建厂阶段已经完成的，从零开始建设的新建建厂必须专门编写节能评估报告。

在策划阶段，结合项目自身的特点和地方政策要求，如下的文件也有可能在策划决策阶段由建设方提供：项目安全评价、项目社会稳定评价、水土保持方案、地质灾害危险性评估、交通影响评价，这些文件中项目安全评价在租赁建厂阶段已经介绍过。其他文件的简单介绍如下。

项目社会稳定风险评价。是指新建建厂项目对项目带来的社会稳定风险进行调查分析，征询相关受影响的群众意见、列出风险点和影响程度，并提出防范和化解风险的方案措施。这个评价报告一般也需要委托第三方编写，审批的政府单位是当地政法委。

水土保持方案。这是可能造成水土流失的建设项目都需要提供的，量化的要求是征地面积在一公顷以上或者挖填土方总量在一万立方米以上的项目。方案内容包括水土保持分析与评价、水土流失观测以及防治方案等。这个方案一般也需要委托第三方编写，审批的政府单位是当地水利局。

地质灾害危险性评估。这个评估是从概率上分析潜在的地质危险性并对危险性进行客观的评价，开展包括现状评估、预测评估、综合评价以及防治措施建议等内容。地质灾害危险性评估按照所在地历史上发生的地质灾害可以分为三级，其中一级评估最严重。这个评估报告一般也需要委托第三方编写，审批的政府单位是当地自然资源和规划局。

交通影响评价。这个评价是通过分析建厂项目对周边交通系统进行的影响，对项目选址、规模、规划设计方案在交通方面的合理性进行整体分析与评价，并提出改善措施，帮助规划、建设、交通管理等部门做出相关决策。这个评估报告一般也需要委托第三方编写，审批的政府单位是当地自然资源和规划局。一般情况下，该评价会包括在环评中，部分地方政府也有单独编制的要求。

3. 设计审批阶段

拿地建厂设计审批阶段的工作量比租赁建厂的大，设计要求也普遍比租赁建厂高。在本书第七章我们介绍过，设计流程上，租赁建厂的流程比新建建厂简单。工作量上的差异主要体现在多了一个项目勘察步骤，而且在设计内容上更多会涉及专业的建筑、结构等设计，输出得图纸数量也会变多。

4. 工厂初步设计

租赁建厂的初步设计关注厂房，主要考虑的关注点是布局图，而新建建厂的初步设计主要关注整个工厂，主要的考虑点不再局限于布局图，而是更加宏观的一些信息。

(1) 工厂布置（建筑数量、方位）；

(2) 建筑外形与尺寸；

(3) 建筑用途等。

5. 工程勘察

项目勘察有时候也被称为"工程勘察",是根据建设工程和法律法规的要求查明、分析、评价建设项目建设场地的地质地理环境特征和岩土工程条件,编制建设工程勘察文件的活动。工程勘察工作内容包括指定勘察任务书和组织勘察服务,比如工程测量、岩土工程勘察、设计、治理、监测、水文地质勘察、环境地质勘察等。工程勘察需要输出岩土工程勘察报告。

和设计、施工一样,勘察单位也需要相应的资质才能开展勘察服务。因为工程勘察的出现,在租赁建厂模式里的四方参与者(建设、设计、监理、施工)变成了五方参与者(建设、勘察、设计、监理、施工)。这样从设计阶段开始,沟通就变得复杂起来。

工程勘察作业包括野外作业和室内实验两个部分。野外作业一般有工程地质测绘与调查、勘察与取样（涉及钻孔）、原位测试、现场检验等工作,而室内试验包括土壤性质测试、岩石试验等。在此基础上有资质的勘察单位编制工程勘察文件－勘察报告,强审通过的勘察报告是下一步项目设计的主要输入之一。

6. 项目设计

项目设计工作仍然由有资质的设计院完成,但和租赁建厂的项目设计不同,新建建厂的项目设计具有输入要素多,设计制约少,设计输出多的特点。

输入要素多。租赁建厂的输入最重要的是工厂布局图,而这个文件在新建建厂的模式中不再重要,多出来的文件是和土地以及建筑相关的一类文件。

（1）建筑造型以及室内装修要求;

（2）生产纲要（布局、生产工艺、设备、产品方案等）;

（3）资源需求（动力、配套等）；

（4）建设条件和征地情况；

（5）勘察报告；

（6）环评、能评等文件（批准的）；

（7）项目工期与进度计划；

（8）项目估算、资金落实情况；

（9）其他文件。

设计制约少。这是因为项目是从零开始设计，不需要考虑之前厂房的条件制约，设计院发挥的空间比较大，这也意味着设计院可能需要输出多个差异较大的设计方案供评审和选择，这个和租赁设计输出的方案差异不大直接形成了对比。

设计输出多。相比于租赁建厂设计输出的文件，我们更多关注的是对现有厂房的修改，其施工内容较少。新建建厂的项目设计输出的图纸要素多，深度大，因为都是从零开始的设计。一般输出的文件有三大类：设计说明书、相关设计图纸和其他成果。

设计说明书在租赁建厂模式下要求不高，有些地区审图时可以不提供，即使有要求租赁建厂的设计说明书内容也比较少，但现建建厂每一份设计说明书内容都会比较多，常见的设计说明书如下。

（1）设计依据、要求、技术经济指标；

（2）总平面设计说明；

（3）建筑设计说明；

（4）结构设计说明；

（5）建筑电气设计说明；

（6）给排水设计说明；

（7）暖通和给排水设计说明；

（8）热能动力设计说明。

相关设计图纸是设计审图检查的重要对象，输出也比较多，一般如下。

（1）总平面设计图纸；

(2) 建筑设计平面图；

(3) 建筑设计立面图；

(4) 建筑设计剖面图；

(5) 各个子要素设计图纸（建筑、结构、电气、给排水、暖通等）。

配合详细设计图输出的一般还包括主要设备和材料表、工程概算书以及专业计算书等文件。

其他设计成果一般包括沙盘模型、鸟瞰图、透视图等。这些在租赁建厂时基本不用输出，但是在新建建厂阶段，绝对是值得花精力研究输出的，因为这些直观直接的展示有时候是做最终决定重要的选择依据。

因为设计输出内容变多，要求提高，所以，设计评审工作的工作量也会相应提高，检查的依据会变多，检查控制点也会变多。

在建设准备阶段，两种建厂方式的工作量基本一致，差异只是工作量大小。

7. 施工阶段

在施工阶段，两种建厂模式的差异主要表现在施工内容上的差异，其比较见表 19-2。

表 19-2 两种建厂模式的差异比较

	租赁建厂	新建建厂
施工性质	改造较多 新建较少	全部是从零开始建设
施工内容	部分结构改建（可能有） 水电/动力/配套设施 装修 设备安装调试	土木（基坑开挖） 打桩 基础钢筋混凝土 结构施工（地下/地上/二次） 水电/动力/配套设施 装修 设备安装调试
施工工期	短（1~3个月）	长（1~2年）
施工难度	小	大（会涉及专项工程施工）

由上表可知，新建建厂的工作内容远远多于租赁建厂，而且专业度要求也高。相比多出的施工内容，要么是难度高的专项施工（比如基坑开挖），要么是施工质量控制的重点工序（比如基础混凝土施工）。这

些意味着不仅是施工内容，还需要在施工质量控制、安全管理上多投入精力。

施工阶段的一个特殊工作是勘察验收，因为勘察验收只能在基坑回填之前验收，这也是施工常说的验槽手续，类似于一个隐蔽工程验收，因为回填后就无法检查基坑土体是否和勘察报告一致了。这也是为何新建建厂在开始是五方（建设、勘察、设计、监理和施工），但是到了竣工阶段只剩四方（建设、设计、监理和施工）的原因。

当然，拿地建厂这样的新建建厂在这个阶段相比租赁建厂会多出许多额外的工作。

(1) 征地和拆迁施工现场的场地平整；

(2) 道路等工程；

(3) 必需的生产、生活临时建筑工程，有些地区还要审批才能建；

(4) 完成施工用水、电、通信的接入；

(5) 实施经过批准的应急工程、实验工程等专项工程等。

8. 验收阶段

在验收阶段，两种建厂模式采用的流程是一致的，但是新建建厂多出了一个规划验收的步骤。规划验收在有些地方被称为竣工规划核实，主要目的是保证建设工程实施规划验收的内容与规划许可证件批准的内容一致，这样就保证了最开始的规划工作得到闭环控制。

简单地讲，就是检查最终项目产出和规划的差异。以下是常见的检查内容。

(1) 规划要求：建筑位置、用地范围、退线距离（包括红线、绿线、黄线、蓝线、紫线等）、平面布置、建筑间距、退界距离、出入口设置等总平面布局。

(2) 建筑功能和指标：建筑使用性质、建筑面积、建筑层数、建筑高度、建筑密度、容积率、绿地率、停车泊位等技术指标。

(3) 建筑环境和形象：建筑形式、立面色彩、材质、外墙广告等；绿地、小品、水池等；临时设施和施工场地。

（4）配套和服务设施：道路、踏步、围墙、大门、停车场等。居住项目中的配套设施和环境建设已与住宅建设同步完成。其中教育、医疗卫生、社区管理服务等配套设施应当在住宅总规模完成 50% 前进行建设；其他配套设施应当在住宅总规模完成 80% 前同步建设完成。

（5）用地范围内和代征地范围内应当拆除的建筑物、构筑物及其他设施已拆除完毕。

（6）涉及代征（腾退）城市公共用地的，已完成用地移交。

（7）涉及到期临时用地的，已完成腾退移交。

负责规划验收的政府单位和规划许可一样是当地自然资源和规划局，办理时一般需要提供规划许可证、施工许可证以及具有资质的测绘单位出具的竣工工程测量成果报告书。

9. 项目干系人变化

由于拿地、勘察等新工作内容的加入，所以从零开始的新建建厂的干系人也在变多，尤其是政府审批部门工作量明显增多，比如政法委、水利局、地震局等部门是新增加的审批部门，自然资源和规划局、住建局、生态部门的工作内容也明显变多。除了政府，主要增加的部门是勘察设计单位和检测单位。更新后的表格见表 19-3。

表19-3 中小企业自建建厂项目主要干系人

分类		角色	角色作用	备注
内部		管理层	项目期待 / 资源提供 / 问题升级对象 / 最终验收	公司创始人等
		生产	生产设计验收 / 现场操作	
		工艺	工艺设计验收 / 布局设计 / 工艺验收	
		设备	设备设计 / 设备安装 / 设备验收	
		物流	仓库物流设计验收	
		厂务	厂房设计参与和验收 / 设施维护	
		法务	合同审核 / 法律咨询	
		IT	信息化系统设计支持	
		融资	政府对接 / 落户政策 / 补助确认	
		财务	项目预算控制 / 项目付款	
		采购	厂房设备和装修招投标 / 采购订单 / 供应商管理	
外部	政府机关	招商	招商政策 / 招商项目推进 / 全流程服务	企业主要接口
		自然资源和规划局	选址 / 申报立项 / 规划许可 / 项目备案 / 产权证 / 地质灾害评估审批 / 规划验收	
		国家发展和改革委员会	立项审批 / 可行性研究批复 / 节能批复	
		政法委	社稳报告审核	
		住房和城乡建设局	勘察核准 / 档案验收 / 起重机械登记 / 临建管理 / 消防验收（特殊工程和其他工程）/ 施工许可 / 绿化审批	
		市场监督管理局	特种设备使用登记 / 公司设立注册 / 计量核准	
		人防部门	人防工程事务	部分拿地新建
		经济和信息化局 / 科学技术委员会	项目申报 / 补助申报 / 行业准入初审 / 投资备案	
		应急管理局	消防监督 / 消防管理 / 安全生产许可证核发 / 安全"三同时"审查	
		税务局	税务开户 / 出口退税	
		供电	用电审批 / 电力扩容	
		卫生健康局	职业卫生监督 / "三同时"审批	
		生态环境局	环保监控 / "三同时"审批 / 排污证办理 / 辐射管理环评检测 / 环境评估审批	拿地新建
		水利局	水土保持方案审批	拿地新建
		综合执法局	建筑生活垃圾处置 / 建筑外公司Logo悬挂许可	
		气象局	防雷设计 / 验收	
		街道（网格）	定期现场检查 / 企业标准化 / 安全检查参与者	
		民政局 / 公安局	工厂门牌 / 安全检查参与者 / 易制毒化学品管理	
		统计局	经济数据统计	
		档案馆	建设工程档案存档	部分住房和城乡建设局
		地震局	建筑抗震检测	拿地新建
		银行	公司开户 / 贷款办理	

续表

分类		角色	角色作用	备注
外部	建设方	勘察设计单位	工厂勘察测量	需要资质
		检测单位	地勘报告	
		设计单位	施工图纸设计	
		建筑单位	建造、施工单位	
		监理单位	工程建设监理	
		设备供应商	生产线设备（设计、制作、安装）/ 施工设备租赁	
		中介	土地或厂房介绍	
		保险公司	厂房保险 / 装修保险	
		消防维保	消防设施维保	需要资质
		电梯维保	电梯点检维保	
		固废处理	固废收集、运输和处置	
		危废处理	危废收集、运输和处置	
		环卫	生活垃圾清运	
		"三同时"公司	"三同时"咨询服务公司（安全/环保/职业卫生）	
		可行性研究咨询公司	项目可行性研究咨询服务公司	项目准入
		咨询公司	其他咨询公司	项目咨询

注：如果没有特殊说明以县市级单位为准。

附录一：工厂建设常用法律规定（全国）

通用法律法规

《中华人民共和国民法典》

《中华人民共和国刑法》

《中华人民共和国行政许可法》

《中华人民共和国行政强制法》

《中华人民共和国劳动合同法》

《中华人民共和国民事诉讼法》

《中华人民共和国仲裁法》

《中华人民共和国行政复议法》

准入相关

《投资项目可行性研究指南（试用版）》

《政府核准的投资项目目录》

《项目申请报告通用文本》（发改投资 [2007] 1169 号）

《建设项目经济评价方法与参数（第三版）》

《国民经济行业分类和代码》（GB/T 4754-2017）

产业政策相关

《当前国家重点鼓励发展的产业、产品和技术目录（2000 年修订）》

《资源综合利用目录（2003 年修订）》

《国家重点行业清洁生产技术导向目录》

《当前国家重点鼓励的产业、产品和技术目录（2000 年修订）》（中华人民共和国国家发展计划委员会令第 7 号）

《当前国家优先发展的高技术产业化重点领域指南》
《电石行业规范条件》
《铁合金行业准入条件》
《焦化行业准入条件（2008年修订）》

采购和招投标相关

《中华人民共和国市场主体登记管理条例》
《中华人民共和国招标投标法》
《中华人民共和国招标投标法实施条例》
《电子招标投标办法》
《中华人民共和国政府采购法》
《招标公告和公示信息发布管理办法》
《工程建设项目施工招标投标办法》
《工程建设项目货物招标投标办法》
《工程建设项目勘察设计招标投标办法》
《建设工程施工合同（示范文本）》
《建筑市场信用管理暂行办法》
《中华人民共和国增值税暂行条例》
《招标投标违法行为记录公告暂行办法》
《建筑工程施工发包与承包违法行为认定查处管理办法》
《必须招投标的工程项目规定》
《建设工程监理范围和规模标准规定》
《建设项目工程总承包管理规范》
《建设工程施工项目经理岗位职业标准》
《建筑工程企业资质管理制度改革方案》
《注册建造师管理规定》（建设部令第153号）
《劳务派遣暂行规定》（人力资源和社会保障部令第22号）

"三同时"相关

《中华人民共和国环境保护法》

《中华人民共和国水污染防治法》

《中华人民共和国大气污染防治法》

《建筑项目环境保护管理条例》(中华人民共和国国务院令第253号)

《建设项目环境影响评价分类管理名录（2021年版）》

《中华人民共和国环境影响评价法》

《建设项目环境影响评价分类管理名录（2021年版）》（中华人民共和国生态环境部令第16号）

《中华人民共和国噪声污染防治法》

《中华人民共和国固体废物污染环境防治法》

《排污许可管理条例》（中华人民共和国国务院令第736号）

《排污许可管理办法》（中华人民共和国生态环境部令第32号）

《固定污染源排污许可分类管理名录（2019年版）》

《中华人民共和国节约能源法》

《固定资产投资项目节能审查办法》（中华人民共和国国家发展和改革委员会令第2号）

《固定资产投资项目节能评估和审查暂行办法》（中华人民共和国国家发展和改革委员会令第6号）

《中华人民共和国安全生产法》

《建设工程安全生产管理条例》(中华人民共和国国务院令第393号)

《危险化学品建设项目安全许可实施办法》（国家安全生产监督管理总局令第8号）

《危险化学品建设项目安全监督管理办法》（国家安全生产监督管理总局令45号）

《建设项目安全设施"三同时"监督管理办法》（国家安全生产监督管理总局令36号）

《关于加强化工过程安全管理的指导意见》（安监总管三〔2013〕

88号)

《特种设备生产单位落实质量安全主体责任监督管理规定》(国家市场监督管理总局令第73号)

《特种设备安全监督检查办法》(国家市场监督管理总局令第57号)

《生产安全事故应急条例》(中华人民共和国国务院令第708号)

《安全生产许可证条例》(中华人民共和国国务院令第397号)

《安全生产事故隐患排查治理暂行规定》(国家安全生产监督管理总局令第16号)

《生产安全事故应急条例》(中华人民共和国国务院令第708号)

《生产安全事故报告和调查处理条例》(中华人民共和国国务院令第493号)

《中华人民共和国消防法》

《建设工程消防设计审查验收管理暂行规定》(中华人民共和国住房和城乡建设部令第58号)

《建设项目职业病防护设施"三同时"监督管理办法》(国家安全生产监督管理总局令第90号)

《中华人民共和国职业病防治法》

《职业病危害因素分类目录》

《中华人民共和国气象法》

现场施工有关

《建筑工程施工许可管理办法》(中华人民共和国住房和城乡建设部令第18号)

《建设施工企业安全生产许可证管理规定》(中华人民共和国建设部令第128号)

《建筑施工企业安全生产管理机构设置及专职安全生产管理人员配备办法》

《中华人民共和国劳动争议调解仲裁法》

《建设工程项目管理规范》（GB/T 50326-2017）

《中华人民共和国建筑法》

《优化营商环境条例》（中华人民共和国国务院令第722号）

《保障中小企业款项支付条例》（中华人民共和国国务院令第802号）

《建设工程质量管理条例》（中华人民共和国国务院令第279号）

《工程建设国家标准管理办法》（中华人民共和国建设部令第24号）

《工伤保险条例》（中华人民共和国第375号）

验收档案管理相关

《基本建设项目档案资料管理暂行规定》

《建设工程文件归档规范》（GB/T 50328-2014）

《城市建设档案管理规定》

《关于新形势下进一步加强城市建设档案管理工作的通知》（建办规〔2024〕1号）

附录二：工厂建设常用平台（全国性平台）

国家企业信用信息公示系统
（查询企业信息）

全国排污许可证管理信息平台 公开端
（查询排污许可证信息）

建筑市场监管公共服务平台
（查询供应商资质等）

全国标准信息公共服务平台

（查询强制标准和其他标准等）

应急管理部特种作业证书查询平台

（查询特种作业证书以及安全生产知识和管理能力考核合格信息）

中国采购与招标网

（全国性招标发布平台）

参考文献

[1] 刘小丽. 企业投资项目审核与评价 [M]. 北京：中国经济出版社，2010.

[2] 高华. 项目可行性研究与评估 [M]. 北京：机械工业出版社，2019.

[3] 王勇. 投资项目可行性分析 [M]. 北京：电子工业出版社，2012.

[4] 涂有，涂光备. 洁净室的检测与运行管理 [M]. 北京：中国建筑工业出版社，2020.

[5] 刘介才. 工厂供电设计指导 [M]. 北京：机械工业出版社，2016.

[6] 许钟麟. 洁净室及其受控环境设计 [M]. 北京：化学工业出版社，2008.

[7] 全国二级建造师职业资格考试用书编写组. 建设工程法规及相关知识 [M]. 哈尔滨：哈尔滨工程大学出版社，2023.

[8] 全国二级建造师职业资格考试用书编写组. 机电工程管理与务实 [M]. 哈尔滨：哈尔滨工程大学出版社，2023.

[9] 全国二级建造师职业资格考试用书编写组. 建设工程施工管理 [M]. 哈尔滨：哈尔滨工程大学出版社，2023.

[10] 广东省建设监理协会. 建设工程监理务实 [M]. 北京：中国建设工业出版社，2017.

[11] 郭阳明，郑敏丽，陈一兵. 建设工程监理概论：第三版 [M]. 北京：北京理工大学出版社，2018.

[12] 刘占省，赵雪峰. BIM 技术与施工项目管理 [M]. 北京：中国电力出版社，2015.

[13] 陈金海，陈曼文，杨远哲，等. 建设项目全过程工程咨询指南 [M]. 北京：中国建筑工业出版社，2018.

[14] 黄锐锋. 建筑施工安全要点图解 [M]. 北京：中国建筑工业出

版社，2018.

[15] 姚刚. 建筑施工安全 [M]. 重庆：重庆大学出版社，2017.

[16] 李忠富. 建设工程施工管理 [M]. 北京：机械工业出版社，2018.